モダン・エコノミックス 24

経済思想

猪木武徳

岩波書店

は し が き

　この本は，経済理論や経済政策を学ぶ人のために，経済思想を構成する基本要素とその歴史的意味を論じたものである．その新しさを敢えて取り出すとすれば，構成や叙述の形式にいくつかの工夫を凝らしたことである．したがって，この本では内容と形式がほぼ同じ意味をもつことになるが，その点については序章に記したので，是非目を通していただきたい．書くということは，つねに他の何かを捨てることである．重要なトピックがすべてこの本に書かれているわけではないから，通読して細部から，あるいは全体として何かを摑んでもらえば幸いである．

　この本が生まれるまでには，多くの方々のお世話になった．こうした分野への著者の関心は，京都大学時代からの恩師である青山秀夫先生の影響と御教示のもとで徐々にふくらんだものである．大阪大学で熊谷尚夫先生・大野忠男先生・内海洋一先生からいただいたアドヴァイス，鬼塚雄丞氏あるいは吉沢英成氏が主宰した数々の読書会，大阪大学大学院の演習で鍛治直紀・冨田安信・上山隆大・望月和彦・山本貴之氏たちと続けてきた文献研究からは，多くの示唆を得た．「読む」ことがいかに積極的な意味をもつか，そして「教えることは学ぶことである」という逆理を知ったのもこうした機会である．またこの本に，些かでも経済史学への傾きがみとめられるとするならば，それは数量経済史(QEH)研究会の方々からうけた教えと刺激のためであることを記しておきたい．

　上山隆大・井手一郎両氏からは，本書の粗稿に対するたんねんで率直なコメントをもらった．これはこの本の内容とスタイルの細部を整える上で大変有益であった．原稿の浄書には冨田久子さんに多くの時間を割いていただいた．

　岩波書店の竹田行之氏と杉田忠史氏は，多少難産であったこの本の執筆を，終始静かに著者を激励することによってみごとに実現させてくださった．この本が，「印刷機から死産」(ヒューム)しないことを願うのみである．

最後に私事にわたって恐縮であるが，本書執筆中つねに私を励ましてくれた妻吉子へ感謝の気持を記すとともに，本年3月金婚式を迎えた両親にこの本を贈りたいと思う．

　1987年5月

猪　木　武　徳

目　　次

はしがき

序　章 …………………………………………………………… 1

第1章　市場の秩序 ……………………………………………… 11
　1.1　市場社会の素描 …………………………………………… 11
　　秩序と正義のルール　　個と全体　　市場・産業・企業　　企業から市場へ
　1.2　競争と独占 ………………………………………………… 29
　　競争の社会的意味　　いかなる独占が有害か
　1.3　反市場志向の根源 ………………………………………… 37
　　平等主義　　理性による計画　　共同体への期待　　市場社会の歴史的特殊性

第2章　政府の役割 ……………………………………………… 51
　2.1　役割と機能 ………………………………………………… 51
　　ルールの管理者　　経済主体としての国家　　政治的決定の構造
　2.2　経費の負担 ………………………………………………… 66
　　支払い能力　　受益者負担　　国債をめぐって
　2.3　政策目標 …………………………………………………… 72
　　分配・安定・成長　　目標のシフト——雇用政策　　救貧政策　　経済発展と国家

第3章　貨幣と信用 ……………………………………………… 91
　3.1　定義をめぐって …………………………………………… 91
　　定義と機能　　貨幣は操作可能か
　3.2　発生についての見解 ……………………………………… 98

　　　　貨幣(ノミスマ)と法制(ノモス)　　交換から生まれる商品貨幣
　　　　贈与から貨幣へ
　3.3　数量説とケインズ ………………………………………… 103
　　　　ジョン・ローのシステム　　ケインズの世界
　3.4　金属貨幣と紙幣 …………………………………………… 108
　　　　スミスの説明　　金属本位への復帰の仕方　　通貨主義と銀行主義
　付論　利子の歴史 ……………………………………………… 114
　　　　古代　　中世　　貨幣鋳造権

第4章　消費・生産・商業 ……………………………………… 125
　4.1　消　　費 …………………………………………………… 125
　　　　経済学における消費重視　　消費者の能力と保護　　消費者主権
　　　　広告の意味
　4.2　生　　産 …………………………………………………… 136
　　　　私的所有――古典派以前と以後　　有限責任・知的所有権　　独占・
　　　　カルテル・トラスト　　労働組合
　4.3　商業と貿易 ………………………………………………… 151
　　　　商人観　　貿易の有用性

第5章　経済学と社会主義 ……………………………………… 161
　5.1　経済学以前 ………………………………………………… 161
　　　　サン・シモンのエリート主義　　フーリエの密教的教説　　プルー
　　　　ドンと相互主義
　5.2　古典派と社会主義 ………………………………………… 166
　　　　所有権と集産主義　　平等主義と道徳　　ロビンズのシーニアー研
　　　　究　　J. S. ミルと社会主義　　J. S. ミルとフェビアン主義
　5.3　社会主義と経済計算問題 ………………………………… 179
　　　　「理性による計画」の限界　　経済的価値と権力　　知識人と社会
　　　　主義

第6章　労働・知識・自由……………………………………… 197
　6.1　労　働　観 ……………………………………………… 197
　　　労働は負の効用か　労働と閑暇　目的をもった労苦　プロテスタンティズムと労働
　6.2　知識と経済的自由 ……………………………………… 206
　　　ふたつの知識　知識・技能と伝統　知識と経済組織
　6.3　自由の根拠 ……………………………………………… 217
　　　自由と秩序　手段か目的か　よき選択の可能性

参 考 文 献 ……………………………………………………… 229
索　　　引 ……………………………………………………… 247

序　章

1

　「経済思想」と題された本書が，どのような問題をどのようなスタイルで取り扱っているのか，はじめに少し説明を加えておきたい．

　経済思想というと，ビジネスマンが日々の仕事を進めていく上でどのような観点から決断をしていくか，政策立案者が国家の「舵取り」をする場合，目標をどう選び政策手段をどう評価しているか，あるいは経済学者が現実の経済の動きを描写したり解釈したりする時どのような「概念上の枠組」や前提を置いているか，といった姿勢を意味している．私がこの本の中で展開しようとしたのは，これら様々な意味のいずれにおいても，共通に前提されている姿勢に目を向け，それらがどのような単純な要素に分解できるのか，その要素のどのようなウェイト付けと組み合わせが，姿勢や考えの表面上の対立を生み出しているか，という点である．

　こうした手法は，あらゆる哲学を分析化学と似たやり方で単位観念(ユニット・アイディア)に分割し，西欧の思想史を再構築しようとしたA．ラブジョイに倣ったものである[1]．それは哲学体系はその要素ではなく，それらの織りなす模様において独創的または独特である，と要約できる．最も基本的な観念の数は，冗談の種類同様限られたものである，というラブジョイの言葉は，人間の社会に対する見方や考え方が少数のプロトタイプに分解でき，それらプロトタイプの組み合わせが個々の著述家の思想をそれぞれ特徴づけていると拡張することができる．人間は元来それほど社会に対して多種多様の奇異な考え方をもつ動物ではないからである．このような意味で，予言者や改革者が強調する「新しさ」や「独創性」は，単にこうした組み合わせや強調点の差異に帰着するものが多い．

　このようなスタイルの分析手法が，どの程度経済理論や経済政策思想にも当てはまるのか，この本がその応用にどれくらい成功しているのかは，読者の判

断を俟つよりほかはない．しかし，この本ではあえて，歴史上の経済学者の思想や理論を紀伝体風に解説するというスタイルはとらず，学説の流れと展開を編年体的に鳥瞰することにもあまり力を注がなかった．それは，こうしたスタイルの本格的書物はすでに多く存在するだけでなく[2]，その作業自体が著者の力量をはるかに越えており，また著者の現在の目的や関心と必ずしも一致しないためである．ここでは，もう少し「現代の経済学」という視点にウェイトを置きながら「主題でしばる」という形式を実験的にとってみた．そうすれば，編年体的あるいは紀伝体的な学説史の書物に対して，ある程度補完的な役割を果たしうるのではないかと考えたからである．

2

　それでは，経済思想そのものがいくつかの基本となる単位観念の組み合わせから成立しており，その組み合わせの差が思想の差を生み出しているとすれば，組み合わせやウェイトの差は何によって規定されるのであろうか．あるいは，よく言われるように，自然科学と異なり社会科学においては，新しいアイディアが時間的に前のアイディアに取って替わる(supersede)ことはない，という指摘は正しいのだろうか．そしてもし社会についての見方に関して，基本的には「日の下には新しいものはない」のであれば，なぜ経済学に歴史があるのだろうか．あるいは，やはり経済学にも自然科学的な要素があり，新しい事実，新しい解釈がつねに交替を重ねつつ現われ，誤謬が正されるだけでなくつねに新たな理論が形成されうる余地があるのだろうか？
　こうした問に対して，ある程度の答は与えることができる．物質の変化，技術の変化，制度の変化，関心の変化，理念の変化が，人間の経済行為の姿や，経済と人間の関係を変えてきた原因であると同時に結果でもあるとするならば，経済思想も歴史を持ちうるからである．たとえば，新しい知識や技術の発見・発明があれば，その利用の可否は経済的な計算によって決まるとしても，技術革新による選択の余地の拡大をめぐって，自由意志による新たな選択問題(倫理問題)が絶えず生まれる，ということなどはその例であろう．こうした問，す

なわち「なぜ経済思想あるいは経済学には歴史があるのか」という問は，ある点で，「なぜ，芸術には歴史があるか」という問ときわめて似ている．経済学の発達はもちろん隣接諸科学の発達によっても技術的に支えられてきたが，これは芸術の場合とて同様であろう．絵画のスタイルに時代的な変化が生まれるのは，ひとつにどういう目的で，画家がどこに目を注いである対象を提示しようとしているのかに依存しているように，人間社会の経済生活のうち，何を重点にどこに目を置いて描くかが各時代の経済思想の模様を規定してきたとも考えられる[3]．したがって問題にすべきは，人間の経済現象への洞察が，完全に虚な空間の中で行なわれるのではなく，芸術家や哲学者のスタイルと同じように固有の伝統の中で生まれるものであって，経済学者はつねに既存の概念や枠組を基本に置き，そこから少しの修正，少しの拡張を「試行錯誤を重ねつつ」試みて来たにすぎない，ということである．その意味では，経済学の歩みも遅々たるものであって，一人の大天才の独創が今日の姿を無から造り上げたのではない．したがって独創性を主張することは，過去の伝統と遺産に対する単なる無知を示すにすぎないことも多いし，また一つのアイディアがいかに多くの先人たちの記録と同時代人の議論の中から生まれてきたかを無視することにもなる．経済学の歴史自体は，人間の経済行為の様式の中にひそむ規則性や法則をどう解釈し表現するかを，多くの人々が徐々に発見して行く過程であったといえよう．

その規則性や解釈を，いかなる観点から記述しどう用いてきたかは，次章から取りあつかうテーマであるが，ここではそれが「徐々に発見されてきた」という点を強調するにとどめよう．今世紀の最も独創的な経済学者のひとりと考えられるF. ナイトが，彼の処女作であり主著ともなった本の前書きの冒頭で，"There is little that is fundamentally new in this book" と書いているのは，まさにこうした「伝統の中から生まれた新しい見方」に対して，ナイトが与えた正確な表現にすぎない[4]．そうした点では，あるひとりの著述家の独創性よりも，経済思想の流れの中にある「連続性」を強調することはきわめて重要なことと考えられる．この本はこの「連続性」を表に出すために，「主題でしば

る」というスタイルをとった．

3

　次にこの本の中で，やや並列的に取り扱われている経済思想や経済理論と，経済政策との関係についても付言しておきたい．理論と政策が何らかの形で相互依存の関係にあることは恐らく疑いのないことであるが，経済思想がはたしてどの程度経済政策に影響を与えて来たかについては明確な答はない．経済学者は長い間，経済政策の基礎は理論であり，その意味で経済社会に生きるわれわれは政治哲学者と経済学者によって支配されていると楽観的に考えてきた．19世紀の古典派経済学者もそうであったし，ケインズも『一般理論』の中で，よく引用される次のような文章を書いている[5]．

　「経済学者や政治哲学者の思想は，それが正しい場合にも間違っている場合にも，一般に考えられているよりもはるかに強力である．事実，世界を支配するものはそれ以外にはないのである．どのような知的影響とも無縁であるとみずから信じている実際家たちも，過去のある経済学者の奴隷であるのが普通である．権力の座にあって天声を聞くと称する狂人たちも，数年前のある三文学者から彼らの気違いじみた考えを引き出しているのである．私は，既得権益の力は思想の漸次的な浸透に比べて著しく誇張されていると思う．」

　しかしこのケインズの文章について，ハチソンは次の二点を強調したいと言う[6]．ひとつは，経済学者の影響力をみとめることは，いかなる楽観的合理主義に基づくものでもないこと．というのは，経済学者の考えが「権力の座にある狂人」をとらえるのは，その考えが誤っている時が多いからである．第二は，ケインズがこうした経済学者や政治哲学者の影響を一般化して述べる際，彼の念頭にあったのは主として「規範的」ないし「イデオロギー」的な要素であって，実証的あるいは「科学的」な面ではなかったということである．なぜなら，「権力の座にある狂人」たちは，経済学者の考えや理論を自分たちの目的のために単純化したり，変形したりすることがしばしばあるからである．

　同様の指摘はスティグラーの著作の中にも見られる[7]．彼は政策と理論の関

係がきわめてゆるい（loose）ことを指摘し，その理由としてまず，理論自体がいくつもの異なるポジションを支持するように作られているという点を強調する．理論はあくまでも一般的な関係を述べており，特定の文脈においてどの部分が決定的に重要なのかは，経験的な「証拠」を俟つよりほかないからである．それは中世の哲人が「理性が個別のケースを論じる時，それは普遍原理だけでなく，個別の原理をも必要とする」と述べたことと軌を一にする．スティグラーは経済理論と政策とのルースな関係の例として，まず自由貿易論をあげる．スミスは関税が資源配分をゆがめるという理由から，自由貿易を支持した．そして外国財と国内財の交換比率に対する説明が欠如していることには特別頭を悩ませることはなかった．ところがその100年後，シジウィクは理論的には関税が一国を利することがありうることを指摘した．しかし，現実に政府が国民の利益になる範囲内で，保護政策をとりつづけるだけ賢明で，強く，首尾一貫しうることはきわめて困難であるから，政治家はそうした保護関税を避けるべきだとシジウィクは主張した．こうした判断は，経済政策の根拠として使われる経済理論と政治理論が相互に並列的に存在しており，その中から政策主体ができる限り現実的な選択をすべきことを示唆している．

　別の例として賃金基金説を取りあげることもできる．この学説によると，社会の賃金支払い総額は短期的には一定しており，労働供給量が所与のもとではあるグループが多く取ることは，他のいずれかのグループの取り分が少なくなることを意味する．したがって労働組合が組織され賃金を引き上げれば，それによって賃金低下を経験するグループが出てくる，というのがこの学説の理論的帰結となるはずであった．しかし，J. S. ミルは同じ理論から，組合による一部労働者の賃金上昇は，長期的には（貯蓄の増加によって賃金基金がふえる一方，すべての労働者は生存水準にあるから）他の労働者を害することはなく，賃金上昇は永続化しうるという逆の結論を出したのである．

　経済理論がすべてこのような例で覆いつくされているわけではないが，スティグラーのあげた例は理論を政策に翻案することがきわめて難しいことを示す点で，重要である．それはちょうど透明な水晶の結晶（理論）も，割ると不透明

な切片(政策)を見せるのと似ている．こうした困難が存在するからこそ，先にハチソンが述べたように，これまでのところ経済学者が時として政策や事件に多少とも影響を与えたのは，デフォルメされ，選び取られた「イデオロギー」を通してであって，理論そのものによってではないという推量が成り立つのである．こうした事態に至ったのは，二世紀にわたる経済学者の議論が高度に抽象的な市場理論や政策理論に終始したためもある．しかし同時に，政策のコストと便益を考える場合，数量的測定やデータの収集が可能な事象と，そうでない事象とを区別することが重要なだけでなく，理論と政策の間に本来的に存在する深い溝を十分に認識しておくことも必要なのである．

4

　前節でふれた点は，第2章で経済政策思想における「ジェボンズの意味」を吟味する際さらに論ずることにして，ここでは次に，この本の著者の立場をできる限り明らかにしておきたい．

　一読された読者は，登場する人物の名前から判断して，本書がいわゆる「市場讃美論」の一つであると速断されるかもしれない．取りあげた著述家は筆者の趣味に強く依存せざるを得ず，市場機能を高く評価する人々が多いことは確かである．しかし本書で私が強調したかったことは，一般に市場論と一口に言ってもそのニュアンスは様々であり，「市場讃美論者」として杜撰に一括された人々の間で激しく戦わされている議論を，よく区別して理解する必要があるということである．その点で，経済思想全体は一つの巨大な方解石の結晶にも譬えられよう．市場論と反市場志向という対立があっても，その各々をさらに砕くと同じ形の対立が，スケールの差こそあれ，また小さな結晶に分かれて存在するのである．したがってある一群の人々をリベラリストと総称しても，彼らの晶化された資質は依然異なる．その意味では，こうした経済思想のローカル・スタディーズも十分有益だと思われる．たとえばわれわれは，ウィーンとシカゴの距離がどれほど遠いか(Paqué [1985])ということに対する知識も乏しいだけでなく，同じシカゴの中でも，一群のリベラリストとレッテルをはら

れた人々の間の重要な対立点について厳密に知ろうとする姿勢はあまりない．ハイエクとフリードマンの根本的な差異，ナイトの痛烈なハイエク批判などはあまり広くは知られていないし(Knight [1967])，シカゴ大学に30年近く籍を置いたヴァイナーの福祉国家を基本とする自由経済論も，フリードマンの考えと根本的に異なるものがある(Viner [1960])．分類し，格づけをし，裁くことには急であっても，なぜそう断定できるのかという理由をよく知ろうとしないのが残念ながらわれわれの常である．私はこの本の中で，こうした姿勢を極力避け，市場や国家の問題を単なる二分法でかたづけず，市場の機能と限界，国家の役割などを少し根本的な所に遡って論じようとした．そのためたとえば，ヒュームやハートといった通常の経済思想の本ではあまり主役を演じない人々を登場させざるを得なかった．そして「先人の言葉を集め」そこから何かを組み立てることが主目的であるため，引用や参照事項が多くなることも避けられなかった．

　いずれにせよ，この本を書くにあたって主に手本としたのは，ネオ・オーストリアンと呼ばれる人々，あるいはその影響下にあるリベラリストたちの著作である．したがって新古典派，ケインジアン，パレート厚生経済学，最近のシカゴスクールの経済学よりも，メンガー，ハイエク，オイケン，ロビンズあるいはナイト，ヴァイナーなどの思想や考え方に強い影響を受けた．（とくに第4章4.1節，4.2節のトピックの選定はロビンズ[1976]やオイケン[1952]が参考になった．）こうした人々の基本的視点は，均衡は重要な分析上の概念であるが，現実世界に存在するものではなく，経済がそこへ向かおうとする一つの擬制的な最終状態にすぎないから，現実の経済問題は，すべてこの動学的な均衡へのプロセスで起こることを強調する（この点で現実世界を長期的一般均衡の経済と見るシカゴ学派の人々とは異なる）．したがって経済学は単なる選択の科学ではなく，行為の科学，均衡への適応の学であるという見方が重要になる．このようなオーストリア学派の見解は，経済学の手法に関しても一つの強い主張をもつ．それは，物理学的なアプローチや単純な機械論を経済学にあてはめることは必ずしも適切ではないということである．なぜならそうしたアプロー

チは，知識の獲得や交換・伝達という人間の行為の記述には適さないからである．その点では物理学だけでなく，進化論的な視点をもった生物学の手法も，経済学には有用だと彼らはみなしている[8]．

オーストリア学派は，統計的集計量にも全幅の信頼を寄せることはない．たしかにマクロの集計量は無数のランダムな要因がお互いにキャンセルし合って，ある安定的な性質を見せることは確かである．しかし元来経済が不均衡にあるとすれば，こうした集計データを用いて推定されたパラメータの評価が大きな意味をもつことはない．したがって精緻化された計量経済学的な実証研究へ強い信頼を置くシカゴスクールとは，オーストリア学派はこの点でも基本的に異なるといえよう．経済合理性の仮定は，「内省」によって得られると彼らは考えるため，合理性公準自体への経験的な接近も拒否するのである．これも先に述べた計量経済学的実証研究を特に重視しない理由になっているといえよう[9]．

以上のような点を総括すると，本書でとりあげた経済学の範囲と関心は，社会心理学，社会学，スタンダードな教科書の経済学，そのいずれもが取り扱わなかった分野，すなわちこれらの分野の中間地帯とも呼ぶべき領域であると言うことができる．

5

最後に読者に対するいくつかのことわりを書き添えておきたい．ひとつは文献と注に関するものである．こうした主題を扱った文献は文字通り汗牛充棟であろう．たとえそのすべてに目を通すことができたとしても，文献リストは多分に "pretentiously elaborate bibliography" となることは避けられない．したがってこの本では，直接引用したり，参照したり，基本的なアイディアを得たものについてだけ，各章末の注と，巻末の文献リストに書き留めた．これらはいずれも私の手もとにあった版であり，必ずしもいわゆる authorized version を用いてはいないことを，書誌学に関心をもつ読者におことわりしたい．その他の文献に関しては，これらの簡略なリストの中の文献を用いて，各テーマごとにさらに別の文献へと進んでいただきたい．

この本は第1章で市場社会の姿を描き，続く第2章で国家，そして第3章の貨幣・信用へと続き，最後の第6章で第1章末尾で提示された問に答えるという形をとっている．しかし基本的には各章は独立しており，必ずしも前の章の知識が前提されているわけではない．したがって読者は各自の関心にしたがって読み進まれればよい．ただ最初の2章は，後のいずれの章とも関わる主題をあつかっているので是非先に目を通してほしいと思う．

序章　注

1) Lovejoy [1936].
2) 重要な大著として，Schumpeter [1954], Pribram [1983], Blaug [1985] がある．
3) Gombrich [1960], とくに第九章参照．
4) Knight [1921].
5) Keynes [1936a] p. 383 (邦訳 386 ページ).
6) Hutchison [1978] pp. 277-285.
7) Stigler [1975]．ここにあげた自由貿易論と賃金基金説の例は pp. 50-53 による．
8) この点については Boulding [1981] の説明がわかりやすい．
9) 以上の説明は Paqué [1985] を参考にした．オーストリア学派の文献サーヴェイに関しては八木 [1986] が貴重である．

第1章　市場の秩序

　この章では，市場社会と呼ばれるものがどのような特質をそなえているか，市場経済が生み出す「秩序」やそれを支える「正義のルール」がどのようなものであるかを説明する．続いて，市場社会の特質や機能を記述するために経済学がどのような概念化をこころみてきたかをさぐるとともに，企業，競争など市場と関連する概念を検討する．最後の1.3節では，「市場の失敗」と呼ばれる機能障害以外に，いくつかの不完全性をはらんだ市場経済システムを批判する姿勢をとりあげる．反市場志向(anti-market mentality)をとりあげることも，市場社会の基本性格を理解するための一つの有効な方法と考えられるからである．

1.1　市場社会の素描

秩序と正義のルール

　経済社会を，一つの「はっきりした形で与えられた対象」，あるいは外から観察できる生物体のようなものと見るか，単なる個々人の経済行為のネットワークにすぎないと考えるかによって，人間理性が，経済社会に対して何をなしうるのかについての態度が根本的に異なってくる．経済現象を全体として直接認識できる対象とみなし，経済を制御可能な一つの有機体と見る立場は，国民経済がそれ自身ある生成と発展の法則をもち，それを規定する変数を操作することによって定められた目標に到達できると考える．他方，こうした立場を否定する論者は，経済現象を単に個別主体の経済行為の諸関係を統計的に集計したものにすぎないとし，「国民経済」というひとつの行動主体を措定することは，この統計的集計量を実在とみなす概念実在論にすぎないとする．

　このような二つの立場を基本的に分けているのは，経済(economy)という概

念をどのような単位としてとらえるかという点である．経済(economy)という言葉は，ギリシア語の語源が示すように，もともとhouse(oikos)-managing(nomos)すなわち「家政の術」(たとえば家計内で奴隷の用役をいかに配分するかという技術)を意味していた[1]．したがって，その単位としては消費家計や農家，あるいは企業体のような意思決定主体がイメージされていたことになる．ここでいう意思決定主体というのは，いろいろな目的の中から，一つの指標を選び出し，それにむけて自己の保有する様々な手段(資源)を意識的に配分する主体をさす．ところが現代の経済学ではこのeconomyということばを，国民経済(national economy)というようなマクロ的な(多数の経済主体の行動結果から生まれる統計的集計量としての)意味で用いるが，こうした使用法はeconomyという言葉の本来の意味からは基本的にずれている[2]．というのは，国民経済やマクロ経済というものは，いま言った意味での「単一の(直接観察できる)行動主体」ではなく，相互に依存しあった多数の行動主体のネットワークのようなものから成り立っているからである．一国の経済活動は，決してさまざまな価値や目標を「単一の尺度や位階」の中に位置づけて，その中からある一つの行動を単一の主体が選択するという方式で成り立ってはいない．とくにこれから素描しようとする「マーケット・メカニズムによって動いている経済社会」では，数多くの行動主体の個々別々の目標の集まりが，何らかの目に見えない非人格的な力で調整されているからである．それは決して単一の価値基準でもって，異なった目標の間で生ずる対立を意識的に解決するような装置ではない．

　このような違いに注目するオーストリア学派の現代における代表はハイエクであるが[3]，彼はこの経済(economy)という言葉を，「単一の目標に向けられた意図的選択と協調の行動」という限定的な意味で，家計や企業などに関してだけ使用すべきだとする．そして「市場秩序(market order)を構成する多数の相互依存的経済のネットワーク」という意味では，catallacticsという言葉を用いるのが適切だと主張している．catallacticsというギリシア語は，katallatteinという動詞から派生したもので，単なる「交換」を意味するだけでなく，

「共同体へ迎え入れる」,「敵から友へかわる」という意味を担っている[4]. それゆえ, 市場のなかの多数の個別経済主体(economies)が, 相互に交換し調整することによって自生的にもたらされた秩序を意味する言葉として選ばれたのである. この秩序については第6章で再びとりあげるが, 秩序のために必要とされるのは, 所有権の保障, 不法行為と損害賠償の制度, 契約に関するルールを守ることであり, これらのルールが遵守される限り「自生的秩序」(spontaneous order)は基本的に維持されると考えられる.

ここで重要なことは, 市場参加者がおのおの別個の具体的目標を追求し, 他人の目標について明示的に同意することなしにそれぞれ便益を得ているという点である. 各人の目標が異なりながら, なおかつ対立が解消されある程度平和裡に共存しうるということは, 考えてみればたしかに不思議なことである. というのは, こうした社会では簡単な行為のルール(所有権, 不法行為, 契約など)だけを遵守しながら, 各人が別々の具体的目標のために自分の知識や技能あるいは資源を使用しているにすぎないからである. そして, まったく個人的に知ることのない「他人」がつくり出したものを, 交換を通して獲得することにより相互に利益をうけているのである.「他人」が, どういう目的で自分の技能と知識そして資源を使ったのかを知る必要もなく, その「交換」が相手にどう役立つのか, あるいは互いの目的が一致しているのか否かを確認する必要もない. むしろ, 交換する人々の必要や目的がたがいに異なっているほど, その交換する当事者が得る便益が大きいともいえる. そして, 双方が利益をうること, 交換の条件が客観的にわかることが, 交換(exchange)を互酬(reciprocity)から区別しているのである. この「自生的秩序」を維持するために必要とされることは, 財やサービスがそれぞれ誰に属し, それがどのような同意と承認によって移転されるのかというルールが客観的に規定されていることだけなのである. このルールをヒュームやスミスに従って「正義のルール」と呼ぶことにしよう.

事実とルール それではこの正義のルール自体は, 人間の本性と人間をとり

まく外的条件のどのような特質から生まれ出たものなのだろうか．この点に関する社会科学的認識をはっきり行なった人としてD．ヒュームを挙げることができる．ヒュームは『人性論』(第三篇第二部)の中で，まず① 人間の利己心の強さ，ならびに寛容性の限界，② 外的事物が所有者を容易に変えること，人間の欲求を満たす手段が希少であること，という変更しがたい二つの事実に注目する（もちろん人間の知性の不完全性をヒュームは強調する）[5]．そして「正義」という黙約は，こうした人間の性質と外的事物の状況から生ずる不都合を救済する策として意図されたルールであると見る．ヒュームが「絶対確実とみなされる命題」と呼んだ先の二つの事実は，いずれも「正義」の問題は「所有ないし所有権」の問題に帰着することを示しており，三つの正義のルール，すなわち「所有の安定性」，「同意による所有の移転」，「約定の履行」に関するルールを生み出す基礎的事実であるとヒュームは考える．正義は，「人為的」な徳と考えられるが，決して恣意的なものではない．ヒュームは，これが人間の生存と福祉，そして社会の秩序と安定を維持するために不可欠なルールであることを強調し，この正義のルールの遵守または無視が人間の道徳的な美醜の感覚に結びつけられることを示している．

　ヒュームの挙げた二つの基本的事実は，H. L. A. ハートが「自然法の最小限の内容」として，より多角的に，そしてより現代的な言葉で表現したものと同じである．ハートの説明をもとにヒュームの三つの正義のルールの根拠となる事実をまとめておこう[6]．

　ハートは，次にあげる人間性に関する五つの自明の真理は，社会生活における人間の生存と福祉の促進という目的が前提とされた場合，ヒュームの正義のルールが導出される根拠となると考える．まず第一は，人間の弱さ・傷つきやすさ(human vulnerability)が認められるからこそ，ある種の人間の行為は禁止されたり制約を受けねばならないということである．ここで言う「ある種の行為」とは，肉体的危害を加えるような暴力の使用などである．人間がこのように傷つきやすい(vulnerable)存在でなければ，「殺すなかれ」というルールも出てこない．

第二は，人間が大体において互いに等しい(approximately equal)という事実である．たしかに，肉体面での強靱さ，敏捷さ，知的能力には人それぞれ差がある．しかしいかなる個人も(国際関係における国家とは違って)，他者を長期間にわたって支配しうるほどには強力ではありえない．睡眠や休息，病などが，強者から一時的に力を奪い去るからである．この「人間が大体において等しい」という事実は，法的・道徳的責務の基礎となる「相互自制と妥協」のシステムを人間社会にとって不可欠なものにしている．

　第三点は，人間の利他主義には限界があるということである．人間が完全に利己的で，他者の生存や福祉に何ら関心をいだいていない，とみなすことは誤りであるが，己れを完全に空しくするような利他主義者を想定することも困難である．ヒュームも言うように，「あるひとりの人物を自分自身より多く愛する者に出会うことはまれであろうが，他人に対する愛情を集めたとき，利己的情念の全部を超過しないような者に出会うことも稀有である」(『人性論』第三篇第二部)．これらの中間が真実であるからこそ，「相互自制と妥協」のシステムが必要であり可能となるのである．

　第四のポイントは，人間は衣食住を必要とするが，そのための資源が限られているという事実である．だからこそ，人間は労働をもって自然に働きかけ，創意と工夫で生活の必要物を獲得していかなければならない．この事実はヒュームが指摘するように，財産制度に関する最小限のルールを不可欠にし，それを尊重することを必要としている．もし人間が植物のように空中や地中から栄養を吸収し，生存のための必要物を無限に(狩猟や耕作をせずして)摂取することができれば，このようなルールは必要とならないであろう．

　また欲望に比べて資源が限られているという事実に関して，ヒュームは次のようにいう[7]．人間は数えきれない要求や必要を自然から担わされておりながら，これを充たすために与えられた手段は残酷なほど貧弱である．したがって，① 何らかの大きな仕事をするためには，各人の力を寄せ合って，力を増大しなければならない．② ひとりの労働がさまざまな必要を充たすことができないから，分業(partition of labour)によって全体の能力を増さねばならない．

③ 各人の力とその用い方は必ずしも等しくないし、運命や偶然にも支配されやすいから、相互援助をすることによって安定性を確保しなければならない。こうした理由によって「社会」は人間にとって有利なものになるとヒュームは考える。このように、分業体制がしかれる社会では（ほとんどすべての社会がそうであるが）、個々人に責務を課し、その負担を変えていくことを可能にするようなルールが必要となってくる。たとえば、自分の生産物を移転したり、交換したり、売却したりすること（これらの取引はまさに所有権の変更を意味している）を可能にするようなルールである。あるいは「約束の履行」に関しても、同様な安全性・確実性が保証されることが不可欠になる。

ハートの挙げる「自然法の最小限の内容」の第五の事実は、人間の理解力と意志の強さに限りがあるということである。これはヒュームのいう「知性の不完全性」に対応するものと考えられるが、理解力の不完全性だけでなく、意志力の弱さをも指摘している。実はこうした知性の不完全性があるからこそ、人間にとって自由と正義が価値を持つのである。約定やルールを例にとろう。約定は社会の必要と利害とを根底として人間の案出したものである。ところが、約定をし、ルールをつくり、それを守ることから生まれる便益は誰にとっても明らかではあるが、これに従う動機は人によって様々であるかもしれない。ある人は慎重な計算から、またある人は他者への素朴な思いやりから、あるいはこのルールの理念そのものに共感してそれに従っているかもしれない。しかしこのルールが維持できるか否かが決定的に依存している「長期的な利害に関する理解」、あるいは「意志の強さ」などは、現実にはすべての人間によって等しく共有されてはいない。短期的利害の誘惑があったり、ルール違反に対する制裁がないところでは、「相互自制と妥協」のシステムがもたらす長期的利益が理解されていても、「誤った行動」を避けることはできない。それゆえ、自発的にルールに従う人間が、従わない人間の犠牲にならないことを保障するために、どうしても制裁制度が必要となってくるのである。

これら五つの点は、いずれも人間の性質と外的状況に関する自明の真理（truism）であり、これを事実として認めれば、ヒュームの言う三つの「正義のルー

ル」が自ずと導き出せるであろう．そしてこれらのルールが，人間の生存と福祉の促進にとって不可欠なものであるため，功利主義的にみてこれを道徳的に正しいと表現することもできる．ただしこのようなルールが，人間の生存と福祉を目標にしているという意味では（間接的）功利主義をその基本としていることは確かであるが，人間の個々の行為の帰結に関する個人主義的な功利計算にもとづく功利主義とは異なったものであることは言うまでもない．こうしたルールは，アダム・スミスも「正義のルール」(rules of justice)と呼んでいるが，スミスは『道徳感情論』の中でこのルールを「全体系の主柱」(the main pillar of the whole edifice)とみなし，もしこれが無くなると，人間社会の偉大で複雑きわまりない構造が，たちまちのうちに粉砕されてしまうにちがいないと述べている．社会という建造物にとって「慈愛」は飾りであるが，「正義」は屋台骨に相当する徳であるというのである[8]．

このような正義のルールを最小限の基礎として生まれ出た秩序が「市場社会」と呼ばれるものであるが，その特質をとり出して行くために，市場経済の経済学的解釈について次に簡単な説明を加えていこう．

個と全体

市場のはたらきを考える場合，市場参加者個々人の意図と社会全体の帰結を区別することがまず重要になる．一般に経済学の教科書では，需要と供給の働きによって，あらゆる財とサービスの価格がきまり，その価格体系に応じて社会全体の生産，消費，分配が調整される機構を，マーケット・メカニズム（市場機構）と呼んでいる．この言葉は，意図的・計画的な指令にもとづく「指令経済」(command economy)と対比的に用いられることが多い．「指令経済」では，一国の「中央経済管理局」というひとつの意思決定主体が，意図的・計画的に物資の生産と流通および分配を権力(power)にもとづいて組織し遂行する．それに対して市場社会では，あたえられた資源を用いて，何を，どれだけ，いかなる技術を用いて生産するかという「経済問題」が，次に述べるように多数の人々の，価格を信号とする個別の選択によって調整され解決されている．

企業はそれぞれ自らの予想と計算にもとづき生産を組織する．そして個々の家計も，自らの選択にもとづき生産活動に参加し，その果実を消費したり貯蓄したりしている．その際，将来はつねに不確実であるため，各主体の予想がそのままの形で完全に実現されることはほとんどない．企業と家計の様々な財とサービスに対する需要量と供給量の総和には不一致が生じ，生産しすぎて在庫が溜ったり，期待どおりの数量が購入できないような事態が必ず発生する．こうした不一致に対して，需要が多すぎるときは価格が上昇し，逆に少なすぎれば価格が下落するという形で，需給の調整がなされる（その調整を行なう主体が誰なのかという理論上の問題は存在する）．この調整の働きが，全知全能の一人（ないしは少数）の"選ばれた"人間の知識と判断で行なわれているのではなく，きわめて限られた知識・情報しか持ちあわせない多数の市場参加者の選択を総合した結果であるという点が，市場機構の特質であり，「指令経済」と根本的にその性格を異にする点なのである．（この調整が「価格」という一種のシグナルを通して行なわれているため，マーケット・メカニズムは，価格機構（price mechanism）とも呼ばれ，この両者はほぼ同義の言葉として用いられている．）

　モノが多く生産されればその価格が下落し，不足すれば価格が上昇する．あるいは人手不足になれば一般に賃金があがりはじめる．こうした現象は，経済取引が市場機構を通して行なわれる限り，時と場所を越えて共通に観察されることがらであった．事実，この点に関する記述は古代社会の文献の中にも散見される．たとえばローマ期のギリシア人哲学者エピクテトスの断片の中にも，牛馬等の家畜が市で売買される光景をみて，その複雑な取引の過程がかくも秩序だって行なわれるのが，にわかには信じがたいという記述が見られる[9]．そしてこの市場を（ひいてはこの世界を）誰が，どのようにして，何の目的のために，かくも巧みに治めているのか，という素朴な驚きが語られている．

　こうした市場機構の基本的特性は，企業であれ家計であれ，個々の経済主体が自己の利潤を最大にしたり，効用を極大化する，といった「利己的」行動をとっているにもかかわらず，結果として高い水準の社会的効率性が達成されて

いるという点に存する．それは各人の意図（自己の利益の追求）と社会全体の帰結（「社会的効率性」の達成）との〈くいちがい〉とも言いかえることができる．このような単一経済主体（economy）の意図と全体的調和のゲーム（catallactics）の結果との〈くいちがい〉関係に，明確な表現が与えられるようになったのは，18世紀に入ってからと言ってもよいだろう．

　この点に関してまずその名を挙げなければならないのは，バーナード・マンデヴィルである．このオランダ出身のイギリス人が書いた政治的風刺詩『蜂の寓話』は，巣の中の個々の蜂は醜い私欲と私益の追求にあくせくしているが，巣は全体として豊かに富み，力強い社会生活が営まれている，そうした姿を強いアイロニーをこめて巧みにうたったものである[10]．この詩の副題「私的悪徳が公益につながる」（Private Vices, Publick Benefits）は，マンデヴィルの発見した「社会」の特質を集約的に表現したものともいえる．マンデヴィルのこの著作は，単一の個人の知恵や思考を，時間と経験のつみかさねによって「社会」全体に自ずと蓄積された知恵と比較したとき，後者がいかに偉大であるかというおどろきから生まれたものといってもよい．すなわち，彼のおどろきは，社会がいかなる個人のなすよりも偉大な所業を，意識せずして達成してしまっているということにあったのだ．

　このような見方は，社会の秩序が人間理性による周到なる設計（デザイン）によって生まれる，と主張する論者のもの（本章1.3節の「理性による計画」）とは大きく異なる．マンデヴィルは，人間における理性と知識の役割をきわめて限定されたものと考え，「悪徳もなく安楽に暮そうなどは頭脳にのみ巣くうむなしいユートピアだ」と嘯いている．そして誤謬に陥りやすい人間の無知（知性の欠如と情報不足）から生まれた行為が，社会過程（1.2節で説明する競争過程）を通してより合理的なものへと修正され，個人の理性が十分理解しうる以上に偉大な事物を社会が創造してきたと見るのである．このような，個人の意図と全体の結果との〈くいちがい〉に注目しながら同じような社会観を提示した著述家として，モンテスキューやヒューム，スミス，あるいはスコットランド啓蒙思想家たちの名を挙げなければならない．

モンテスキューは『法の精神』第三篇で政体の原理について考察しているが，君主政の原理のところ（第七章）で次のような興味深い指摘をおこなっている[11]．すなわち野心は共和政においては危険なものとなりうるが，君主政では好ましい結果をもたらし，この政体に生気をあたえる．また名誉はこの政体のあらゆる部分を運動させ，各人は自己の特殊的利益を追っていると信じながら，共同利益に向かっていることになる．そして次のようにいう．「国家のあらゆる部分をみちびいているものは，贋の名誉であるというのは正しい．しかしこの贋物の名誉も……本物と同じ程度に公共にとって有益なのだ」と[12]．

ヒュームも自愛（self-love）を情緒としては本来的にみとめていなかったと指摘する人もいるが，「正義の法の真の母は自愛である」と言い切っている．そして各個人の利害を包括するこの正義のルールの体系は，たとえそれを案出した者が公共的利益を意図していなくとも，もちろん公衆全体にとってはきわめて有利なことであるという（『人性論』第三篇第二部第六節）．

スコットランドの啓蒙思想家たち（たとえば A. ファーガスンや J. タッカー）も，同工異曲のことを述べている．たとえば，ファーガスンの『文明社会の歴史に関する試論』(1767)にも同様の考えが散文的ではあるが，かなり明確に表現されている[13]．

「……人類は，不便をとり除き手近で明らかな利益を得ようとして，自分たちの想像もつかなかった結果にたどりつく．そして他の動物のように，その結果を感知することはなくその本性のわだちの中を通っていくのである．……人々のあらゆる歩み，あらゆる運動は，啓蒙的な時代と呼ばれている段階においてさえ，未来に対するまったくの盲目さのもとでなされているのである．そして諸国民は，実際いかなる人間の設計の遂行結果でもない，人間行為の単なる結果にすぎない諸々の制度を生み出してしまったのである．……」

そしてファーガスンは，ギリシアのリュクルゴス，ソロン，あるいはローマのロムルスのような「国家の創始者と立法者」という素朴な神話を破壊する．国家やその他の社会的諸制度は（その史実性には疑いをさしはさまないが），ひとりの天才の無比の創作物ではなく，社会の自生的な進歩から（人々の天性と

外的状況から)生み出されたものだと考え,個々の人間の知識と理性の限界を強く意識するのである．それはすべての事物や制度の中に,個人の理性の意識
・・・・
的作用を見いだそうとする合理主義的な態度とは大きく隔たったものだといえよう．このような合理主義的立場の代表として,デカルトを挙げるのが適当であろう[14]．彼は一人の建築家が平野の中で思いのまま設計した規則正しい町並みの方が,不規則に広がりながら膨張した町よりも「美しく秩序だっている」という例をあげながら,「理性による計画」の重要性を強調している．それに対して,スコットランド啓蒙思想家たちの社会哲学には,「個人が自由である限り,社会は個人より偉大であり,個人が統制され指令される限り,社会の個々人の力は統制し指令する個人の理性の枠内に限定されてしまう」という考えが色濃く示されている．

　このような「社会」の把握,個と全体の関係の理解は,アダム・スミスにおいてもっとも明快な表現形式を得る．彼の『道徳感情論』の中には有名な,「……見えざる手に導かれ,それを意図することもなく,知ることもなく,社会の利益を促進する……」という文章があるが[15],同様の点をスミスは『国富論』の中で,つぎのような具体例を用いて説明している[16]．「われわれが夕食を期待しうるのは,屠畜人や醸造業者,パン焼職人の慈愛からではなく,彼らが自分自身の利益を考慮するからである.」この文章は,分業と交換の利益を強調している個所に現われるので,市場秩序がただちに分業およびエゴイズムと必要かつ十分に結びついているかのごとき印象を与える．しかしこの解釈は次の二点で誤解をうみやすい．ひとつは,「分業」はいわゆる市場だけに観察される現象ではなく,企業などの組織内でも等しくみとめられること(スミスのピン工場の例や家庭内の分業を想起すればよい)．もうひとつは,この市場社会における自生的秩序の利益は,個々人の動機が通俗的な意味で「利己的」(selfish)であることをかならずしも前提していないということである．これは,「各人が正義の法を侵さない限りにおいて,自分のやり方で自分の利益を完全に追求するような状態」というスミスの表現が,残念ながら「利己的」個人だけを意味しているという誤解をうんだにすぎない．市場秩序は,利己主義者でも利他主

義者でも，(それが自分の目的の追求であるかぎり)もたらされうることは言うまでもない．したがって，自分の知識を用いて，自分のやり方で，自分あるいは自分をふくめた隣人たちの利益を追求するという人間がイメージされていたとむしろ考えるべきであろう．こうして合理的個人の私的利益と社会的利益が一致するという調和的な自然および社会秩序への信仰は，重農主義者(physio-crates)にも見られたが，スミスの特徴はそれまで議論されていた「個別的自由」に，普遍的な意味での「自然的自由」(natural liberty)の議論を付け加えたことであった．すなわち自由放任(laissez-faire)は経済的・物質的利益の外に倫理的道徳的価値を持っている自然権のひとつだと見ていたのである．

　このような個々人の合理性の追求と，自生的秩序や社会的効率性の関係について疑義をさしはさむ論者がいることは言うまでもない．たとえば17, 8世紀の重商主義者たちは人間が利己的動物であるという教説から出発し，公的な規制がない限り，個々の利己心から望ましい社会は生まれないと考えていた．彼らは人間の利己的本性に対して，道徳的・宗教的な点での積極的評価を与えなかったのである．その後，個人の合理的行動と社会全体の調和という関係を否定的に把える考えとして，マルクスによる「資本制生産」の無政府性がもたらす周期的恐慌の理論，あるいはケインズによる不完全雇用均衡の可能性の理論などの例がある．あるいは，最近ではレーヨンフーフドや岩井の指摘する市場機構の根本的機能不全の問題がある．レーヨンフーフドは，市場経済における分権的意思決定が，情報交換の不確実性ゆえにうまく全体的な調和をもたらすようには連動してくれない(coordination failure)ため，何らかの意図的な情報散布が必要なことを示唆する[17]．また岩井は，個人の「合理性」の追求が，社会全体として「非合理性」を生む可能性を秘めている点を指摘し，その例として「囚人のディレンマ」を挙げる．そして社会的「合理性」の確保のためには，固定賃金のような「経済外」的，あるいは制度的要因によってある種の固定性や摩擦要素が必要とされるという[18]．

　これらの指摘は，市場機構の不完全性や欠陥に目を向けることを教える点では重要であるが，市場機構以外によりうまく作動する装置の存在を示唆してく

れるわけではない．したがって市場機構の全能性をドグマとして信奉することへの警鐘とはなりえても，その基本的長所を全面的に否定する議論とはなっていない．しかしこうした観点からの理論的研究が今後さらに必要とされていることは言うまでもない．

市場・産業・企業

さて先に，分業は市場だけでなく，企業組織内でも同様に観察されると述べた．また市場も企業も資源配分のための「調整のシステム」であることにはかわりがない．市場の調整は「見えざる手」によって行なわれるのに対し，企業の調整は企業家あるいは経営者(たち)の主体的・意識的な選択行為の結果であるともいわれる．しかしこの両者の差異はそれだけにとどまるのだろうか．あるいは，この両者はそれほど異なった性格の調整を行なっているのだろうか．こうした問に対する解答は，未だ決着がついたとは言いがたい．実際は，企業，産業，市場という概念は，一種の連続体(continuum)をなしているため，ひとつの機能や特性(たとえば調整力)が，いずれの中にも濃淡の差を保ちながら存在すると見るべきなのであろう．こうした「調整の単位と主体」といった問題を考える場合，企業理論そのものが経済学の歴史の中で占めてきた特殊な位置を理解しておかねばならない．

この問題をいま少し立ち入って考えるためには，市場そのものの特質をもう少し吟味しておく必要がある．そもそも市場はどう定義されるのであろうか．理論的には，それは完全競争，独占，寡占，独占的競争といった市場構造や地理的境界をどう定義するかという問題に集約される．競争市場の境界を「売手と買手が，同一財の価格が容易にそして早く均等化するよう自由に取引できるような地域全体」とクールノが規定したことなどはその例である．ところが市場の定義は，経験的にはより困難な問題を含んでいる．たとえば身近な例で言うと，ソロバンとコンピュータは同一の市場にはないが，両者がある範囲の相対価格では代替的(競争的)な関係にあることは否定できない．したがって産業の定義として "a gap in the chain of substitutes"(代替財の鎖のギャップ)，市

場の定義として"a gap in the chain of alternatives"（選択肢の鎖のギャップ）というような試みがあらわれるのも自然であろう[19]。このような産業や市場の定義をとると，企業は鎖の中の一つの玉であり，一般的相互依存のネットワークの中の"質点"のような存在になるだけでなく，産業という概念の必要性すらを否定する見方も可能になってくる．事実経済学は長い間，企業そのもののもつ，市場や産業の調整過程における分析単位（ブラック・ボックス）以上の積極的な役割を解明しようとすることはなかった．すなわち，競争を通して主体的な均衡に到達する企業が，技術と要素価格を与えられたものとして生産を調整するという側面に分析を限定してきたのである．市場を開拓したり，経済的・技術的判断の誤りや非効率を敏感に発見し，それを正していく主体としての企業家というものに大きな関心をはらうこともなく，企業家の役割を静態的均衡の枠組の外へ置き去ってきたといえよう．

このように経済学では，今世紀の20年代あたりまで，（クールノなどの例外は存在するものの）分析の出発点と目標はどちらかと言えば，企業ではなく，産業と市場に置かれていた．そのような流れの中で，企業とは何かという点について，スミス以降ひとつの重要な問題提起を行なったのはアメリカの制度学派であった．ヴェブレンを創始者とする制度学派の経済学は，マーシャル経済学が，経済システムを静学的メカニズムを中心として描いたのに対して，経済システムの動態的過程に注目しそれを進化論的視点から記述すべきことを強調した．その際重要となる分析上の概念はヴェブレンが"ビジネス"と呼ぶ企業である[20]．ヴェブレンは利潤を追求する企業所有者と，財・サービスの最大限の生産を行なう"インダストリー"（技術）の対立に注目すると同時に，生産自体を複雑に入り組んだ専門化された技術的過程として把える．そして少数の所有者によってコントロールされた"ビジネス"は，利潤を極大化するためにいっそう高価に，いっそう少ない量を生産しようという行動をとる．"インダストリー"自体は低コストで最大限の生産量を追求することが可能でも，"ビジネス"は「怠業と販売促進の精神」から不況の主要原因となるような生産制限をつねに行なおうとしているとヴェブレンは主張する．次々にあらわれる効率の高い

企業が古い企業を倒産させる一方，多くの企業合併がおこり，"ビジネス"の「怠業と販売促進の精神」はより広く社会の中に浸透する．こうしたヴェブレンの企業は，経済の動態的変化を規定する積極的主体として描かれている点が最も注目されるべき点であろう[21]．

　このようなヴェブレンの「企業理論」を除くと，伝統的経済学の中では，企業の問題(とくにその積極的調整主体としての企業)はほとんど正面切って取りあげられることはなかった．こうした状況の中で，企業の存在根拠を改めて問うたのは R. コースであった．彼は企業の明確な概念がこれまで示されてこなかったとしながら，「価格機構による調整と，企業家による調整」とのちがいを考察することが，経済システムを理解する上できわめて重要だと指摘した．このような問題意識から出発したコースの得た結論は，企業とは市場(すなわち価格機構)を通す取引費用(適切な価格を発見するコストや，財・サービスの供給に対して短期的な契約を反復することによるコスト)を節約するために存在する組織である，ということであった[22]．すなわち企業とは，資源の用途が企業家のコントロール下にある時に存在する諸関係の総体であり，価格機構にとって代わる「見える手」による資源配分をおこなう主体として理解されている．したがってコースの把握した企業概念は，市場機構を通した交換取引の費用が増大するにしたがい大規模になり，逆にそのような取引費用が減少するにつれて小規模になるという性格をもつものであった．

　コースの問題意識に従いつつ少し異なった理論化を試みたものに，A. アルチアンと H. デムゼッツの企業理論がある[23]．彼らの分析の目的は，分業と協業の利益は，企業のような組織内で得られるのか，市場を通して得られるのか，そのいずれが多いかを決定する条件を探ることにあった．彼らはまず企業の特質を，雇い主と被用者との間の継続的契約関係にあると考え，企業の基本は集団生産に存すると見る．しかし集団生産における個々人は"怠ける"誘因をもつから，企業はこうした非市場的な組織の中で働く人々のパフォーマンスをモニターする必要がある．ここでいうモニターとは，生産量(パフォーマンス)を測り，成果を報酬として分配し，労働者の限界生産物を検出・推定するために

投入物の状況を観察し，生産の組織化に関する指示を与えることを意味する．アルチアンとデムゼッツが描いているのは，コースのような「市場での契約のための交渉費用」というよりも，集団生産における個々の構成員のパフォーマンスをモニターするための組織としての企業であった．

このような「新古典派」の企業理論のその後の新しい展開も，市場と企業をある程度「代替的」な調整手段と見るものが多く，「企業家」の役割を静態的な均衡分析の枠組から解き放つということもなかった．コースが漠然と取引費用として一括したものの内容を，企業組織内の「不均等な情報の流れ」，「不確実性の存在」などを前提としながら，より詳細に（誘因や危険分担の観点から）分析するのである．企業は，価格機構がうまく作動しえない状況で，集合的行動の便益を達成するための一手段であると見るアロウの理論などもこの範疇に属するといってよい．この種の見方によると，企業が市場に対して優位性を持ちうるのは，協同行為（joint action）による高い生産性であり，いかなる個人よりも多量の情報を獲得することができるという点にある．

こうした最近のミクロの理論は，たしかに均衡分析としての企業理論の今後の展開への貴重な糸口を与えていると考えられよう．しかし他面，市場と企業は決して「代替的」とだけ把えるべきものではない．その代替的性格だけに注目すると，13ページで述べた自生的秩序の中で変化に対して適応する企業という進化論的な性格を見逃す危険が出てくる．したがって，現実には企業と市場が代替性だけを有するのではなく，ある種の補完性を帯びつつ機能している点を忘れてはならない．それは企業の存在が，価格システムの運行の必要部分であるだけでなく，「企業家」というものの存在と切り離しては考えられないということである．企業家が「市場秩序」との関連できわめて重要な役割を担っていることは強調してもしすぎることはない[24]．経済生活において，均衡への傾向をもたらし，様々な生活のプランを統合しやすくしているのは，理論的・一般的知識ではなく，あくまでもこうした企業家たちの実践的・具体的知識である（第6章6.2節参照）．人々の経済活動を調整するのは企業家の知識であり，彼らは理論的知識よりは，物をうまく発見する能力，直感といったものを利用

して活動している．ここに企業家の重要な機能が存在する．企業家の洞察力と直感は，計画や意志力によって生み出されるだけではなく，つねに「天性の才能」と「鋭い嗅覚」を必要としている．すなわち，それ自体が企業家精神 (entrepreneurship) と呼ばれる自生的な現象なのである．この点において，実に市場秩序は企業家を不可欠の要素としているのである．異なる能力と様々な機会を与えられた企業家の相互の競争と淘汰という面に注目すると，単に計算をし，計画をたてる主体 (wirtschaftender Mensch) ではなく，積極的な実践的知識を活用する経済主体としての企業家というものが，もっとクローズ・アップされながら議論されてしかるべきであろう．それは企業家が単なる分析上の単位ではなく，市場秩序の中で直感と洞察力を用いて，日々の変化する状況に対応して行く主体であることを強調することでもある．

企業から市場へ

古典派の経済学は，企業の理論と組織の理論に関して特にきわだった重要な展開を見せなかった．それでは企業理論を背後に追いやりながら，経済学はその分析の焦点をどこに当ててきたのであろうか．次にその経緯をたどることにしよう．たしかにスミスの経済学は，ピン工場内の労働の組織化を考える経営者の費用 - 利潤概念からスタートしている．そして企業の内部組織と生産技術が，一国の富の成長にとって決定的に重要なことを指摘している．スミス以前の論者は，たとえばプラトンのように，分業が発生するのは個人間の生得的資質の差異が基本原因になっていると考えていた．それは，分業の問題が主として労働の可動性の低い位階序列の明確な職分社会を念頭において議論されていたからである．しかしスミスは，人間の個人間の向き不向き，適性や資質の差異を認めはするが，実際にはこれらの差異は小さいとし，それを分業の原因とみなすよりも結果であると考えていた．したがって，スミスのピン工場の労働は，同質的な労働の「分業による協業」によって生産性が上昇する姿を描いていると解釈すべきであろう[25]．

このように見て行くと，スミスは企業組織の重要性を無視するどころか，む

しろ逆にそれを強調していたとも言うことができる．単なる分業理論とは別に，協業を含む垂直統合の理論をも提示していたからである．しかし，スミスはこの主題の分析をさらに推し進めることはなかった．彼は企業組織の問題に分け入るよりも，そのまま分業の源泉とその限界を規定する「交換」と「市場」の問題に進んだのである．

　この傾向，すなわち企業理論がスミスの経済学の前面から後退したという事実は，スミス以降の経済学の主要テーマが「成長と発展」から「資源配分と所得分配」へと移ってしまったことと表裏一体をなす．この点はリカードがマルサスに宛てた手紙の有名な一節の中に簡潔に示唆されている．すなわち，マルサスにとって経済学は「富の性質と原因の究明」であったのに対し，リカードは，「産業の生産物の諸階級への分配をつかさどる法則の究明」が経済学の目的であるという．リカードは経済的変数の量の相対比に関するかなり正確な法則が設定できるとし，それが科学としての経済学がもつ唯一の真の目的であると確信していたのである[26]．

　リカードのこの姿勢がいみじくも示しているように，経済学が「科学としての地位」を得た代償として，企業は単なる「分析上の単位」，「力学における質点」のような存在と化さざるを得なくなった．それは同時に「市場競争」の概念を重視することになり，とくに「競争が無制約に貫徹する」("which competition operates without restraint")ような状況へ分析の主題を限定することを意味していた[27]．ジェボンズは，この点について次のように言っている．「もし競争がもはや存在しないとするなら，問題は経済学とほとんど，もしくは全く関係がなくなる．それはもはや科学の問題ではないのだ」と[28]．ここにおいて，「完全競争」下での市場プロセスが厳密な分析対象となる一方，企業は完全に受動的な「分析上の単位」となるのである．

　しかし，企業を単なる分析上のひとつの単位としてしまうと，土地・労働・資本と比べて，企業家がいかに価格機構から彼の貢献に対する配分をうけるかを説明することができなくなる．企業家の役割と能力は言うまでもなく分割不可能であるから，部分均衡論的にその限界生産力を考えることに正確な意味を

与えることができない．完全競争下のワルラス的な一般均衡理論では，周知のように企業家はいかなる機能もなく，したがって所得もない．企業家は企業家としてではなく，地主，労働者あるいは資本家として所得をえているのである．こうした理由から，経済理論では「利潤」は，不完全競争か不均衡状態における派生物や残差として説明されたり，不確実な状況にうまく対処したことに対する支払い，革新への報酬などとして説明されてきた．

　このような経緯で，伝統的な経済学の前面から企業理論は姿を消したのである．実はこの点は，それ以後の「経済学の考え方」に予想以上の大きな影響を与えることになる．ひとつは，市場競争の分析が「完全競争」を想定することによって「厳密さ」を増した反面，パレート最適性というドグマがあらゆる経済効率性の判断基準として用いられるようになったこと，また市場における競争者は多ければ多いほど社会的厚生が高いという通念を生み出したことである．そこにはモデルと事実の混同があると思われる．市場社会における競争は，経済理論が想定する「完全競争」という分析上の仮定とは必ずしも重なり合う必要のない性格をもっているからである．そこで市場社会の存立にとって不可欠な「競争」の概念を，理論上の「完全競争」の概念と区別しながら吟味することが次に必要になる．

1.2　競争と独占

競争の社会的意味

　厚生経済学の第一定理によると，一定の条件を満たす経済環境の下で，任意の完全競争均衡（ワルラス均衡ともいう）は，パレート最適（あるいはパレート有効）になる．これは市場経済が資源の効率的配分をもたらすというスミス以来の経済思想に一つの論理構造と科学的装いを与えたものと見ることができる．しかし，スミスの念頭にあったのは，「国家の干渉やカルテルなどの謀議のない，競争のおこなわれている経済」であって，決して市場価格に関する情報の完全性等を想定する「完全競争」が実現している経済ではなかった．そしてス

ミスは後の古典派のように、抽象的な「経済人」を分析用具として想定することもなかったし、競争経済が最大生産量を保証するという意味で「最適」だとも主張していない。一方、厚生経済学の第一定理で想定されている経済環境とはおおよそ次のような性質をもったものとまとめることができる。すなわち、各財について多数の売手と買手がおり、個々の主体の行動が価格に与える効果が無視できる、そして資源の移動についての制限がない、市場における価格に関する情報が完全に各経済主体に与えられている、という世界である。このような環境で、消費者が効用を最大化し、生産者が利潤を最大化し、かつ市場における需給のバランスを同時に満たすような配分と価格の組が、完全競争均衡（ワルラス均衡）と呼ばれるものである[29]。厚生経済学の第一定理は、このような完全競争均衡が、「期初の各財の存在量、生産技術、消費者の選好を所与とする限り、どの個人の選好をも低下させてはならないという条件のもとでは、もはや改善の余地がない状態」、すなわちパレート最適であることを示している。

こうした完全競争の理論の厚生経済学上の分析が、ひとつの論理的に美しい帰結をもたらすため、競争はその「完全性」ゆえに社会的に望ましい状態をもたらすと考えがちである。しかし、現実の経済において、この完全競争の前提が満たされている産業は極めて限られている。したがって完全競争の最適性が成立するためには、いかに非現実的な仮定が必要とされているかをこの定理は示唆していると読むこともできる。しかし問題はそれだけにはとどまらない。競争の利点をこの「完全性」にもとめることは、一般的な競争全体（たとえば独占的競争をもふくめて）のもつ歴史的な、あるいは経済社会的意味を見のがしたり、低く評価してしまう危険性をもっている。

完全競争の主要な前提条件は、先にも述べたように、ある産業の生産物の売手も買手も多数おり、それぞれ独立して行動し、市場での売買に関する完全な情報をもっているということである（これに資源が可動であること、資源の所有者が、各々の資源利用の収益率を知っていること、を加えると「産業間競争」へと概念を拡げることができる）。いずれにせよある産業の生産物の売手が多数いるということは、その財の多数の生産者は、同じコストでその財を消費者

に供給することができるということである．その結果，生産者はその価格を恣意的には決定することができない．もし生産者のひとりが，限界費用よりも高い価格をつけたとすれば，他の生産者は（限界費用で売ることによって）彼を市場から駆逐してしまうことができるからである．したがって，あらゆる生産者にとって，限界費用が価格に等しくなるところまで生産量を増大させるのが得策であるという考え方が，ひとつのドグマとなり，このドグマによって現実の経済のパフォーマンスを判定するのが常道と考えられるようになった．

　しかし以上の点は，決してあらゆる財とサービスが多数の生産者によって現実に生産される・・べきであるとか，同一のコストである財を生産する多数の生産者がつねに存在しなければならない，といった規範的な結論を意味しない．実際には，ある種の財の生産単位には，コスト面からみて最適の規模が存在するだけではなく，特定の企業だけが利用することのできる技術や立地条件，伝統（集積された知識）のようなものがあり，極端な場合には，生産コストをカバーしうるような価格である財を販売しうる企業はひとつしかないというケースすらありうる．この場合，企業は新たな参入者が市場にあらわれないような水準まで，その価格を限界費用以上に高く保つということが可能であろう．したがって，完全競争の理論的条件が満たされていないという理由で，この市場の不効率性を判断することはできない．ほとんどの産業は，そういった意味での理論上の完全競争の条件は満たしえないのであり，すべての市場は本質的に「不完全」であるというのが現実であろう．したがってこうした現実を完全競争の理論的前提に近づけるというのは，「プロクルステス（Procrustes）の寝台」にもひとしい考え方であって，現実の競争の利点や有効性は「数が多い」という事態に求められるべきではない[30]．

　それでは，競争の利点はどこに存在するのであろうか．この点に関してハイエクはひとつの明快な答を用意している[31]．彼によると，競争は，「誰が一番すぐれているか，誰が一番上手にこなすかということを，予め知ることができない場合に用いられるすぐれた発見のための装置である」という．すなわち，競争によってはじめて，最もすぐれた方法が発見されるというのである．知識が

不完全な経済社会では，現実にどの方法がある条件下で費用最小の生産方法であるかが，前もってわかっているケースはほとんどない．むしろ競争の過程を通して，はじめて最善の生産技術が徐々に発見されて行くのである．

ところで競争は，ある具体的なケース（たとえばスポーツ，試験など）に関して，誰が一番よくやったかを示すことはできるが，競争参加者各人が，自分の潜在的能力そのものを百パーセント出し切ったかどうかを告げることはできない．競争は最も効果的に新しい知識や事実を学ばせることはあるが，トップに立つ者は，彼を追いあげる者が近づいた時にしか，水をあけようとしないという点では，潜在的力の完全なる現実化に寄与しないこともある．しかしいずれにせよ，競争というのは科学の実験のような性格を帯びたものということができよう．すなわち，競争はまずもって「発見のための手続き」（ハイエク）なのである．したがって，発見されるべき事実が「既知である」と仮定して（たとえば生産関数や効用関数を与えられたものと仮定して）スタートする静態的均衡の経済理論は，競争がもつこのきわめて重要な特性（つまり発見的手続きであるということ）を見すごしかねない．

真の経済問題は，幾億幾千万という人々の頭の中に散らばって存在する知識や技能，あるいはそれらを獲得する機会を，いかに効率よく利用するかという点に存する．社会の中に存在するこれら知識や技能は，単一の主体がその全体を把握・所有しているのではないから，それをどう利用するかが資源利用に関する最大の経済問題となるからである．このような視点に立つと，競争は，ハイエクが言うように人々が知識を獲得し交換するプロセスと把えることができ，これらすべての知識がはじめから単一の計画主体に与えられているとみなすことは，社会認識としては事実になじまないことがわかる．財の質や人々の選好，あるいは効率のよい生産技術は，競争プロセスを通して発見されていくものであるし，ワルラスの想定したセリ人というコーディネーターも現実の市場社会では実在しないからである．

ハイエクが述べたような，競争過程をひとつの「発見のための装置」としてとらえ，それを市場論の中心に置く考え方は，通常の価格理論が冒頭から想定

する「完全競争」の世界とは本質的に異なっている．通常の資源配分の効率性をめぐる理論は，ハイエクが念頭においたような不均衡過程の経済を問題にしているのではない．それは「完全情報下」での均衡論的分析であり，ハイエク的競争過程が終焉し，すべての知識・情報が万人に明らかにされた仮想的状態での社会生理学であって，一種の思考実験にすぎない．とすると，次に問題になるのはハイエク的な世界における配分の効率性というテーマであろう．しかし，こうしたテーマをモデル分析することには幾多の困難が伴う．そのひとつの原因は，ハイエク的世界でつねに問題となるのは，主観的・言語化できないような部分を含んだ広義の知識であって，概念化の冒頭から量化・基準化を拒否する性質のものだからである．

いかなる独占が有害か

マーケット・メカニズムは，たしかに現代社会においても資源配分の様式として重要な役割を果たしているが，そのパフォーマンス（とくに作動する範囲）に関しては，いくつかの阻害要因をもっている．この点に関する論究は，理論経済学では「市場の失敗」というテーマでかなり詳細な分析がなされてきた．先に述べた完全競争の最適性定理が成立しないケースに関する理論的分析である．それは，電力・ガス・鉄道などの産業にみられる費用逓減（decreasing cost）現象，ある企業の技術革新の効果が他の生産者をも利するというような外部効果（externality），共同的・集合的消費を前提とする国防のような公共財（public goods），経済主体が現在と将来の間に経済資源を配分するときに発生する動学化と不確実性の問題などに分けて論じられているが，いずれも資源配分メカニズムの分析という観点からみるときわめて現実的なテーマであるといえる．このことは言いかえれば，完全競争の最適性定理そのものが，いかに非現実的仮定を必要としているかということであろう．ここでは，「市場の失敗」の解説そのものにはふれないが，先に述べた市場の構造的前提の問題には（前節との関連で）立ち入らざるを得ない．それは，独占力の存在によって市場の構造的前提が破壊されたり，価格が硬直性をもつため"シグナル"としての機

能を十分に果たせないような場合である．この節ではとくに独占の性格の区別について述べておきたい(生産行動における独占については第4章4.2節で再びとりあげる)．

独占の存在は，完全競争の理論から判断する限り，"パレート効率性"を達成できないゆえに経済厚生の低下を強制していることになる．しかし，この推論は現実の経済のパフォーマンスの判定にどの程度役に立つのであろうか．

現実には，人も事物も完全に同一(identical)なものは存在しない．ある人は他人に比べて特殊なすぐれた才能をもっていたり，ある土地には良質な温泉が湧き出る，というような例を考えれば明らかであろう．このような特殊な才能や生産要素の所有者に，限界費用が価格に等しい点まで生産を拡大せよと要求することは，「自由の原則」になじむものではない．自己の所有物をどう使用・収益・処分するかは，それが他人の自由と抵触しない限り基本的には当人の自由であり，その所有する経済資源を最大限に使用せよと強制することは(その使用を禁ずることと同様に)納得できないことになろう．したがってその才能や事物の所有権(使用・収益・処分する権利)を認める限り，そのような希少な才能や生産要素の供給量あるいは価格決定権をその所有者にゆだねることは，正義のルールを侵すことにはならない．有利な立地条件と生産組織を享受できる生産者，収入を最大化できるように制作を制限している版画家などを，(それが有徳であるか否かは別にして)正義の原理に反する行為であるとして批判することは出来ないはずである．このように，「独占」の中には，競争の結果，ある財の供給者がひとりしか残らなかったというケースがみられる．この種の「独占」は，生産の効率性が他のいかなる"潜在的"生産者よりも高いために新たな参入が起こらないわけであるから，低コスト生産の競争に勝った効率的独占者と考えるのが適当であろう．この場合重要な点は，その市場がライバル企業の参入を許しているか否か(つまり contestable market であるかどうか)ということである．新たな参入の可能性がある限り，独占企業がある程度の効率を維持しつづけることは確かであろう．したがって，このような効率的独占者のケースを「理論上」の競争均衡のケースと比較しても政策上有意なヒントは

生まれてこない．

　それでは，どういう種類の独占が経済厚生上「有害」と考えられるのであろうか．それは，独占が政府からの特権の付与によって成立しているようなケースである．この場合，特権を付与された生産者は，権力によって他者の参入から守られている．というのは，特権が与えられなかった"潜在的"生産者は，その生産物の市場への参入が禁止されているからである．スミスも各種の同職組合の排他的特権を打破し，徒弟条例等を廃止すべきことを主張して次のように言う[32]．

　「陸軍の将校たちは熱意をこめて一致結束して，兵員の削減に反対するが，製造業者は，よりいっそうの熱意と一致結束とをもって国内市場で競争者の数を増す恐れのあるいっさいの法律に反対する．こうした法律の提案者たちを暴力と不法行為をもって攻撃するために将校たちが兵卒を煽動するとしたら，製造業者たちも同じように自分の職人を煽動する．したがって軍隊の縮小を企てることが危険であるように，わが国の製造業者たちがわれわれにたいして獲得している独占権を，多少とも削り取ろうと企てることは，危険なこととなっている．この独占は，製造業者のうちのある特定層を激増させたので，過大な常備軍のごとく，政府にとってあなどりがたいものとなり，立法府を威嚇することもしばしばである．この独占を強化するためのあらゆる提案を支持する議会の議員は，実業界を理解するという名声を得るだけでなく，その数と富のおかげで非常な重きをなしている一階級の人々に，たいへんな人気があり，信用を得もすることはたしかである」と．そしてこうした独占は（高利潤をあげる独占産業の方への）資本の流れを阻止するため，経済全体に大きな非効率をもたらすことをスミスは強調した．

　実際，このタイプの独占が，歴史上しばしば"社会的"な問題を惹き起こした例は数多くある．たとえば政府独占の結果に関するドラマティックな例として，中国，唐政府の榷塩法(かくえん)，すなわち塩の専売法を見てみよう[33]．塩の専売自体は漢の武帝以来ほとんど中国の国是のようなものであったが，軍事費に充当することを目的としていたため税率は非常に高かった．時には消費者価格が原価の

40倍近くに及ぶこともあったという．このように高価な塩を消費者に売りつけたため，消費者に直接経済的ロスを与えただけでなく，実は大きな社会的不安定要因を生み出す下地をつくった．それは秘密結社の誕生である．すなわち，統制価格が高いほど闇商売の利益が多く，政府は自己の官塩を売るために厳重な取締りを加えなければならなくなる．極端な場合は闇商人に死罪を加えるほどになった．ここに，闇商人の方も自衛策を講じ秘密結社による全国的反抗運動が発生する．その最初の例が，唐の僖宗の年に起こった「黄巣の叛乱」であり，結局この種の叛乱が300年近く続いた唐王朝滅亡の原因の一つになったといわれる．

このような例は，排他的「特権」による独占や国家による価格統制がいかに社会的不安定性や資源のロスを生み出すかを示している．統制がないときに成立する(市場)価格がなぜ「公正」(just)かということを，直接証明することはもちろんできない．しかし，価格に干渉することがいかなる不安定性やロスを社会にもたらすかを知ることによって，間接的に市場価格の「正しさ」をうかがい知ることができよう．

結局，競争という装置は，ハイエクが指摘するように「特権」による独占を排する限り，①買手が他の代替物よりもそれを好むような価格で，なおかつ利潤をもって売ることができるようなすべての財が生産され，②潜在的な生産者よりも(少なくとも)同じくらい低廉に生産できる者によって生産され，そして③すべてのものは，誰もが売りうる価格より低いか，ないしは同じ価格で売られる，という三つの条件を満たす状態を生み出す．そしてその競争の歴史的結果として，われわれは現在所有する知識や技能の多くをみつけ出し獲得することができたのである．経済理論では，合理的個人をまず仮定するところから演繹がはじまる．しかしより正確に言えば，人々が経済競争で生き残るためには，「競争が人々に合理的行動を強いる」ということなのである．市場参加者が合理的であるという仮定からスタートするのではなく，競争を通して，合理的な方法を求めて人々がはり合う結果，さらに合理的になることが要求されるのである．

1.3　反市場志向の根源

　これまで描いてきたような市場機構は,「市場の失敗」と呼ばれる数々の機能障害を有するが, それ以外にも人間のすべての道徳的感情を完全に満たしてはくれない特性をもっている. したがって, こうした市場社会の不充分さに対して, いくつかの重要な批判が存在しても不思議なことではない. それは市場社会自体が, 最小限の正義のルールと自由の原理を基礎にしており, 市場競争の結果を道徳的「善」の感覚から判断すると, 幾多の不完全性を露呈するからである. 人間は正義という徳(virtue)だけで生きる存在ではないから, 市場社会における正義と自由の感覚だけを全面的に肯定してそれで満足しきることはできないのである. こうした市場社会に対する批判にはいくつかの型がみとめられる. それらは決して相互に排除的なものではなく, そこにはある程度共通の感情的基盤が存在すると考えられるが, その論理や強調点にいくらかの差異があるため, 一応次のように区別して説明するのが適当と思われる. 第一は平等主義を基礎にするもの, 第二は理性による計画によって経済社会のコントロールを主張するもの, 第三は目的価値による人間の共同体的結合に期待を寄せるもの, そして第四は市場社会の展開を歴史的に跡づけ, その特異性を強調するものである.

平等主義
　まずはじめは, 人間が大体において等しい(approximately equal)という事実を強く意識することから生まれる平等主義である. この平等主義自体も, ①土地のように, 人間がつくり出したものではなく"与えられたもの"については平等に分配すべきだとする立場, ②資本財(生産手段)を平等に分配する, ないしは公有(共有)の下におくべきだとするもの, ③フローの所得を再分配してできる限り均等にすべきだとするもの, の三つのレベルに分けられる.
　第一にあげたものは, 古代農業社会における土地の再分配思想にもその原基

的な型をみとめることができる．したがってこれは，歴史上の社会主義思想とは必ずしも直接結びついて生まれ出たものではない．その基本的な考えは，すべての人間は，「自然資源」を等しくうけ，その条件の下で自分の才能と努力に応じた「所得」を受けとるべきであるとする．こうした考えは古代ユダヤ社会でも法制化されていた．（ただしどの程度実行に移されていたかは別であるが．）たとえば救貧を目的とする第五十年目法(いわゆるjubilee)，第七年目法(いわゆるsabbatical)などがそれである．第五十年目法は土地の兼併と家庭の貧困化を防ぐために設けられたものである．各家庭に分配された土地は最長49年間その使用収益権を人に貸与することができたが，50年目の五十年節(ヨベルの年)には元の所有者かその相続者に返還されることになっていた(『レヴィ記』25ノ8-24)．第七年目法は第7年目に耕作を休止して地味の保存を計り，同時に休耕の年に実ったものを共有する制度である(『レヴィ記』25ノ2-7)[34]．またクジによって土地を分配し，土地の肥沃度の差によって生まれる不平等を，50年ごとに修正することを目的とした慣習もあったといわれる．近代になっても，社会改良家あるいは革命家と呼ばれる人々は，すべて土地問題の解決を重要な政治綱領だと考え，土地所有権の絶対性に対して戦いを挑んだといえる．19世紀末アメリカのヘンリー・ジョージ，彼やJ. S. ミルの影響をうけたフェビアン協会派の人々，中国の孫文などはその例である．20世紀においても，土地再分配の問題は，ロシア，東プロシアにおいても，あるいは日本においても，社会改革の主要な課題となった．

　こうした土地再分配論の特徴は，「自然資源」の平等化を主張しているのであって，所得の平等化ではないということ，そして自然資源ではない「資本」が所得を生み出す重要な一要素であるという事実には注意を払わないことである．その意味ではこの再分配論は，土地の私的所有や市場化への批判と干渉が主眼であり，素朴な農業社会における「平等論」のひとつであったとみることができる．現代における土地再分配論は，こうした古代農業法の原則を工業化された社会全般にあてはめようとするものだとも考えられる．しかしドゥ・ジューブネルは，「これらの土地平等論者は，道具や設備のような資本財を再分配の対

象にふくめるべきかどうかについては，きわめて慎重であった」と言っている[35]．彼らは「自然資源」と「資本」は本質的に異なる性質のものであることに気づいていたからである．そして前者は人間に"与えられたもの"であるため独占されてはならないのに対し，後者は人間が"作ったもの"であるという点に，その根拠を求めていた．「資本」の平等分配や共有が強く主張されるのは，西ヨーロッパにおける工業化(industrialization)が勢いを得，固定資本が量的に増加しはじめた19世紀に入ってからであり，社会主義(socialism)という名のもとにその平等主義的社会改革理論が展開されはじめたのである．

さて，現代の反市場志向の人々が批判の目を向けるのは，物的資本財の所有というよりも市場社会における競争の結果に対する所得分配の「平等」の問題である．市場社会では人々の所得はその「能力」や「運」および教育・訓練の量を反映すると考えられているため，（フローの）所得に関しては強力な再分配政策がとられない限りその〈ちらばり〉が大きくなると彼らは指摘する．もちろん再分配政策が強力すぎると，労働意欲を殺ぐ危険性はつねに存在する．しかし競争のスタート・ラインにおける（ストックの）資産条件も，相続や親の資力などによって大きな格差が存在すれば，この競争（ゲーム）がフェアなものであるかどうかは疑わしくなる．たとえ人間が，道徳的人格という点では平等であっても，競争の条件の違いによって発生する「結果の不平等」が避けられないとすると，国家による干渉の是非が問われはじめる．したがって平等を希求することは，経済的社会的不平等を正すために，国家による自由への干渉をどの程度認めるかを問うことであり，ここに「自由」と「平等」のトレード・オフの関係が問題となってくる．

平等と正義 一般に競争がフェアな条件で行なわれているかどうかは，まずその競争（ゲーム）がルールを守って行なわれているか否かという問題に帰着するが（ヒュームやスミスの正義のルール），人間の社会経済生活の場合にはスポーツやギャンブルと異なり，問題はそれだけにとどまらない[36]．先に述べたように，スタート・ラインにおけるルールの体系，社会の基本構造が，「結果の不

平等」を正当化しうるものであるかどうかという点も，問題とされなければならない．「結果の不平等」を生み出す社会構造でも，正義の原理に合致していればそれは正当化されうるという立場から，正義と平等，そして自由の問題を探求したのはJ. ロールズである．彼の大著『正義の理論』の理論構造を要約することは容易ではないし，この節の目的ではない[37]．しかし彼の論旨が，これまでこの章で述べてきたことと基本的に矛盾しないことだけは確認しておきたい．それは市場メカニズムの非人格的で自動的な調整機能のもたらす効率性を長所として認めること，とくに分配に関しては，ミニマムが政府からの移転によって最低生活者に保障されるなら，人々の所得が市場メカニズムによって決定されることは全くフェアであること，したがって参政権の侵害（法の前の平等—isonomia—の否定）というような不平等がない限り，ミニマムを保障する市場システムは形式的・手続的正義を満たす，ということである．最低生活者のミニマムをどこに設定するかという（ある程度恣意的な）福祉問題は，立法と政治の段階で熟慮されるべきことがらであり，その際には正義以外の徳目が必ず考慮に入ってくると考えられる．正義は道徳の一部にすぎないからである．

　一方，人間の平等性の概念の「自然らしさ」は，基本的に次の二つの仮定の上に立っている．すなわち，①人間は一つの種，すなわち単一クラスのメンバーであること，②同一クラスのすべてのメンバーは一様に扱われるべきこと，の二点である．前者は特性の平等(equality of characteristics)，後者は取扱いの平等(equality of treatment)と呼ばれる．とくに後者は「似たケースは同じように扱い，異なったケースは異なったように扱え」という"バランス"や"釣り合い"の維持・回復を目指す正義の感覚と合致している．たとえば富や所得に応じて税負担を割り当てる方法は正当(just)であるとされる．しかし，有色人種に公園や公共交通機関の利用を禁ずる法は不当(unjust)であるとみなされる．前者の例では負担能力が相違点として重要なことを意味し，後者は，あらゆる点で類似している人間を皮膚の色によって異なったように扱うことは不当と考えられるからである[38]．ところが，この「平等性」の概念を，「特性の平等」から「結果の平等」にまで拡張するのが平等主義者の特徴である．それは法的

平等や正義の概念を社会的生活のできる限り広い分野にまで拡げようとする態度でもある．この点に関して，市場秩序を信奉する人々は，経済競争のスタート・ラインにおける経済条件や競争の結果に対して，法はできる限り匿名かつ無関心でなければならないと考える．それをあえて平等化することが，逆に不公正を招くのは，様々な人々の経済条件や必要や要求のうち，何を平等化の対象として選び，何を優先させるか，ということに対してすべての人々を満足させる統一的基準が存在しないからである．このような立場からすると，自由な社会における正義の原則としては，「分配の正義」(distributive justice)の重要性は消えさり，ルールの体系自体は「交換の正義」(commutative justice)を守ることのみに要約されてしまう．こうした両極端の立場に対して，先にあげたロールズの解答は，基本的には市場メカニズムを認めるもののまことに中庸をえた考えを示していると考えられる．

理性による計画

市場社会のもつさまざまな不完全性に対して向けられる別種の批判として，「市場は無秩序を生み出す可能性があるから，高度の理性によって計画し制御する必要がある」という見解がある．市場秩序に関心をいだき，それを擁護しようとする者には，人間の知識と理性の限界は避けがたい事実であり，それゆえにこそ自由の原理と正義のルールが必要となるのであるが，「理性による計画」の可能性を信じ，そこから生まれる秩序を賞讃する者には，市場社会の欠陥がより強く意識される．この両者のいずれに与するかは，人間の知識の性質やその不完全性についてどう考えるかに依存してくる．そして現実の社会の中で知識はどのような様式で存在し，交換され使用されているのか，という点が判断の分れ目になる．実はこの点は，経済体制や自由の問題の基盤をかたちづくっており，避けて通ることはできないため，特に第6章6.2節・6.3節で改めて述べることにしたい．

共同体への期待

　市場社会への批判論の中で，単なる公正(fairness)以上のものを求める社会観から出ているものもある．公正としての正義は，先にも述べたように道徳の一部にすぎない．したがってそれ以外の徳目(たとえば愛徳，賢明，剛毅，節制など)を強調する者にとって，市場社会ははなはだしく不完全なものと映る．市場社会では人々は共通の具体的な目標をもたないで(すなわち目的で結ばれているのではなく)，手段において結ばれているにすぎない．この点に関してしばしば，市場社会は「価値理念の共有」や「具体的共通目標」が欠如しており，"反人間的"であるとして攻撃されることがある．これらの批判が暗黙のうちに前提していることは，「共通の具体的目標に向けてグループの成員が行動を共にすることは，士気の昂揚をともなう素晴らしい行為である」という感情である．しかしハイエクによると，このような考え・感情は，われわれが部族社会(tribal society)から受けついだ「本能」のひとつであり，危急存亡の際に小グループで団結して行動することが生存にとって重要であった時代の「本能」の名残りであるという[39]．

　こうした市場社会に対する批判的姿勢は，市場システムがつくりあげてきた文明上の成果にほとんど気づいていないとハイエクは言う．後で見るように，われわれ人間にとって重要な知識のほとんどは，種々様々の異なった目的のために世界を探求した人々の「意図せざる副産物」として生まれたものが多い．言いかえれば，もし人間が意識的に計画した目標のみを追求してきたならば，現在われわれが手中に収めているほど豊かな知識が，利用可能になってはいなかったであろう．したがって人間の知識の発展も，現実の歴史より，はるかに限定された貧弱なものであったはずだ．人々の関心や意見の相違，不一致，そして「一致への強制がないこと」が，文明進歩の基礎であり，古代ギリシア人が人間知性の最良の開発方法として認めたものであった．

　たしかに，市場社会では純粋に"経済的"(より正確にはcatallactic)な関係によって人々は結ばれている．多くの人々はこの事実，すなわち市場社会の構成員が金銭的つながり(cash-nexus)によって結合している事実をどうしても

潔しとはしない．しかしこのことは，市場社会では，人々が決して経済関係以外では結ばれないことを意味しているのではない．"経済的"関係以外の結合のネットワークは市場社会においても沢山存在する．目的をもたないで友人と交わる喜び，宗教的信念を共有する人々の集まり等々．この"金銭的つながり"は，経済的な目的が他の目的をつねに従属させようとしていることを必ずしも意味しない．なぜなら，最終的には人間に"経済的目的"というものは存在しない．経済的目的はつねにある別の目的のための手段となっているからである．人々はつねに競合する非経済的目標のあいだに，どのように諸手段をふり分けたらよいのか，という点にあらゆる経済的努力を注いでいるにすぎないのである[40]．というのは経済活動の役目は，限定的な手段をどの目的のために使用するかを決定することによって，競合的な諸目的を和解させているにすぎないからである．

　市場社会における金銭的結合を嘆く人々は，経済的利害対立から派生する社会の中の「敵対」をなくし，経済的対立のない「兄弟愛」(fraternal charity)に基づく「新しい国」の社会秩序をうちたてようと主張する．そして現代のように利害が入りまじった複雑で巨大な社会では，単なる再分配政策だけでは，そうした「新しい国」を建設することは不可能であるとみなし，同胞の幸福に喜びを見いだす「新しい人間」観の確立が必要なことを説く．こうした共同体思想は古くは，パウロにおける「律法と恩寵(無償の贈り物)」の神秘体思想[41]，近代ではルソーの社会思想の中に見いだすことができる[42]．それはルソーのいう自己愛(amour de soi)にかわる全体への愛であり，社会主義思想のひとつのプロトタイプをなすものである．そこでは，自己の欲望を統制するだけでなく，自己が属する集団(完全な統一性をもった集団)へ自己を譲渡して政治体をつくる行為(これをルソーは社会契約と名づける)によって人間は幸福になりうると考えられている．そしてルソーは，社会的敵対が財産を持つものと持たざるものとの間の，あるいは持つものどうしの間の「客観的」状況から発生していると見て，その敵対の根本的原因を「私的所有」の中に求めたのである．こうした見方によれば，私的所有を廃止すれば，社会の敵対関係は消滅し，国家権力

も消滅すると考えられている．しかし私的所有が最も否定されている社会ほど警察権力が強まるという現象は，このような理想が現代のような工業化された社会では推論どおりには実現されえないことを示している．

　しかしこうした共有制をベースにした「兄弟愛」の社会を，単なるユートピア思想として片づけることもできない．このような「兄弟愛」の共同体は現実にも存在したし，また存在しているのである．その一例として，現実の巨大な経済社会よりもはるかに規模の小さな経済単位をなす修道院(monastery)を挙げることができる．修道院では物質的な財は軽んぜられ共有制の下におかれている．そして修道院制(monasticism)と呼ばれる制度の共通の原理は，物質的な所有権の否定の外に，さらに二つの重要な条件をふくむ．それは独身制(celibacy)と上長者への従順の誓願(vow of obedience)である．前者は家庭というきずなから修道士をときはなつため，後者は完全な自己否定を目的とするためである．しかし市場社会を批判し，「兄弟愛」にもとづく共同体思想を主張することの基本的矛盾は，一方で修道院の理想と同じく私的所有を否定しながら，他方で物財を重要視し(消費への信仰を捨てることなく)，家族生活を基礎とした，服従関係のない兄弟愛的結合を希求するところにある．このような共同体の理想をかかげる人々は，「修道士のように欲望を取り除くことは善であり必要である」という考えを，「労働者への賄賂である」とみなす[43]．そしてこうした賄賂が「兄弟愛」の社会が目ざす高位の目標をゆがめるものと断じ，修道院における人間の結合関係が巨大社会においてもほとんどそのまま可能である，と見るところにひとつの自己矛盾があると思われる．

市場社会の歴史的特殊性

　最後に，反市場志向の人々が市場社会を歴史的に特殊なものと見ている点にふれておこう．それは「市場社会は歴史的にみても単に一つの特異なシステムにすぎず，決してそれ自体普遍性をもつものではない」という姿勢である．この考えを最も明瞭に示したのはK. ポラニーである．彼の主張を要約的に示せば次のようになる[44]．たとえば原始経済では，人々は生産および交換によって

利潤を得ようとする欲求を全く持っていなかった．あるいは，マリノフスキーの調査によれば，文明の進んだ社会では個人的「利得」が労働のインセンティブとはなりえても，原始的条件のもとでは「利得」が労働の促進剤とはならない場合があることが報告されている．「未開人」が，時には個人主義者・利己主義者と映じ，時には逆に共産主義者のように見えるのは，それぞれの社会の生産システムや経済システムの相違からそうした行動形態の差が派生しているのにすぎない．たとえば「共産主義」的に見えるのは，経済システム自体が，通常いかなる飢餓にも脅かされないよう案配されているからだとポラニーは言う．

　このような未開社会に関する調査例の他に，ポラニーは「原始」と「文明」の比較を経済史の事例の中にも求める．古代の都市国家，専制国家，中世の都市経済，重商主義，18世紀フランスにおける産業統制のいずれをとって見ても，「経済システム」と「社会システム」は混在している．ポラニーの表現を借りると，「これらの社会における人々の誘因の源泉は，多種多様であり，慣習や伝統，公共的義務と個人的約束事，宗教的戒律と政治的忠誠，法的義務と行政規則などその例をあげると際限はない[45]」．これらの社会にももちろん市場は存在したし，利潤を追い求める商人もいた．しかし個々の市場は孤立しており，商人の利潤追求動機は，僧侶の敬神や職人の誇り同様，ひとつの「特有の動機」にすぎなかった．利潤動機が普遍的なものとみなされるようになったのは，19世紀の第二・四半世紀になってからのことであるとポラニーは見る．この時期に入ってはじめて，本来自給自足的であった家計（この自給自足性がいかに「善き」ことであるかは，アリストテレスやトマスの政治論の中にしばしば現われる）が，その余剰のみを市場で売るのではなく，すべての所得が何らかの市場での財・サービスの売却から発生し，市場そのものが逆に生産を指示するようになったとポラニーは言う．

　何がこうした事態の変化を決定づけたとポラニーは考えたのだろうか[46]．第一は競争的な労働市場の発生である．救貧制度にはいくたの変遷が見られたが（ギルバート法，スピーナムランド法），有能貧民を産業労働者に転じさせたのは救貧法の改正である．新救貧法（1834年）は有能貧民を締め出し，その救済を

制限したため，救貧院の困窮者は「飢餓か労働か」の二者択一を迫られたのである．第二は金本位制の確立(1844年のイングランド銀行条例——ピール条例)によって，イングランド銀行が発券に関する独占権を獲得したことである．ここに貨幣発行は完全に政府コントロールの外へと閉め出された．また第三に，土地法の改革は土地所有に流動性を与え，穀物法の廃止(1846年)は英国に大きな「穀物のプール」を作り出す．それによって大陸の小農民は自動調節的な穀物市場に従属させられることになる．このようにして，ポラニーのいう経済的自由主義の三つの教義，労働市場，金本位制，自由貿易の制度が確立する．こうした変化によって，これまでは人間の経済が原則として社会関係のなかに埋没していたのに対し，逆に「社会が経済システムのなかに埋没する」という事態が発生した．このような「市場社会」の誕生は，経済論理による決定論が人間生活のあらゆる分野に通用する一般法則であるかのような錯覚を与えはじめた．すなわち市場経済においては，経済システムが社会の他の部分に影響を与えるという弱い関係でなく，それを決定してしまうといった強い関係が生まれてきたのである．所得の形態や額自体によって，人々の地位や身分が決定されることなどはその一例であろう．こうしたポラニーの図式はイギリス歴史法学の祖 H. J. S. メーンのいう法の発展における「身分」から「契約」へ，あるいはドイツ社会学の草分けテンニースの「ゲマインシャフト」(基礎社会)から「ゲゼルシャフト」(利益社会)へ，という社会変化の認識と，基本的には同内容のことを示していると考えてよい[47]．市場経済と非市場経済という伝統的対立図式を否定して，形成期に入りつつある第三のグループとして「積極的な社会主義理論」をポラニーはとりあげてはいるが，彼の著作の中からその積極理論自体を読みとることはむずかしい．彼の基本的関心事，すなわち「自由を放棄することなく，社会そのものから離床してしまった市場経済を制御する力をどう奪回するか」という問は，「自由を必要とする文化の領域と，計画と制御を必要とする経済の領域を区別する」という抽象的な表現の答にとどまっている．

　このようなポラニーの所論で注目すべき点は，彼の「経済的」動機の把え方である．彼が市場社会における「経済的」動機が人間にとって普遍的なもので

はないとするのは次のような理由による[48]。人間のもちうる任意の動機を選び出し，その動機を個人の生産活動の誘因とするような生産組織をつくると，その特定の動機に没頭した人間モデルが生まれ出る．その動機は，宗教的なものでも，政治的なものでも，美的なものでも何でもよい．その誘因次第で，人間は本質的に宗教的な，政治的な，あるいは美的なものとして行動する．そしてそれ以外の動機は，生産活動に直接関わりがないという理由から，おのずとその影がうすくなる．餓えの苦しみはたしかに人間を生産へと向かわしめることもあるが，自動的に生産への誘因となるとはかぎらない．われわれが餓えと利潤を「経済的」なものと考えるのは，市場経済では餓えと利得が「所得を稼ぐ」必要を通じて生産に結びついているからにほかならない．このようにポラニーは，人間のもつ誘因が「混合的」な性格をもっており，本来的に「経済的な動機」というものは存在しないと考えている．この点にこそ，ポラニーが市場社会はきわめて19世紀的な特質を集約的にそなえた「歴史的産物」であるとみなす理由がある．

これまで「反市場志向」の中に含まれるいくつかの要素についてふれてきた．これらの「反市場志向」をもつ論者の考えが，自由のシステムを維持したいと望む姿勢とは基本的に相容れない要素を含んでいるとすると，自由は何のために擁護されねばならないのかという点が次に重要な問題として浮び上がってくる．これは，自由は何かの極大化（たとえば生産量や効用）のための手段として尊重されるべきなのか，あるいは自由それ自体が目的として守られねばならないのか，という問でもある．このような重要な問をここで提示することにし，その答を本書の末尾第6章において検討することにしたい．

第1章 注

1) Xenophon [1923] も Aristotle [1935] も個人の資産管理の術を具体例をあげて説明している．

2) この点について特に方法論的な視点から批判をおこなってきたのは，オース

トリア学派である．Menger [1963] p. 93 および Morgenstern [1972] が参考になる．

 3) 以下の二つのパラグラフは Hayek [1976] pp. 107-120 による．「秩序」の概念については第6章6.3節で説明した．

 4) Hayek [1976a]．この言葉は19世紀の経済学者によっても用いられているようだが，今世紀に入ってそれを蘇らせたのは von Mises [1949] (p. 3, pp. 233-235) である．

 5) Hume [1740] (邦訳69ページ)．

 6) Hart [1961] pp. 189-195.

 7) Hume [1740] (邦訳55-57ページ)．

 8) Smith [1759] pp. 167-168.

 9) Epictetus [1925] pp. 312-315.

 10) Mandeville [1732]．例えば，「各部分は悪徳に満ちていたが，全部そろえばまさに天国であった」(9), 「馬鹿者だけが偉大な蜂の巣を正直な巣にしようとする」(23) という句は典型である．マンデヴィルは「公共のことは考えずになんであれ自分の欲望だけを満たすために行なわれること」を悪徳と呼び，「人間がその本性の衝動に逆らい，有徳の士になろうという理性的な野心から，ほかの人々の利益なり自分の情念の克服のために努力する行為」を美徳と呼んでいる．(括弧内は詩の行番号)

 11) Montesquieu [1748] (邦訳55ページ)．

 12) Montesquieu [1748] (邦訳56ページ)．

 13) Ferguson [1767] p. 122. この有名な箇所は，De Retz の *Memoirs* からのものであると編者 D. Forbes は指摘している．

 14) Descartes [1978] (邦訳171-172ページ)．

 15) Smith [1759] pp. 303-305.

 16) Smith [1776] p. 14.

 17) Leijonhufvud [1981] pp. 139-140.

 18) 岩井 [1985] 156-166ページ．また類似の問題を Axelrod [1984] が扱っている．

 19) Triffin [1940] pp. 81-85.

 20) Veblen [1904], [1914], Hobson [1936] (邦訳11-34ページ)．

 21) ヴェブレンの学説とその社会的意味については Dorfman [1934] を参照し

た.

22) Coase [1937].
23) Alchian and Demsetz [1972].
24) Kirzner [1973] 第二章.
25) Foley [1974], McNulty [1975].
26) Ricardo [1817] の「序」にも示されている．次のパラグラフは McNulty [1984] による.
27) Ricardo [1817] p. 6.
28) Jevons [1882].
29) 『経済学大辞典』(東洋経済新報社刊)の「価格機構と資源配分」(川又邦雄執筆)を参考にした.
30) Hayek [1979] pp. 65-74.
31) Hayek [1979] pp. 67-70.
32) 以下は Smith [1776] pp. 436-437 からの引用(大河内暁男訳)である．
33) 宮崎 [1977] 285, 290-292 ページによる.
34) 五百旗頭 [――] 58-59 ページ．Soss [1973] がこの制度を税制面から分析している.
35) Jouvenel [1952] pp. 5-8.
36) 賭事は，参加者(契約者)全員が同意の条件をはっきりとわかっていること，全員が結果について同じくらい不正確にしか知らないこと，賭に負けたときに支払い能力があり，支払うつもりがあること，賭の対象が悪いことや反社会的でないこと，などの条件が成立すればフェアなゲームになる．しかし実際の経済競争は賭における公正以上の条件を必要としている．
37) ロールズの理論に関する紹介と批判として Arrow [1973], Orr and Ramm [1974], 邦語で書かれたものとして田中 [1972], 大野 [1975] が参考になった．
38) Hart [1961] pp. 153-155.
39) Hayek [1976a] pp. 112-113.
40) Hayek [1976a] p. 113.
41) 「体」という語が教会をさす語として用いられるのは，聖パウロがキリスト教徒について述べるときに用いている類比から派生している．自然の身体がさまざまな機能をもつ器官によって形成されているように，教会も有機体同様に，その生命を維持し，その本性にしたがって発育・成熟・繁栄するものと考えられている.

42) ルソーの『人間不平等起源論』と『社会契約論』にこの考えは展開されている．以下は Jouvenel [1952] を参考にした．

43) Jouvenel [1952] p. 15.

44) Polanyi [1947]（邦訳 [1975] 44-45 ページ）．

45) Polanyi [1947]（邦訳 [1975] 45 ページ）．

46) Polanyi [1944]（邦訳 [1975] 23-35 ページ）．この節のテーマ自体は彼の主著 Polanyi [1944] で体系的に展開されている．

47) Tönnies [1887] は，人間の集団は意志と思考の産物だと見ている．そして実在的・自然的な本質意思によるものをゲマインシャフト，観念的・作意的な選択意思によるものをゲゼルシャフトと呼んだ．

48) Polanyi [1947]（邦訳 47-51 ページ）．

第2章 政府の役割

　この章では，国家の統治と経済行為の問題を論ずる．国家という，共同体のもっとも発達した形式が，特定の経済段階においてはじめて可能であることは，G. イェリネクの次の言葉に要約的に示される．すなわち，土地の私有制度が発生し，複雑な生産過程が職業を分化させ，隷属関係を生み，かつそれとともに，恒常的な保護的権力を必要とする複雑な法秩序が形成される段階になって，国家があらわれるということである[1]．この国家の役割と機能をまず2.1節で説明し，続く2.2節では，国家自体が経済主体であるという事実に注目し，その経済行為のファイナンスの仕方に関する基本的な見解を述べる．そして2.3節では，国家の経済行為の目標とその変遷を歴史的に展望したい．

2.1　役割と機能

　国家は国民と領土と政府の三つを基本要素として成立しているが，そのうち政府は，次の条件をそなえていることが必要であるとされる．すなわち平和と秩序の維持のための独占的権力を保有していること，国際法以外の外的コントロールから充分に独立していることである．また政府という言葉は，しばしばより広い意味でも使われる．すなわち，人々が組織をつくって協働しようとする時，統治(government)の問題が必ずあらわれる．いかなる組織も，究極の責任を決めるなんらかのルールがなければ，うまく機能しないからである．しかしここでの議論では，あらゆる組織(企業，労働組合，大学など)の統治体がその法的権威(power)を最終的にうけとっている「国家」の基本要素としての政府にだけ話を限定することにしたい．

　政府とは何かを定義する際，近代に入るまでは主に政府の目的に着目することが多かった．政府とは，正義ないし共通善(common good)を促進する主体

である，と規定するのはその典型である．こうした定義の仕方に対して，「政府は共通善の促進という目的を必ずしも達成してはいない」という反論が近代に入ると多くあらわれ，政府をより機能的な側面から把えようとする見方が強くなったといえる．人々が国家として結合し，政府のもとに服する主たる目的はその「所有の維持」にある，といったロックなどはその例である．この章では，国家が法的結社であり，法が有効な諸々のルールの活動体系であるという観点から，政府をまず「ルールの管理者」としてとらえ，国家という組織のうごきと変化をコントロールするグループが，どのような経済行為をなすのかを順次みることにする．

ルールの管理者

　個人の自由が他者の自由と抵触しないことを保障するために，自由は法と規則を前提としている．前章の1.1節で述べたように，各人が別々の具体的目標を追求しながら，自分の知識や技能あるいは資源を使用できるためには，最低限の「正義のルール」が守られねばならない．それは正義が，倫理や人間の本性以外に「経済生活」という事実に源をもつ観念でもあるからである．そして，「所有の安定性」，「同意による所有の移転」，「約定の履行」などのルールは，それを裏づける強制力をもった主体をどうしても必要とする．他者にたいする侵害があるということは，個人の自由の制限を正当化するが，現実には正当な理由があっても相互の侵害は起こりうるから，当事者間の調整をする主体も不可欠になる．

　いずれにせよ，政府は個人の自由の制限を行なうが，この強制の限度を設定する原則と，国家の固有の機能を特定化する格率が，まずはじめに議論されるべきであろう．こうした問題は，「政府」が最小限どのような権能を有しているとき，国家は国家としての条件を満たしているのか，という点とも関連する．

　普通，政府の権能として立法・司法・行政の三つが挙げられるが，立法者，裁判所，あるいは行政官の存在しない社会(society)を想定すること自体は可能である．そうした社会は牧畜民や狩猟民族などの一種の「原始共同体」のよう

なものであって，社会的コントロールの唯一の手段は，義務(オブリゲーション)を課すルールとして，その社会集団(free association of people)が一定の行動規範をもっているという事実に求められる．それは「慣習」と呼ばれるようなルールの場合もあろう．しかしより具体的には，どのような素朴な共同体にも ① 暴力の使用や盗み，あるいは詐欺などを制限するルールが見いだせること(スミスが言うように，泥棒や殺人者ばかりから成り立つ社会がたとえあったとしても，彼らの間では盗みや殺人を自重するようなルールが生まれるであろう．社会の存立にとって慈愛は不可欠ではないが，正義は社会という構造体の主柱をなしているといえる)．そして ② そのルールを受容する人と拒否する人の間に緊張関係が存在しても，大多数の人々が，内的観点からルールを妥当なものとして受け入れ，それにもとづいて生活しているということである[2]．

しかしこうした義務を課すルールだけから成立している社会は，血縁関係や，共通の文化あるいは信念のきずな等で結ばれた「安定的な環境にある小さな社会」(たとえば部族社会)だけであろう．つまり，それ以外の社会では，このような「義務のルール」だけでは不充分で，ルールに関するルール，あるいはルールを管理する権威というものが必要になる．その理由をハートに沿って簡単に説明しておこう[3]．

まず第一に，そもそも何が「義務のルール」かを決定する「確認の規則」が必要なことである．「義務のルール」は，ひとつの基準から派生する体系を形成せず，単にバラバラの規範のセットをなしているにすぎない場合が多い．したがって人々の無知や偏見からルールの適用範囲等に関して解釈の相違が生じた場合，何らかの権威をもった解決が不可欠になる．義務を課すルールだけでは，「不確実で，言葉でもって予めすべてをつくすことのできない」将来の出来事や社会現象をすべてカバーすることは不可能なため，ルール自体を確認するという作業がどうしても必要になる．

第二は，社会生活の形態に変化が生じたとき，義務を課すルールをも変更する必要性が生まれる．その際，義務を課すルールだけでは，新しいルールを導入したり，古いルールを取り除きながら，変化する新しい状況に意識的にルー

ルを適応させていくことはできない．ルールの変更が必要なときに，ルール自体が静的(static)であれば，ルールを変更するためのルール(「変更の規則」)が不可欠になる．

　第三は，義務を課すルールに対する違反があったかどうかを決める「判定の規則」が必要なこと．承認されている義務を課すルールが破られているのか否かが明確にならないかぎり，論争がはてしなく続き，時間の浪費，復讐の可能性など様々の「非効率」が発生する．したがって，最終的に違反の事実があったかどうかを決定する権威ある機関が必要になる．

　これら三点は，義務を課すルールだけからなる社会の欠陥を是正するための救済策として，ルールに関するルールを創り，義務を課すルールを確認し，変更し，判定する主体が必要なことを示している．たとえば，第一の「不確実性」の救済策として，義務を課すルールがもつべき特徴を詳細に示すことが考えられる．こういった承認のルールの最も単純な形として，立法を文書化するという形式があるが，文書だけですべてをカバーすることができないため，その適用自体を管理する主体の判断がどうしても必要になってくる．第二の「静的な性質」に対する救済策としては，「変更のルール」の導入が必要になる．誰が立法するか，立法の手続きはどうすべきかを明らかにするのがこのルールの目的である．第三の「非効率性」の救済策としては，ロックのいうような「公知の公平な裁判官」を導入しなければならない．これは義務のルールの違反があったかどうかに関する司法の宣言に，特別な地位を与える必要から生まれる．裁判所が，ルールが破られたかどうかについて権威ある決定をするだけでなく，その決定が「何がルールか」についての権威ある解答とならねばならない．

　以上のような権能(その中で公的権能)を与えられた主体が国家であるが，それは「義務のルール」だけからなる「原始共同体」のような社会集団とは本質的にその性格を異にしている．原始的な社会は，主権者の強制的命令というかたちで法が存在するか，あるいは血縁的な集団あるいは小さなグループの場合は，習慣という形の「義務のルール」が各メンバーの行動を規律しているにすぎない．しかし社会が大きくなり，複雑化するにつれて，「習慣的に従われる主

権者」という観点から法システムや国家，立法の継続性を説明することはできなくなってきた．それは主権者の強制的命令という形では解釈できないような起源をもつ法的ルールが登場してきたからである．このように見てくると，国家・主権者は社会集団が有する「義務のルール」以外に，さらに私的・公的権能を付与する機関という性質をもっていることがわかる．すなわち，国家は義務のルールとそのルールに関するルールを管理するという重要な役割を担っているのである．それは単に人間が社会生活を営む群生動物(gregarious animal)であるという事実以上の意味を持っている．人間の社会生活が，いつしか巨大で複雑な様相を帯びはじめた時点で，先ほど述べたイエリネクの言葉のような，ルールの管理者としての「国家」という形式が生まれたのである．

経済主体としての国家

　ルールを維持・管理し，それを改定していくという政府の仕事は，市場社会に関して言えば前章1.2節で述べた公正な競争のための条件を整備する仕事，と言いかえることができる．厚生経済学でいう完全競争の最適性が，現実にも成立しているような世界であれば，政府に残された仕事は，こうしたルールの内容を吟味し整備・管理することと，競争の結果にいかなる修正を加えるかという再分配の問題しか存在しなくなる．しかし実際には厚生経済学でいう完全競争の最適性を成立させる条件が満たされることはほとんどないから，政府は「ルールの管理者」としての仕事以外の経済活動へも進出せざるを得ない．それがどのような分野でなければならないと考えられてきたのかを次に展望しておこう．

　「よき統治とは最小の統治である」ということばは，フランス重農主義の先駆者アルジャンソンによっている．この言葉は国家の経済活動についてのひとつの代表的立場を示していると考えられるが，こうした見方は，自然秩序のもつ摂理的性格，ホッブズの社会観，合理的個人の利益と公共的善の一致と調和を指摘したカンバーランド，デカルト的合理主義，市場経済への信頼など，18世紀のあらゆる思想要素を混合したものであったといえる．重農主義者たちにと

って，国家の役割はこうした自明の教義を人々に啓蒙し，これに反する行為を抑圧することにあった[4]．政府の経済行為の範囲についての問題意識，すなわち政府が一国の経済活動のどの部分を担当すべきか，市場にどこまで干渉すべきか，という問題は，歴史的に見ても自由放任（レセ・フェール）をめぐる社会哲学的関心をつねに集めてきた主題であったが，このような見解をはじめて体系づけて論じたのはアダム・スミスである．彼の「自然的自由の制度」によれば，国家・主権者が配慮すべき義務はわずか三つとなる[5]．

（1）自分の国を他の独立諸社会からの暴力と侵略にたいして防衛する義務．狩猟民族や遊牧民族では軍事費は不要であり，主権者はその経費負担を考える必要はない．しかし製造業の発達と戦争技術の進歩は，常備軍のための軍事負担を不可欠にした．文明国の国防は常備軍によるほかないからである．

（2）社会の成員ひとりひとりを，他の成員の不正や抑圧からできる限り保護する義務．このために，厳正でかつ行政権の気まぐれから独立な司法を確立しなければならない．高価で膨大な財産が社会に生まれると，怒りやねたみによる財産の侵害が発生するため，司法権力をそなえた政府の樹立がどうしても必要になる．スミスは，「財産がないか，あったとしてもたかだか2, 3日の労働の価値を越えるものがなにもないところでは，政府はそれほどなくてはならないものではない」という．また司法権が国家の収入源の一部（裁判手数料）であった時代はその弊害は大きく，租税制度に裏うちされた国家支出によって裁判をまかなう方がはるかによいことを指摘している．

（3）ある種の公共事業と公共施設を起こし，または維持する義務．それによって商業を便利にし，教育を振興しなければならない．これらの仕事は，規模の大きな社会にとってはきわめて有益であるにもかかわらず，どんな個人・小集団にとっても採算が合わないから国家に期待するより他はない．そして社会発展の段階によって，異なった程度の経費が必要となることを指摘する．

こうしたスミスの主張は，二つの基礎の上になりたっていたと考えられる．ひとつは自然的自由の制度の効率性に対する信仰である．権力をもたない個々人の自由な経済活動が，社会全体へ大きな成果をもたらすという点に注目する

第2章 政府の役割　57

(ただしスミスには「最適」(optimum)という概念はない)．もちろんスミスは，個々人の自由が制約されねばならない分野があることは認めていたが，国家の介入を論じる時，自由の原理のもつ効率性という点を強調していたことは見逃せない．

　スミスの第二の論拠は，国家に対する不信である[6]．スミスの場合，とくに国家がそれをなしうるかという「能力」に対してよりも，なぜするかという「動機」に対して強い不信感をもっていたといえる．すなわち国家が，組織化された一部の商人や製造業者等の利益グループだけに奉仕するような危険性を察知していたのである．スミスは，個人の経済的自由の規範を広くし，政府の干渉をできる限り小さくすることが，人間の尊厳の根本要素である「自然権」にとってきわめて重要であると同時に，それが功利主義的な観点からも，経済の効率に大きく役立つと見ていたのである．

　このようなスミスの見解は，彼以後の経済学者にも基本的に受けつがれていく[7]．たしかにジェームス・ミルのような例外もあるが，一般に古典派経済学者は国家の「能力」と「動機」に関してはきわめて懐疑的であったといえる．ジェームス・ミルは，民主制が堅持されるかぎり，無知以外の理由で社会が誤ったことをなしえないと考えていたし，また国家の「能力」に対してもそれを信頼し肯定していたのである．しかしJ. S. ミルは，民主主義の横暴化を看破したA. トクヴィルの影響(J. S. ミルへの1835年6月の手紙)，あるいは普通選挙法が成立した後のイギリス社会を観察していたこともあって，民主主義国家が賢明でない介入政策をとりうることをみとめ，国家介入一般には反対の意見を述べていたことが明らかにされている(J. S. ミルが分配問題について干渉をみとめた点は後で述べる)．

　マーシャルも，中央・地方政府の潜在的な役割の増大を認めてはいたものの，その基本線は私企業の支持であり，官僚による経営の不効率を(その理由や証拠は示していないが)認めていた．納税者が政府企業を効率よくコントロールし，革新の精神とエネルギーに満ちた経営者と従業員をみつけることは困難だからである．そしてスミスと同じように，国家が特殊な利害グループ，特に労

働組合の手先になることを恐れていたのである．したがって，アダム・スミスの国家哲学は結局マーシャルに至るまでその基本的部分は受けつがれていたと言うことができる．

　現代の経済学の標準的な教科書では，国家の役割と財政政策の目的を次の三つに区分するのが通例になっている．第一は，「公共財」を中心とする資源配分であり，その典型例は司法・警察・消防，国防・外交，教育・文化，道路・港湾，そして福祉・公共サービスなどである．第二は，税制・社会保障制度などの政策手段によって，市場活動から生じる「結果の不平等」を是正すること，第三は，「補整的財政政策」によって，経済の安定・成長の維持を図ることである．これら三点を，先に見たスミスの「主権者の三つの義務」と比較すると，スミスのあげた三つの点は，すべて第一の「公共財」に集約されてしまい，現代の教科書の三つのポイントのほんの一部にすぎないことがわかる．しかしこのことは，現代の政府がスミスの時代に比べて「贅肉」だけをつけてしまったことを必ずしも意味するものではない．社会は巨大化し複雑になり政府の機構自体も200年前と比べて大きく変化しており，スミス自身がまさに指摘したように，経費の程度は社会発展の段階によって異なってくる．たとえばスミスは，道路，橋，運河，港などの公共事業の経費は，国家収入でまかなう必要はないと述べている．利用者の通行税や利用船舶のトン数に応じた港税をかければよいというのである．しかし歴史的に見て，その後の政府部門のウェイトの増大は否定すべくもない．それを，現代は「みえざる手」の応用範囲，限界が社会問題の複雑さゆえにますます不明瞭になっているためである，とかたづけることはできない．たしかにこの点に関しては，すでに1848年の変革期に自由放任（レセ・フェール）に対する疑問がまき起こっており，さらに1870-80年代にも大きな変化がおこっている．その変化の分岐点に位置しているのがJ.S.ミル[1848]やS.ジェボンズ[1882]の著作である．この間の事情を歴史的な背景を考慮しながら少し振り返っておこう[8]．

ジェボンズの意味　まず古典派の時代の「政府」の特質にふれておかなけれ

ばならない．当時の政府は腐敗と非能率という深刻な問題をかかえており，中央の行政サービスの量的質的改革も充分なされていなかった．J.ベンサムの社会改革は「最大幸福原理」(Greatest Happiness Principle)によってその良否が判断されていたことは周知の通りであるが，こうした制度改革の意図も，当時の行政の腐敗という背景を無視して考えることはできない．こうした背景をもつベンサム自身の考えは二つの異なった原理に立脚しており，その二つが相矛盾する性質をもっていたことは注意を要する．ひとつは経済活動における私的利益の追求の自由，もうひとつは，政治の分野における「最大多数の最大幸福」を保障する国家の権利と義務の原理である．この二つのうち後者の原理が，時とともに大きな力を占めはじめたのである．

　こうした変化はカーライルやサウジーの思想の中にもみとめられるが，それをまず第一段階で決定づけたのは，J. S. ミルの『原理』(1848)であるといわれる．ミルは生産物の分配が国家によって規制されるべき人為的取り決めの問題であることをみとめ，土地などの資産増についてはきびしく課税すべきことを主張した．続いて『自伝』の中でも「労働の生産物の分配が，ひとつの認められた正義の原理にのっとってなされるような」時代の到来を期待し，ついに『功利主義論』(1863)では自利(self-interest)の原理を放棄し，自己犠牲(self-sacrifice)の原理を採用することを語る．ここにベンサムの第一原理は放棄され，第二原理のみが残ることになる．

　古典派からさらに時代を下って1870年代になると，イギリス社会と経済学がある種の曲り角にさしかかる．それは，国家の経済活動に関する原理・原則，とくに自由放任についての疑義がさらに高まり，「社会問題」に対する関心や，「問題解決のための科学」への期待が大きくなった時期であった．それに先立つ50, 60年代からの工業都市の発展によって，婦女子をふくむ労働者の労働条件，労働組合，公衆衛生，社会資本の管理問題などが，人々の大きな関心事となりはじめたのである．と同時に，政府の活動が漸次「自由放任」の例外事項として増大しはじめ，とくに大都市の住民は生活の多くの局面で政府の存在をいや応なしに感知させられはじめた時期でもあった．そして1873年の「大不

況」は，この傾向をさらに加速させたともいえる．それはまた，社会組織自体がこの時期を境に飛躍的に増大したためもある．法人組織，労働組合，政府，教会などが，電話，タイプライター，電報などの技術進歩と併行して，多くの人々を雇い，急速な膨脹を遂げはじめたのである．

　T. W. ハチソンの指摘するように，この時期に交通・通信面での大きな変化が同時進行していたことは見逃せない[9]．コミュニケーション技術の進歩は，「貧困そのものを生み出したのではなく，貧困を社会問題化すること」に役立った．それは人々の社会問題に対する意識を鮮明にし，慣習と伝統の社会から，意識的な選択・計画とデザインの社会への移行を推し進めることにもなった．これが政府による経済行動を拡大するうごきを助長したことは確かであろう．

　このような社会意識の変化が，それまでの経済政策の諸前提の再吟味をせまっても不思議ではない．自由放任(laissez-faire, laissez-passer)を先験的真理とみなす偏見から経済学を救わねばならないという見方が，経済学者の間で次第に強まってきた．そして政治的ルールとしての自由放任と，科学の結論としての自由放任とを明確に区別する必要を感じはじめたのである．言いかえれば，この時期になってはじめて，次第に国家の干渉を是認すべきケースに関する研究に，経済学者たちの注意が向けられるようになったといえる．それは先に述べた，腐敗と非効率によって肥大しきった国家を救おうとする「最小国家の思想」から訣別することを意味した．

　自由観の変質をその著作の中で明確に示したのは，先に述べたようにJ. S. ミルであったが(第6章6.3節でもふれる)，こうした社会変化の中で「目的としての自由」を経済政策の原理として捨て去ったのはS. ジェボンズであった．彼は「自由放任」という不動の原理をすてて，経済政策の個々の具体的ケースについて，そのメリットとデメリットを検討していくという考えをはっきりと打ち出したのである[10]．政府の役割を最大化することも最小化することも実は真の目的たりえず，個々のケースに関するメリットとデメリットを，経験に照らしながら判断していくことが重要である，とジェボンズは主張する．これは，ドグマではなく「経験」にもとづいて政治家は立法を行なうべきこと，そして

「経験」は数量的手続きでもってその要因を測定すべきことを意味していた。元来,個人主義的色彩の強い社会哲学の持ち主であったジェボンズを,70年代の不況期が「国家」の問題へと立ち向かわせたことはきわめて興味深い。彼の社会改革に関する初期の論文は,労働組合の有効性を否定していただけでなく,組合は経済的自由を阻害するものと結論づけていたし,無料診療所・病院,あるいは慈善や公的扶助そのものを,人々の依頼心を助長するだけであるとして非難していたのである。これはジェボンズ自身の哲学の自発的変更というよりも,当時の経済・社会問題の大きさが彼の問題意識をシフトさせ,社会の新しい病状に対する治療法を摸索させたと見た方が適当であろう。ただ忘れてはならないことは,このような「経験」による判断は,ある政策の当否を量的な形で表現できるということを前提している点である。そして,その政策を採用することや棄却することによって将来起こりうる事態を正確に予測し,その費用と便益を正確に計算できるということを仮定していることである。こうしたジェボンズの哲学は,「個人の自由はそれ自体目的ではなく,一般的厚生への手段である」と要約することができる。しかしこうした方法によってある政策の一般的厚生へ与える効果を予測するために種々の要因計算を行なうことは,つねに個人の自由を犠牲にする方向へのバイアスを生むことを意味していた。

政治的決定の構造

自由放任が一種の政治上のドグマであり,政府の干渉について先験的なマル・バツ式ルールが設定できないことは,シジウィクによっても指摘されている。ただこの問題に関して言えば,シジウィクは他の功利主義者とは少し異なり,こうした「経験」に基づくジェボンズ的な政策原理が,どのような帰結を生み出すかについてある程度の見通しをもっていた。その点でシジウィクはきわめて重要な思想家であるため,少し彼の考えにふれておこう。シジウィクは科学としての経済学と技術としての経済学を論理的に区別する。前者は善悪の判断を与えることなく,何が起こるかについての情報を与え,後者は様々な条件下で起こる事象が最善か否かの判断を与える。そしてシジウィクの貢献は科

学としての経済学とレセ・フェールの政治ドグマを切りはなし，生産プロセスにおける政府の役割を正当化する条件をさぐろうとしたところにある．これは後にマーシャルやピグーがとった「私的便益と社会的便益の乖離」というアプローチである．

シジウィクはまず自由放任の限界を，燈台，植林，科学的発見などについて示す[11]．燈台は遠くを通過する船から利用料金を徴収することはできないし，植林はその成果を得るのに多くの年月を要する．またある数学の定理や物理学上の発見はそれを知った人が誰でも無料で使用することができる．これらはその社会へのサービスと，サービスの提供者の私的報酬が自由交換によってはうまくバランスしない事例なのである．しかしこうしたケースでは，自由放任がうまく作動しないからといって，政府の干渉が望ましいとは限らない．なぜなら，時と場合によっては，後者のもたらす弊害は前者のそれを大きく上回るかもしれない．事実，燈台のケースは歴史的に見ても，組合制度のもとでの一種のクラブ財としてとりあつかわれた時期がある[12]．このように公共支出によってまかなわれる必要性がなくても，どちらかというと公共財としてとり扱った方が，制度上，(一見)簡単な財・サービスが存在する．一般に人々は，公共支出の節約については無感覚で，こうした財をも公共財として供給するため，公共支出における浪費の危険性や公共支出増額の可能性はきわめて大きいとシジウィクは述べている．

シジウィクの国家の問題に対する関心が「政府の干渉」の程度・範囲の問題から，「政府の構造」の問題に移っていった点は重要である．議会制民主主義が，現代の産業社会における正統的，かつ最も正常な政治システムとみなされてはいるものの，この政府をどう作動させていくのかについては，まだ充分に実験や修正の余地が残されている．この点について，シジウィクが「政党政治」にある種の疑義をさしはさんでいたことは確かであろう．政府の大きさそれ自体を問題とするのではなく，政府の公共支出決定過程の構造そのものを吟味・検討する方向がすでにシジウィクによってさし示されているのである[13]．この点に関して次の二点に留意しておきたい．

まず第一はシジウィクの思想上の立場の特色である．先に説明したかぎりでは，政府の活動や干渉の評価に関して，シジウィクのとった立場は不明確であるが，それが単に政府活動の費用・便益の分析によって判断されてはいないことは確かである．この点で彼は，ベンサムやJ. S. ミル等の功利主義者とは異なっている．シジウィクにおける効用は，心理的事実としての快楽がある個別の行動・選択に対して指令を与える基準にはならない．それは人間の理解のかたよりや誤謬ゆえに，個々の実際的な問題に対する解答を提示するにはあまりにも不確かな指標であるからだ．個別の行動や選択の基準としての「効用」の理論が直接的功利主義であるとすれば，むしろシジウィクの「効用」は，ルールや実際の全システムの評価の基準としての役割を担っており，この基準から個別の行動や選択が評価されるから，間接的功利主義(indirect utilitarianism)と呼ぶのが適当であろう[14]．

　第二の点は，議会制民主主義のシステムが内包している公共部門拡大の傾向である．これはシジウィクが懸念した点であり，かつ将来の傾向として受容せざるを得ない現象と彼は考えていた．議会制民主主義のシステムをとる「混合経済」体制のもとでは，各々の社会的集団の経済的改善の努力が，権力をもっている政府をいかに都合のよい方向へ操縦するか，という点に向けられるようになる．したがって経済問題が即，政治問題と化す場合が多くなり，その結果誰の利益が優先され，誰がその問題の解決に力を有するかが，人々の重大な関心事となるのである．

　「政治的市場」と「経済的市場」は，この点に関して全く異なった機能と性格を有している．一般に議会制民主主義のシステム（政治的投票の市場）では，一人一票の平等原理が常に「公平」な選択を可能にしているような印象を与えるが，実際には，投票とその結果には確たる関連がないというケースも起こりうる．ある少数グループの利害に大きく関係する法案が議会で審議される場合，そのグループは様々なかたちの圧力を加えるであろう．他方，その法案のもたらす利害に無関係ないし無関心な人々は，その法案の成立によって受ける直接的コストはわずか（税金のほんの一部）であるため，その法案自体の妥当性を究

明したり反対する強いインセンティブをもたない．むしろ，他日こんどは自分たちの利益をもりこんだ法案への賛意を期待しながら，今日は敢えて彼らの法案に賛成する側へ回る，というような行動も出てくる．その結果，公共支出や税制改革などによって生まれる利益はある特定グループに集中するが，その費用は税金というかたちで国民全体にうすめられた形で拡がる．このようなメカニズムによって，イエスかノーかの解しかもたない投票行動では，常に公共部門拡大の方向へのバイアスをもった選択がなされる[15]．国家の機能と公共支出は文明の進歩とともに不断に拡大するというワグナーの法則も結局このような政治と経済の関連で述べられた経験則であった．

　以上の点を，貨幣による「投票」が行なわれる経済市場と比較すると，シジウィクのいう「公共支出における浪費」の意味が明確になる．経済の市場では，各人が自分の支払い分を負担し，受け取る財・サービスが支払い分だけの主観的価値を限界的に有しているか否かを調べる誘因が充分に働く．経済市場が政治的投票の市場に比べてより自由であると一般にいわれるのは，各人が自己のコストで自分の利益を判断しうる自由が存在すると同時に，人々に自恃，行き届いた思案と工夫をなす精神を養う契機を与えるからである．シジウィクが「政治の構造」として懸念した問題は，議会制民主主義自体が内包する公共部門拡大の傾向そのものであったといえる．

　裁量的な所得再分配政策によって所得の平等化を目指すこと自体には，シジウィクは賛成の態度を示していた．その論拠は「富の増加は効用の増加をもたらすが，その増加率は逓減的である」というベンサムの命題であった．つまり富者より貧者の方が，追加的な富の効用は高いから，所得の平等化によって全体の幸福は最大になる，と考えたのである．しかしこれが価値判断なのか，検定可能な仮説なのかはシジウィクの説明では明らかではない．（後で述べるように，この命題は人々の行動パターンからは証明できない．）富の分配における不平等を繕うために，今後ますます政府の干渉が広汎にわたることを懸念する一方，シジウィクはこの傾向を全体としては望ましいものではないかという二律背反的な気持を示している．英国が世界の中での社会主義の実験国となる

公算が大きいことを,シジウィクはある種の運命と読み取っていたようである[16]。

　この点に関連してひとつ無視できないのは,所得再分配に対する国家の介入であり,所得の再分配自体は口実であって,実は国家の自己増殖を目的とした行動であるという指摘である。すなわち所得再分配政策を可能にしたのは,税収と公共支出の膨脹であり,権力の「個人から国家への移転」であった。かつて課税の強化に対して頑強に抵抗した市民も,所得再分配による福祉の達成という目標を前面にかかげられれば,増税に対してあからさまな反対の態度を示しえなくなったのである。ドゥ・ジューブネルはこうした所得再分配は国家による個人の機能の代替であり,権力の移転であり,集権化による新たな支配階級の形成と見ている[17]。

　こうした傾向が生まれたのは,所得の再分配が非常に限定された観点からとらえられ,正当化されたり,反対されたりしているからである。ひとつは所得の消費に連結した面だけを強調し,「所得を平等化し,消費と満足を平等化する」ことを主張する考えである。これは効用の可測性を暗に仮定するとともに,資源配分の問題を無視している。もうひとつは,所得は「生産要素に対する報酬」という面だけをとりあげる立場である。こうした立場からの再分配反対論は,「誘因の最大化」のみに注目しているといえる。しかし所得はこれら二つの観点からだけとらえられるものではない。消費自体は人間の経済行為の目標ではありえても,人間の生活の最終目標ではないかもしれない。消費は生活を営むための手段にすぎないという面もあるし,生活は社会的プロセスであり,本人にのみ満足をもたらすものではない。消費自体にも生産活動にとって必要な支出と考えられる部分が存在する。また人々の仕事にはそれぞれの職分に応じた「機能的支出」が必要とされ,それはむしろ費用を構成する性格のものであろう。このように考えていくと,所得というものを,先にあげた個人の消費の原資,あるいは生産への報酬という面だけからとらえると,「所得」が負担している「文明のコスト」のようなものが完全に無視されてしまうことになる。すなわち高い所得の発生には,それ相応のコストが投下されており,そのコスト

投下が広い意味での「文明の進歩」に役立っているという側面を見逃してしまうのである．

2.2 経費の負担

　財政の中心的課題は，公共サービスの水準と構成，およびそのファイナンスの方法をどう決定するかという問題である．いいかえれば，経済社会の資源をどの程度公共部門にふり向けるかということであり，これは結局，誰のどのような所得や富あるいは行動に税を課し，彼の私的需要を放棄させ，それを財源として政府が公共サービスを提供していくかということを意味する．こうした公共サービスの提供に必要な経費をまかなう方法は三つある．ひとつは租税，もうひとつは国債による国民からの借り入れ，そして第三は貨幣の創出である．最後の貨幣の問題は次の第3章で扱うため，ここでは租税と国債についてその基本的な見方を論じておくことにしよう．

　先にスミスの考えた「国家の役割」についてふれたが，スミスは公共サービスの財源の獲得方法についても言及している．租税の課し方として，社会のすべての成員が，「できるかぎりそれぞれの担税力に比例するかたちで」，いいかえれば「国家の保護のもとで，それぞれのメンバーが享受している収入にできるだけ比例して」醵出すべきであるとスミスは考えていた[18]．このスミスの表現は，よく読むと，租税負担に関する二つの主要な考え方が切り離しがたく盛り込まれている．スミスは，政府の経費と各個人との関係を，「一大所有地における経営費と共同借地人との関係」としてとらえ，「共同借地人は，だれでもこの所有地から受けるそれぞれの利益に比例して醵出する義務がある」と考えていた[19]．そしてこの「利益」こそ，表から見れば支払い能力(ability to pay)であり，裏から見れば受益(benefit)となっているのである．ここに応能課税と応益課税という二つの考え方がでている．

支払い能力

　この原理は，支払い能力のある者がより多く醵出するわけであるから「所得平等化」の道具としても機能する．したがって平等論者からの強い支持をうけるばかりではない．支払い能力論は，次にふれる受益者負担論の中にひそむ公共支出積極論を嫌う一部「保守主義者」からの支持もうける．しかし，この支払い能力論に基本的な問題が存在しないわけではない．それはこの原理が課税の仕方だけを論じており，租税と財政支出サイドとの関連を無視しているからである．すなわちこの支払い能力論は，「予算の構成とは独立に，租税負担全体をどう納税者の間に分担させるか」という問題に解を与えているにすぎない．また，支払い能力論の理論的根拠（たとえば累進課税制の理論はそのひとつ）も，直感にうったえるほどには充分なものがあるわけではない．その理由にふれておこう．

　所得の限界効用は逓減するから，富者にとっての追加的な1円は貧者にとっての1円よりも価値が少ない，という説明は一見もっともらしいが理論的根拠はない．マーシャルは，この原理を消費者の行動（すなわち富者は貧者よりも，暴風雨のなかで歩くより車を多く利用するということ）から推測したが，限界効用の逓減自体は消費者行動から理論的に導出できる命題ではない[20]．ひとつの効用関数で所得の限界効用が逓減的であったとしても，それと全く同じ行動をとる人の効用関数では所得の限界効用は十分に逓増的でありうることが証明できる．重要な点は，限界効用の比が行動を決定するのであって限界効用そのものではないということである．したがって，所得または便益の効用が逓減するということは，いかなる消費者選択の行動に関する証拠からも推論できない[21]．

　支払い能力説がもつもう一つの問題点として，次のようなものがある．もし支払い能力説が「望ましい所得分配」という観点から支持されうるとするなら，再分配自体は，課税方法にのみ限定される必要はなく，所得移転そのものの問題にも拡張されてしかるべきだという点である．

　支払い能力説の中でも，たとえば所得への課税の方法として比例課税か累進

課税かで意見は大きく分かれる．単に経費調達の問題としてではなく，「不平等」の矯正手段として見た場合も，課税方法は「社会的公正」の重要な課題となる．スミスは「税は支払い能力に比例して支払うべきである」とも「富者は公的経費のために収入に比例する分以上に支払うべきである」とも言っているので，比例課税か累進課税かどちらの立場にあったか曖昧である[22]．しかしJ.S.ミルはもっとはっきりと累進課税に反対していた[23]．

「より大きな所得により高い率の税を課すことは，勤勉と節約に税を課すこと，よりよく働く人やより多く貯蓄した人に罰金を科すことを意味する．……公平とは，すべての人が公正にスタートするのを見とどけることにあって，速いものに重しをつけて，遅い者との距離を縮めることではない．」このようなミルの主張は，結果的には比例所得税か一般支出税を支持することを意味する．ミルがどの税を念頭においていたかは疑問であるが，売上税のようなタイプの税が，インセンティブへの阻害要因にはならないと考えていたのであろう．

累進課税に対する批判としてハイエクも次の三点をあげている[24]．ひとつは，インフレーションの進行に対して，この税体系は資源配分をゆがめる．名目所得の上昇は限界税率を高めるから税収を増加させ，公的支出と私的支出との配分に関して前者の方向へバイアスをかける．第二は，累進課税は労働へのインセンティブをある点で減らす方向に作用するため，分業のさまたげになるということ．そして第三は全体として高所得者に多額の税を納めさせるため，社会全体の貯蓄を比例税体系に比べて減少させる傾向がある，という点である．

累進課税にはたしかにこのような問題点があるものの，「累進」の度合いが重要であるというロビンズの中庸の立場は傾聴すべきであろう[25]．彼は，スミスの「富者は比例分以上に貢献すべきである」という表現には人を承服させる感覚がふくまれていることを指摘する．したがって問題は，その率が「過度に」累進的にはならないようにすることが重要なのであろう．創造的なアーティストや，偉大な社会改良家は金銭的な誘因から仕事をしているとは考えられない．しかしふつうの仕事では，金銭的な誘因が労働の質や量に及ぼす効果は大きい．したがって「直接税においては節度ある累進度」が望ましいシステムだとロビ

ンズは言う。それによって歳入を増加させ、所得分配の不平等をある程度軽減させるからである。その際、限界税率があまり上昇しすぎると、生産の増加に歯どめがかかってしまうことに留意すべきなのだろう。

受益者負担

　受益者負担による課税原則は、租税収入と財政支出の内容とを結びつけているため、支払い能力論で問題となったような欠点はもっていない。しかし、個々人の便益や利得がはたして正しく測定できるかどうかという根本的な問題をはらんでいる。「限界革命」の後、限界効用の計算が財政問題にも応用されはじめると、受益説はふたたび課税理論の前面にあらわれはじめる。この点での貢献が大きいのは、ヴィクセルおよびリンダール等の北欧学派の議論であろう[26]。

　ヴィクセルの考えの基本は要約すれば、次のようになる。所得分配に関して「適切な」分配というものを前提としなければ、税の負担という問題を正確に議論することはできない。そのような考えから、まず有権者は「租税と支出の組み合わせ」によって構成された種々の予算案のメニューを見て、その中のどれが自分は適当と思うかを投票するシステムをつくる。ある支出計画が認められるためには、その財源の調達方法もペアにして考慮されるようにデザインする。このヴィクセルの方法は、先に述べた「政治市場」と「経済市場」の選択問題をきわめて個人主義的な方法で解決しようとしたものである。すなわち社会的需要(social wants)自体をも、個人の選好のシステムの中にふくめ、「消費者主権」と一致するような形で(すなわち市場での投票で)その最適供給量を決定しようとしたのである。社会的需要は"外部性"をもち、消費をある特定の人々に制限することが困難な場合が多い(公園や消防などを考えればよい)。この特性は社会的需要がなぜ市場を通してではなく、予算過程を経て充足されなければならないか、という点をも説明している。公共財の供給量はその性質上、消費者すべてにとって等量にならざるをえないからである。すなわち私的財は各消費者が自分の好みに応じて市場で(価格すなわち一単位あたりの負担を考慮

しながら) 適量を購入できるが，公共財はすべての消費者が基本的には等量購入しなければならない．また各消費者が自分の選好を投票を通して正直に顕示するとは必ずしも考えられない．公共財を享受しながら，その費用負担をまぬがれるというような「フリーライダー」の消費者(タダ乗りをする人)が多くあらわれる可能性はつねに存在する．彼らは問題となっている公共財に対する自分の選好をつねに低く報告することによって，その費用負担を少なくしようとするからである．したがって公共財についても，私的財と同様に価格と数量を同時に決めようとするリンダールの解法なども，フリーライダー問題の解決にはなっていない[27]．したがって現実には，価格の決定と数量の決定を分離し，価格については負担能力に応じて，数量については政治過程によって決定するという方式が用いられる．もっとも財の"公共性"の度合いは広く，これまでの議論が念頭においてきた純粋な公共財から，教育や医療のような準公共財にいたるまで，その程度は様々である．したがって受益者負担の原則が適用しやすいケースが道路，港湾，教育など多々あることはたしかである．しかし一般には純粋な公共財に関しては，受益者が費用を負担するという原則は，言うほど簡単なものではない．その実行(implementation)はきわめて複雑な問題をふくんでおり，現代の公共経済学はまさにこれらの難問ととり組んでいるといっても過言ではない．

　この点に関連して最後に一点だけ付言しておこう．公共財が政府の税収‐支出過程を通して供給されるということは，その財が公企業のもとで生産されなければならないということを意味しない．公共財は私的に生産され公的に供給されうるし，政府が私的財を生産し，市場へ流通させるケースもある．したがって生産が私的部門で行なわれるか，公的部門で行なわれるかは，「体制」の問題であって「財政」の問題ではない．「財政」の問題はこの節のはじめに述べたように，あくまでも資源を私的需要のために使用するのか，社会的需要のためにつかうのかという配分の問題なのであって，この問題は「体制」をこえてどこの社会にも存在する．

国債をめぐって

　経費の調達の仕方として，国が債券を発行し借り入れを行なうという方法がある．この方法を採れば，国はその借金の利子を支払い，満期になった国債を償還していかなければならない．こうした国債の制度的な要素についての専門家たちの意見や理解には一致点がみられるものの，その機能や効果に関する理論や結論にはいまだ完全な一致があるわけではない．この問題は，実に2世紀にわたってエコノミストの間で論争されつづけてきたのである．そのポイントは次の二点である．ある公共支出プロジェクトが国債発行によって調達されるとすると，その真のコストは誰が負担しているのか，そしてそれはいつ負担することになるのか，という点である．この問は，公共支出のファイナンスの三つの方法，すなわち租税，国債，貨幣創出，がどのような場合にそれぞれ妥当性を持つのかを検討するためにもきわめて重要である．この問に答えるためには，誰のために借り入れるのか，そして借り入れの時期はいつがよいのかという問に対する答が，まず明らかにされなければならない．それは公共財の中には，生産費用は現在に集中するものの，その便益が将来の一定時期にとくに大きくなるような性質のものがあり，効率と世代間の"公正"が問題となるからである．

　この問に対するリカードの論理は次のようなものであった[28]．不確実性がなく，資本市場も完全で，個人が無限期間生存するがごとく行動する世界では，公債と同額の臨時税は，合理的な個人には全く同一の効果をもたらす．公債の利子支払いと償還の負担が，将来税金によってまかなわれるとすると，その税負担は公債発行の時点で合理的個人によってすべて完全に資本化されて計算されるからである．これは彼のモデルの枠内の論理としては，きわめて明快である．国債の購入は，市場を通して民間の買手の自由な選択によって決定されるから，国債に伴う将来の税負担の問題を無視すれば，租税の場合のように民間の資産減少はまねかないように見える．ところが，これは一種の"錯覚"にすぎないという見方もなりたつ．資産の生み出す利子に等しい額の租税が，国債の利払いのために徴収されるからである．したがって結局，この利払いのため

の税負担を，いつ人々が完全に意識するか(国債発行時か，租税支払い時か)ということが問題になる[29]．

「国債は結局，国民の国民に対する借金である」という考えは，1930年以降のケインズ経済学の隆盛とともに，経済学者の間でも広く信じられるようになった(次節でこの理論の代表格であるA. ラーナーの機能的財政論にふれる)．国債が発行された後は，その利子支払いは納税者から国債保持者への移転にすぎないから，これらが同じ国民である限り，この内国債の真の実質コストはないという論理である．それでは公共支出は何のコストもなしに調達されたのだろうか？　このような問に対して，ブキャナンは次のような区別をもって答える[30]．国全体と公共選択を決定する個人とを同等と考えるところに混乱の原因があるという．国債によって公共支出を調達するという過程には，二つの交換がふくまれていることに注目する．ひとつは，納税者であり，借り手であり，公共財の受益者である「個人」が，政治過程を通して「公共支出による(現在と将来の)便益」と「国債発行から生ずる将来の税負担」を交換する．ところがこれがそもそも可能なのは，「現在の購買力」と「将来の支払い」とを市場ですすんで交換する(すなわち国債を市場で自発的に買う)グループが存在するからである．このグループが，先の「納税者―借り手―受益者」のグループとは逆の異時点間の交換をおこなうから，こうした資源配分の時間を通した変更が可能になる．しかしこれら二つのグループが部分的に重なっているという理由で，国全体では相殺すると考えるところに問題があるとブキャナンは指摘する．国債と租税の差異は，前者が将来へ負担を転嫁しているのに対し，後者は公共支出によって民間が利用可能であった資源を，現在強制的に削減しているという点にあるというのがブキャナンの主張のポイントであった．

2.3　政　策　目　標

分配・安定・成長

　個人間の効用・満足の比較が仮に可能だとしても，そのための操作可能な手

法が存在しない限り，生産物をどのように分配すれば国民全体の経済厚生が最大になるかという問題への解は存在しない．にもかかわらずJ. S. ミル以降分配は重要な政策課題でありつづけてきた．分配上の調整の手段として，「租税と移転」が用いられることが多いのは，要素価格（賃金，利子，地代等）に対して直接的な干渉やコントロールをおこなうと，私的部門での資源利用を大きくゆがめてしまう可能性が強いからである．また補助金などによる生産物価格への干渉ではなく，所得移転が市場をゆがめないと考えられるのは，相対価格構造の変化によって消費者の選択が影響を受けるということがないからである．租税・移転の方式は，財政学者によっていろいろ考えられているが，基本は先に述べたヴィクセルの「再分配のための予算政策と社会的需要の充足のための予算政策」とを分離することにあるといえる．

　分権化された市場においては，有効需要が供給に対して過不足なく，インフレーションも失業も発生しない，という状況をつねに生み出すとは保証されていない．そのために，財政支出の拡大，減税，均衡財政拡大などをふくめて，拡張的財政政策がとられることがある．資源配分や分配機能をゆがめないために，拡張に対しては，比例税の減税や移転所得の増大，縮小政策のためには，比例税の増税や移転所得の削減などの方法が講じられる．

　しかし現代の財政論では，上に述べた分配や安定化政策以外に成長政策の手段としての財政の役割も重視されている．資源の利用水準を一定とすると，消費に対する投資の相対的高さが成長の速度を決めることは周知の通りである．したがって高成長を達成するために，政府消費より公共投資を強調し，民間資本形成を高めるための財政・金融政策などが強調されはじめた．このような成長を目標とする財政政策が，経済学の主要な論究の対象となりはじめたのは，1930年代に入ってからと言ってよい．国家の統治があるかぎり，たしかに広義の財政政策はいつの時代にも存在したと言いうるが，国民経済全体の成長や雇用促進などを目的とする財政政策が提唱され分析されはじめたのは，やはり今世紀の30年代以降とみるべきであろう．「経費の生産性」を強調した重商主義の財政論はもちろん，マンチェスター学派の財政論も，無産国家論，経費縮小

論，公債悲観論を見れば立派な財政論の体をなしていると考えられよう．無産国家論とは，国家は経済的に非効率であるから営利活動をせず，資産ももたないで，徴税のみ行なうべきことを主張する．経費縮小論は，兵士や官吏等の不生産的労働に用いられる経費をできる限り低くし，税負担も小さくすること，そして公債悲観論は，公債は資本の浪費だけでなく，将来に利子負担を残すからできる限り発行を避けるべきことを強調する．その点では，重商主義的「積極論」とマンチェスター学派的「消極論」の相克は，考えの基本的視点としては200年を優に越す歴史をもつと考えられる[31]．しかし，1930年代以降の財政論をそれ以前の財政政策思想と区別する決定的特徴は，財政政策の目標が国家財政の「収支均衡維持」という点から，「高い国民所得水準の維持」へとその強調点を移行させたことであろう．その徹底した形の理論は，国家財政の収支均衡論(sound finance)を完全に放棄したA.ラーナーの機能的財政論(functional finance)の中に見いだすことができる．

　有効需要のコントロールを財政政策の目標と考えたラーナーは，収支均衡論(歳入と歳出を均等化することによって公債の増加を防ぐ)は企業や家計からの誤ったアナロジーの適用であって，社会的な観点からは全く無益な理論であると考えた[32]．外債は別として，内国債は国民の一部の債権と政府の債務が同量併存しているのであって，国全体としてみれば何ら負担にはなっていない(これは先に述べたブキャナンの考えとは大きく異なる)．問題はむしろ，政府支出の大きさと，租税，借り入れ，通貨発行などによってファイナンスされる割合が，所得・雇用・物価水準にいかなる影響を及ぼすかという点にある，と見るのがラーナーの機能的財政論の主要問題であった．財政政策も金融政策も，これらのマクロの諸変数にどのような影響を及ぼすかによってその是非が判断されるべきであるとラーナーは考えていた．これこそケインズ的マクロ経済学の嚆矢とも呼ぶべきものであった．彼の所説の中には，完全雇用と物価の安定をもたらすとされる市場の自動安定化装置が，現実の経済では作動しにくいという「ケインズ的ペシミズム」が明白にあらわれている．

目標のシフト——雇用政策

　先に経済政策の目標や政府の役割が，スミスの時代と現代とではかなり異なるということにふれた．財政政策の重点が，物価・雇用・成長などのマクロ経済の主要変数におかれはじめたのは，1930年代以降であるという点も指摘した．これらのマクロ経済の政策目標の間でも，その力点のおかれ方が異なっていることに注意したい．

　時代的な順序から言うと，はじめは物価の安定という目標が政府の貨幣政策の大きな目標であったといえる．貨幣としての金属は，金属鉱の発見や金属の精錬技術が開発されるまではかなり安定した供給量を保っており，供給側の攪乱的な変化が物価を大きく変動させることも少なかった[33]．しかし金属貨幣に内在する供給側の不安定要因をもっと完全な形で除去する方法が，次第に強くのぞまれるようになってきた．それは貨幣の供給量を何らかの形で「管理」しようとすることであり，問題は「それでは供給の最適量はどう決めればよいのか，そしてどうコントロールすればよいのか」ということになった．第一次大戦後の英国で問題となったのはまさにこうした貨幣供給量と結びついた政策目標の選択問題であった．一つの考え方は，消費者物価を安定化させながら，賃金の上昇で生産性の上昇を吸収していくというやり方．もうひとつは，貨幣賃金をできる限り安定化させつつ，物価を下落させていくという方法である．

　前者，すなわち，物価安定・賃金上昇という政策は，ケインズが『一般理論』の中で擁護したものである[34]．いわゆる"古典派"の経済学者が，失業の存在を均衡水準より高い水準の賃金にその原因を求めたのに対し，ケインズは雇用量を決めるのは労働市場だけでなく，財市場や貨幣市場を通した効果も重要であるとして，貨幣賃金の切り下げが有効需要に与える効果を考察することが必要なことを主張した．そして貨幣賃金の切り下げは有効需要に対して総体的にはマイナスの効果の方が大きいと指摘したのである．ケインズは貨幣賃金の切り下げがいかにコストがかかり，かつ完全雇用を保障しがたいものであるかを示した後，「貨幣賃金の安定的な一般水準を維持することが，結局封鎖体系にとって最も賢明な政策である」と断言している．このような政策のほうが(少な

くとも伸縮的な賃金政策よりも），価格水準にかなりの程度の安定性がもたらされるからである．もっとも，長期においては，諸価格を安定させながら技術進歩の部分を，徐々に賃金上昇で吸収していく政策の方が，賃金一定かつ価格低下の政策より望ましいとケインズは見ていた．将来賃金が引き上げられるという期待の存在する場合のほうが，雇用を高い水準に維持しやすいと考えたからである．

このようにケインズは，『貨幣論』における貨幣数量説的な価格安定化目標から，『一般理論』における雇用安定重視へと政策目標の重要性をシフトさせた．それは同時に「消費性向や投資性向という（貨幣供給からは独立な）実質的なパラメータに依存して決まる総支出が，雇用量の決定要因として重要である」という見解を明確に打ち出すことでもあった．これは当時（戦間期）の英国および世界の経済的・社会的状況を慎重に考慮した政策論であったと考えられる．第一次大戦後の一時的な好況はあったものの，不況突入は時間の問題であり，政府のテコ入れがなければ投資は減退の一途をたどるという一般的事情があったからである．また戦時中からの軍事支出の増大が英国や米国での失業を大幅に減少させていたことも無視できない．いずれにせよこの時期，英国内においても国際的にも，デフレ対策が主な政策目標であり，インフレーションへの恐怖は少なかった．このような事情から，不況回避と高水準の雇用維持が政府の重要な政策目標として認識されたのである[35]．

雇用政策のはじまり　雇用や所得の不確実性，不規則性が，いかに人間の生活にとって忌むべきものであるかを強調した社会改良家は，19世紀にも少なからず登場した．しかし，そこでは慈善事業や救貧という社会政策的視点あるいは分配論的見地から問題が論じられており，成長と安定という政策論的な関心があったとは考えられない．こうした流れの中で，雇用の安定性や失業のマクロ経済的含意について，斬新な考えを示したのはケインズやラーナーであったといわれる．しかしこれとてケインズが一人でなしえたものではなく，マルサスの『原理』(1820)第二版(1836)とケインズ[1936a]を結ぶ100年のちょうど中

間点，1886年に，すでに H. S. フォックスウェルというケンブリッジの経済学者によって重要な講演論文が書かれている．フォックスウェルについては，ケインズ自身が1936年12月号の『エコノミック・ジャーナル』誌に死亡者略歴を書いているが，その著作目録の中で，フォックスウェルの『雇用の不規則性と物価の変動』(*Irregularities of Employment and Fluctuations of Prices*)を，彼の「主要な独創的著作」と認めている．しかしこの論文の重要性をより強く指摘しているのはハチソンである[36]．

ハチソンによれば，フォックスウェルの独創性は，雇用の不安定性が当時の産業体制の根本的欠陥であること，雇用の恒常性こそが「道徳的正しさの友」(the friend of rectitude in morals)であり，公私にわたる繁栄をもたらすことを強調した点であるという．その意味では，フォックスウェルは「社会保障」というアイディアの草分けであり，所得の量そのものよりも，その確実性，安定性が時として大きな問題となることを指摘したといえる．所得の安定性のためには，貨幣価値の安定が重要であるとし，これが損なわれる時，社会正義も損なわれると見ていたのである．しかし，マーシャルがデフレ的傾向を望んだのとは異なり，フォックスウェルは少しの物価上昇はむしろ好ましいかもしれないと考えていたようだ．この点は先に述べたケインズと全く同様な意見であったと考えてよい．

雇用政策と安定化政策 国内的にも国際的にもインフレの恐怖が少なく，デフレへの対応が主な政策目標となった時期(1930年代)に，「不況回避と高水準の雇用維持」が主たる政策目標となったのは自然なことであった．「完全雇用」という言葉は W. ベヴァリッジの『自由社会における完全雇用』(1944)という書物ではじめて厚生(welfare)を目指す概念として使われている．米国においても，1946年の雇用法(Employment Act)は同様な意味で「完全雇用」が政策目標として公的にかかげられた点で重要な時期を画する．1949年の国連の Department of Economic Affairs の *National and International Measures for Full Employment*(『完全雇用のための国内的・国際的諸方策』)において

「……より高い生活水準と完全雇用,経済社会的進歩と発展の諸条件」を促進するための対策をとる,という表現の中でも公式用語として用いられるようになった.

しかしこの政策目標が,他の諸目標とどのように矛盾なく両立しうるかという理論的な問題以外に,「完全雇用」という概念自体に避けがたい不確定性が残っていた.そのひとつは「完全雇用は労働者の100パーセントの雇用を必ずしも意味しない」ということと関連する.たとえばベヴァリッジは「平均3パーセント程度の失業率は,最もよく規制されうる経済システムでもおこりうる」ということを指摘しているが,この閾値を越えないようにとかえって意識しすぎて,公共投資が過剰になったのではないかという意見も出ている[37].

もうひとつ「完全雇用」政策に関する困難は,所得と生産性の関係を無視してこの「完全雇用」を推進することはできないということである.この問題は雇用と物価(あるいは賃金)との相反関係を経験的に示す「フィリップス曲線」の問題としてもとりあげられてきた.一人あたりの生産性と所得の上昇率が同率であれば,遊休資源を生みだしている「総需要の不足」を補う政策は妥当でありかつ望ましい.しかし,物価安定が望まれる場合に,生産性の上昇率が賃金の要求水準の上昇率ほど高くなければ,完全雇用のための総支出の増加はインフレを招来することなしには不可能となる.したがって,国民は「完全雇用」の方を一般に好むとはいえ,どこかで貨幣価値の安定化政策を求めざるを得なくなる.

安定化政策としての金融手段が歴史的にどのような経緯で現われ,どのような交替劇が実際あったかについて少しふれておこう.1930年代までは,戦時期をのぞくと政府のとる主な政策手段は,銀行利子率の操作とインフォーマルな信用の管理であって,財政自体は政治家の選択ではあっても均衡予算がすべての政治家の神聖なる目標であった.すなわち安定化政策とは,金融政策の出動と考えられていたのである.しかし1931年のポンドの金兌換停止(金本位制離脱)がひとつの重要な転機をもたらした[38].この動きによって英国内の政策は自由度を増し,公共支出増大が雇用の増大につながるという論理から,財政政

策がクローズ・アップされはじめたのである．このように金融政策の主役としての地位が財政手段によって圧倒されはじめるが，その流れに抗する動きとして，1959年のラドクリフ委員会(Radcliffe Committee on the Workings of the Monetary System)の報告についてふれておかねばならない[39]．経済学者ケアンクロスやセイヤースを含むこの委員会の報告書は，1950年代の後半，経済実務家や学者によって議論された金融手段の有効性と限界に関する問題に，ひとつの解答を与えるものであった．それは，貨幣的手段を安定化政策のひとつの手段としてみとめ，公定歩合と公開市場操作の妥当性(有効性ではない)を結論づけるものであった．その基本的論点は経済活動にとって重要なのはマネーサプライではなく，経済全体の流動性であること．なぜなら財・サービスに対する支出決意は支出する主体のもつ流動資産の量に左右されるからである．したがって利子率に働きかけることによって直接的に投資を動かすのではなく，利子率を通して経済全体の流動性を動かす方向を重視し，マネーサプライを目標達成のための決定因ではなく，むしろ結果とみなしていたといえる．この政策が現代のように複雑な利子率の構造のもとで，どれほど有効性をもつかは金融論の専門家の間でも議論の分かれるところであろう．むしろ，マネーサプライに働きかけ，それによって利子率を変動させるほうが，総支出を動かすためには効果があるという主張も根強いからである．しかし，このラドクリフ委員会報告の重要性は，国債管理が金融政策の主要問題となってきた事実，それゆえに中央銀行が政府へますます従属せざるをえないことを強調している点にある．

救貧政策

完全雇用という言葉が，ベヴァリッジによってはじめて厚生を目ざす概念(社会保障)として使われたことは先に述べた．このような国家的な保障の制度，あるいは「保障の体系」としての国家の概念は，近代の発展のみによって生まれたものではない．それは，社会，政治組織の基本的な本性にたちかえることなのである．個人の経済生活の「最低限」や安全を支えるシステムは，多くの原始社会でも観察されるものであった．と同時に，憐みの情は人間の感性の自

然な発動であることも否定できない．事実，貧しい者に「施しを与える」(eleemosyna)という行為が愛徳(カリタス)に属する徳目として古くからとりあげられてきたことは周知の通りである．たとえば中世の神学の中でも救貧論は施与者の霊魂にかかわる問題として論じられ，「剰余を与える」という授与者側の態度が議論されている．ここで剰余とは，その人一個人の必要についてだけではなく，彼の社会的地位および彼が責任をもつ人々の必要を超える分という意味である．つまり各人はまず第一に自分自身を，次に彼が責任をもつ人々を考慮し，その後余ったものをもって他人を救済しなければならないというのである．こうした救貧原理が中世大陸諸都市の救貧制度に体化され，それがさらにイギリス救貧法へ発展した，という流れがみとめられるのか否かは今後の論究にまたねばならない[40]．その際問題となるのは，中世スコラ学者の施与論の中に，「公的」救貧制度，すなわち「公的」な制度という見方がすでにあったのか否かという点であろう．ここでは救貧制度の歴史そのものをふり返る余裕はないので，イギリス古典経済学において，救貧がどう考えられていたかを一瞥するにとどめたい．

マンデヴィルと古典派　古典派の市場観が，貧者の運命や奴隷的な低賃金労働には全く無関心かつ冷淡であったかというと必ずしもそうではない．たしかにスミスが強い影響を受けたといわれるマンデヴィルの『蜂の寓話』の中で語られている「慈善」への見解は，一見そのような見方を裏付けるかのごとき印象を与える[41]．

「……自負と虚栄は，すべての美徳を合わせたものよりもずっと多くの慈善施設を建てたのである．人間は自分の財産にとても執着し，利己心はわれわれの本性にとてもしっかりと植えつけられているので，たとえどんな方法によろうともそれを抑制さえできる者はだれでも公共の賞揚が得られ，自分の弱さを隠し，そのほかふけりたいと思うどんな欲望をもしずめるための，ありとあらゆる激励が得られるであろう」と言って慈善も結局は利己心のひとつの発露にすぎないとマンデヴィルは断定する．次に，「慈善があまりにも広範囲におよ

第2章 政府の役割   81

ぶと，かならずといってよいほど怠惰や無為を助長し，のらくら者を生んで精励をそこなうほかはほとんど国家の役に立たない．多くの救貧院や養老院をつくればつくるほど，ますますそうなるであろう．はじめの創設者や基金寄贈者は正しくりっぱな意図をもち，おそらくおのれの評判を高めようとして，このうえなくあっぱれな目的のために苦労しているように思えても，そうした遺志の執行者，そのあとにやってくる院長は，まるで違った見解をいだいているのであって，慈善がはじめの意図どおり長いあいだ適用されるのはめったに見たことがない．……ともかくも働ける者はみな仕事につかせるべきであるし，病弱の者をも精査すべきである」として，慈善と慈善学校に異をとなえている．

　しかしスミスは，このマンデヴィルの見解をそのままのかたちで受け入れはしなかった[42]．スミスは，たしかに救貧法の運用のされ方(定住権取得の困難)が労働の自由な流通を妨げていること，そしてこうした行政がイギリスの制度上の一大混乱の原因となっていることを指摘している．しかし，「救貧」自体が社会における一種の公共財的な性格を有していることにも注目する．そして「どんな社会も，その成員の圧倒的大部分が貧しくみじめであるとき，その社会が隆盛で幸福であろうはずは決してない」といい，「下層の人々の生活条件がこのように改善されたことは，社会にとって」不都合とみなされることは決してないと繰り返し述べている．マルサスやリカードが救貧法の目的自体に完全に批判的であったことは言うまでもない．マルサスは「貧民が扶養能力がないのに結婚し，人口の増加だけに貢献し，貧民を再生産するだけである」といい，リカードも「救貧法が貧民の早婚によって貧民を増やす」という類似の指摘をおこなっている[43]．J.S.ミルも『経済学原理』の「労働者階級のありうべき将来」と題する章で，「従属と保護の理論」と「自助の理論」を対比させながら論じている．ミルは温情主義一般をとりあげながら，「富者は貧者のことを考えることが義務のように思われている．ちょうど軍隊の士官が兵卒の運命にたいして責任を持たねばならないかのごとくに……」と言いつつ批判の目を向けている．これは貧民の救済自体を支配する目的原理が，独立心を養うこと，自発性と責任感をもち，衣食住，医療・教育などに関する選択に臨むことができる

ようにすることでなければならないということになる．言いかえれば，貧困に向けられた処置も，それが「選択の自由」を拡大するという面が欠落していては意味をなさないため，温情主義を制限することはきわめて重要であるとミルは言う．もちろんこの原理は，精神的・肉体的にハンディキャップを負っている人で，独立の経済主体として競争に参加できない人には当てはめることはできない．以上のような立場から，ミルは貧困の救済にとって，総生産物がその分け前にあずかる人の数に比して相対的に増大する（すなわち一人あたり生産量が増大する），ということが考えうる最も重要な点であるとしている．したがって，貧困の撲滅には一人あたり生産量の成長が主役を演じるべきであって，あとは競争と租税システムが結果の不平等の緩和剤として機能すべきである，というのが古典派の見解であったとまとめることができよう[44]．しかし，租税収入自体がどのような目的のために使用されるべきかという点は，別の重要な主題であり，機会の平等のための教育や貧困の救済へと支出されることによって，競争条件をよりフェアな方向にととのえるという一種の循環的な構造が想定されていたといえる．

　このような古典派の考えに操作可能な基準を導入したのはシーニアーであろう．彼の救貧原則はきわめて明快である．救貧の方法が貧者を増やすか減らすかによって，その良否がテストされるべきだとするのである．この基準によってはじめて「貧者には必要とされる救貧をなし，富者にはなしうる負担を平等にわりあてる」という政策が自由の原理（とくに自発性と独立心）に矛盾しない形で働くと考えた．このシーニアーこそ，1834年の救貧法改正の原則のほとんどを執筆した当人であったが，彼は，慈善だけではとても精神的・肉体的にハンディキャップを持っている人たちを救い切れないといい，公的医療扶助や病院設立も重要な公共的な事業だと考えた．このようなシーニアーの考えは現代の社会政策論の基本と大きくは変っていない．強いてそのちがいをあげれば，壮健な者とその扶養家族に関する救済であろう．貧者の救済については，Principle of Less Eligibility（有能者の稼得を超えない原理）を適用し，救済された人を働いている人以上に良くしないということを厳守すべきだとした[45]．

古典派経済学の見解は成長を通しての(一人当り生産量の増加を通しての)貧困の解消，ということに要約され，それを可能にするのは知識と技術の進歩，貯蓄による賃金基金の増加，人口のコントロールという方法であると考えられていた．もちろん，彼らがベーシック・ヒューマン・ニーズ(人間の基本的欲求)を越える所得に関する平等化にも関心を持っていたことは事実である．しかし，私有財産と市場の原理を基礎とする古典派の体系のもとでは，所得や財産が平等化することはない．格差は発生して当然であって，機会の平等を保障して行くことが重要であるが，結果の平等を求めることには否定的であったと言える．そこには再分配による平等化の効果は，微々たるものであるから，所得上昇は生産性の向上(成長)に期待するより他はない，という考えが横たわっている．

　ロビンズの中庸性　この点に関してロビンズは次のような直截な例をもち出している．家族を養うだけの所得があり，仕事に興味があれば，他人がどれほど多くの所得を得ているかに心をわずらわせる必要はない．ボクシングのチャンピオンやポップ・シンガーが学者の数十倍の所得を稼いでいたとしても何ら問題にすることはない．そのようなギャップに対する「嫉妬」(green-eye)こそが，健全な社会の基礎を危くするのであって，現代社会における政治にあらわれるこのような「嫉妬」こそ，自由社会の存立を脅かす危険要素なのである．こういった意味で，結果の平等にあまり拘泥すべきではないとロビンズは言う[46]．こう認めながらも，ロビンズは平等の主張にもいくつかの正当な理由があることをつけ加えることを忘れない．各人がある程度の資力をもつことが，その人の自由と独立を守ることに効果があるということ，そしてそれが独創心の発揮にもつながると見る．そのためには私的所有は重要であり，貨幣は広く人々の間にゆきわたらなければならない．そして，絶対的貧困に対する援助はそれ自体望ましいことでもあるし，公共性の観点からも必要であるとロビンズは指摘するのである．

経済発展と国家

　このような貧困の問題は，現代の発展途上国の経済開発との関連の中でどのように議論されているのだろうか．その点を本章の最後として簡単に見ておくことにしよう．経済発展理論の中に，貧しい国の経済発展には統一的な中央計画が不可欠であり，先進国との過度の商業的な接触や交流は途上国の発展を促進しないどころか，計画過程に余計なノイズが入る可能性がある，という考えがある．そして計画モデルとしてどのタイプのものを採用するかについては意見が分れても，市場システムが経済発展にとって重要な役割をはたすという考えは，あまり強い支持をうけていないように見うけられる．

　このような考え方の例をまずいくつかとりあげ，それに対する批判をP. T. バウワーの論文に拠りながら検討しておこう[47]．経済発展における中央計画の重要性を強調する論者として，G. ミュルダールを挙げねばならないであろう．彼は中央計画なくしては，経済的文化的停滞と退歩は避けられないという．そしてこのような停滞と退歩を黙認することは今日の世界では政治的にもはや不可能であると考えている．ここで言う中央計画とは，自耕自給農業(subsistence farming)以外の経済活動を広汎な国家管理のもとに置くことを意味する[48]．しかし西洋や日本の経済発展を歴史的にみると，統一的な経済計画はほとんどたいした役割を演じてこなかったことが経験的に示されている．

　中央計画自体は資源を増加させることはなく，単に資源の用途を，私的な生産から公的なものへと変更するだけである．経済発展における計画の役割を強調する人々は，その目標を「生活水準の向上」におくが，計画がどのようにそれを向上させるかについては詳しい説明を与えない．私的選択がなぜ，所得の増大につながるのか．消費需要を抑えること自体は一般的な生活水準の低下につながるのではないのか．高い消費率と多様な消費財のほうが，市場向けの生活をより強く刺激するのではないのか．また，先進諸国との商業上の接触は途上国にとって有害だからそのような関係を切断するという政策があるが[49]，むしろ現実は逆のほうが真であったのではなかろうか．このような疑問をもう少し現実に照らして厳密に吟味することが必要であるとバウワーは主張する．

経済発展がなぜ望ましいかという点に関するもっとも説得的な理由は，消費者として生産者として人々の選択の範囲が広がるという点にある．A. ルイスが言うように，経済成長の利点は，富の増加が幸福をもたらすという点そのものにあるのではなく，経済成長が人間の選択の範囲を広げるところにあることはたしかであろう[50]．多くの企業と個人が何を生産し，消費し，どこで働き，どれだけ貯蓄しそれをどう投資するか，といった問題に直面する時，ハイエクが指摘するように，自己の条件，嗜好，機会，将来の見通し等について知っているのはその本人であるから，本人がこれらの諸条件の変化への最善の対応の仕方を一番よく判断できるはずである．前章でみたように，市場経済において伝達され散布される莫大な量の関連情報を保有しているのも個々の消費者や企業であるから，これらの主体以上に中央政府が効率的にこれらの情報を収集・散布することはできない．高速の大型計算機はこれらの機能の一部を代替しうるが，人々の嗜好，能力，機会，将来の見通しなどの知覚をすべてインプットすることは不可能である．したがってコンピュータは現実の「変化に対する対応」を充分な情報にもとづいて処理することはできない．実際，市場経済はそれ自体に潜む不完全性にもかかわらず，途上国の貧困に苦しむ人々に重要な所得機会を与えてきた．現金化しうる農作物の市場向け生産は，自耕自給農業の中で生まれる貧困と収入の不安定性をかなり取り除いただけでなく，多くの農村の労働力をプランテーションや鉱業労働者として吸収し，彼らの経済的社会的条件を向上させたのである．

　中央計画型の経済では政治家や官僚の決定が，生産と消費における私的個人の選択にとってかわるため，経済生活は広い範囲にわたって政治化される．それは支配者たちの決定が人々の所得や雇用機会を大きく規定し，大部分の国民の経済生活の内容自体を決めてしまうからである．したがってこのような中央管理タイプの経済では，多くの人々のエネルギー，関心，資源が，生産的な経済活動から政治の分野へと向かわざるを得なくなる．その結果，生活は極端に政治権力への関心によってゆがめられ，すべての政治的反対勢力は力ずくで圧迫されることになる．開発途上国でこのような事態が起こりはじめると，この

ような政治的圧迫が，人種間，文化グループ間の対立となって顕在化するケースが多くなる．この点からも，途上国の政府の機能・役割として治安を維持することが大きなウェイトを占めざるを得なくなることが理解できる．

市場への態度 途上国の人々は，価格をはじめとする市場シグナルへの反応が先進国ほど早くも強くもないという主張がある．しかし現実には，途上国の人々は予想以上というどころか，先進国の人々以上に経済機会に対して感応的なケースが多い[51]．経済的な条件の変化に対する反応は，人々の教育水準に依存するものではない．むしろ，経済的な環境，所得水準の低さが，かえってその反応を敏感にしているという例の方が多い．バウワーはこの点を強調するために，インドのヒンドゥー教の農夫と先進諸国のユダヤ人との共通点をあげている．バラモンは経済的誘因はあっても牛を殺さないし，他の動物も殺そうとはしない．しかし，高利潤をもたらす作物の耕作面積をどんどん拡大するという政策を歴代のインド政府はとってきている．一方，ほとんどの先進諸国に現在ちらばって住んでいるユダヤ人も豚を食べない．豚肉の価格がどんなに低落しても，彼らの態度は変らないであろう．しかしユダヤ人がいかに経済的機会への反応が速く強いかは改めて説明する必要はない．市場システムは，人々にこうした経済機会を利用する自由，利用しない自由を与えており，途上国の政府は，こうした(一見市場原則とは合致しない)宗教的規範，価値観，生活風習などを強制的に変更させる政策が，社会的凝集性を弱め，国家の安寧や安定性を破壊してしまう危険があることを知っている．

しかし現実の途上国経済を見ると，国家統制はきわめて強い．主要産業の国家独占，産業・商業への特許状，雇用や特許状の人種別割り当て，国際取引の統制，労働・資本あるいは商品の流通の制約，物価・賃金の統制，消費組合の実質上の国家管理，農業の集産化，不動産の国有化などその例をあげればきりがない．結局これらの政策は，支配者グループに特別の利益をもたらすことはあっても，支配者グループ以外の社会の成員を長期的に利することはない．それは政治家，官僚やその関係者に，政治的力と経済的利益をもたらすだけに終

る恐れがある．これらのグループは，自己の個人的利益を増進させるのに適した政策を打ち出すために最も効果ある立場にいる．したがって，途上国の支配者グループと被支配者グループの間の政治的・経済的格差は先進国のそれよりも一段と大きくなる場合が多い．

　市場社会への反感については前章においてふれた．バウワーも指摘するように，この種の反市場志向は，普通の人々(ordinary people)への軽侮の念と時に表裏一体をなしており，とくに途上国の問題を議論する際にその態度は明白になる．これは，反市場志向が「一国の経済社会の運営は，最も理知的な人々の手に委ねられるのが最良である」という理性主義に基づいているからである．有能な商人やビジネスマンが，必ずしも市場機構を弁護することに長けているわけでもないし，そもそも市場機構の長所を解析的に説明することに彼らの関心があるわけでもない．ここに，市場機構と国家統制との間の奇妙なコントラストが生まれてくるとバウワーは言う．市場機構は人々の欲する財をその手もとへ送り込むことには成功するが，それに参加している多数の人々はなぜそうなるかについて，すぐにはうまく説明することはできない．他方，国家統制や集産体制の下では，財不足が起こり欲する財を人々の手もとに送り込むことができなくても，その計画を実施している人は，その欠陥や失敗について容易に言い逃れをすることができる．したがって市場機構の反対者たちの論理はきわめて明晰で有効である．こういった理由からも，開発政策における市場機構の有効性はつねに過小評価されることになる[52]．

第2章　注

1) Jellinek [1900] pp. 106-107. こうした認識は「すでに陳腐となってしまった真理に属し，それゆえに，科学的思慮は，この命題の確認よりは，むしろ制限に向けられねばならない」という．国家と社会についての政治学的考察は Barker [1951] を参考にした．
　スミスやスコットランド啓蒙家たちについて論じた Meek [1954] も所有関係と統治の因果性を分けて論ずる点で興味深い．

2) Hart [1961] p. 89.

3) Hart [1961] pp. 90-96 による。これはロックが『市民政府論』の中で立法権と執行権の発生を見いだした理由と類似している。

4) Viner [1960].

5) Smith [1776] 第五篇第一章。

6) Stigler [1975] pp. 40-41.

7) 次の二つのパラグラフは Stigler [1975] pp. 44-45 による。J. Mill [1824] については Davidson [1915] pp. 133-142 が参考になる。また Marshall [1920] pp. 253-254 を参照。

8) Barker [1915] pp. 206-207. 後に多くの人々が「ジェボンズの意味」を強調しているが、この点を早い時期に指摘したのはバーカーである。

9) Hutchison [1953] pp. 7-12.

10) Jevons [1882] p. 171.

11) Sidgwick [1901] p. 406. シジウィクの経済思想上の位置については Keynes [1900] が興味深い。

12) Coase [1974a] は燈台を公共財の例とすることが適当かどうかについて、理論的・歴史的考察を行なっている。

13) Hutchison [1953] p. 61.

14) Gray [1984] p. 59. シジウィクの功利主義体系については塩野谷 [1983] を参考にした。

15) この現象をわかりやすく説明した論文として Friedman [1976] がある。

16) Hutchison [1953] pp. 60-61.

17) Jouvenel [1952] pp. 49-81.

18) Smith [1776] p. 777.

19) Smith [1776] p. 777.

20) Marshall [1920] p. 16.

21) Becker [1971] (邦訳 72-73 ページ)。

22) Smith [1776] p. 794.

23) Mill [1848] p. 808. Robbins [1976] p. 115.

24) Hayek [1960] pp. 314-318.

25) Robbins [1976] pp. 115-116.

26) 以下の説明は主として Musgrave and Peacock [1958] による。とくにこの

論集の中のヴィクセルの論文を参照した．
27) 以上の議論は公共経済学の基礎テキストではかならず展開されている．
28) Ricardo [1817] pp. 161-164.
29) この問題の簡潔なサーヴェイとして Tobin [1965] がある．
30) Buchanan [1958] 4, 5, 6 章を参照．
31) この日本における例として猪木 [1983]．
32) Lerner [1944] の最終章と Lerner [1943] を見よ．
33) もちろん金銀の供給量変化による「価格革命」は幾度となく起こった．
34) Keynes [1936a] 第19章がこの点の分析にあてられている．
35) Robbins [1976] pp. 82-85.
36) Hutchison [1953] pp. 410-412.
37) Robbins [1976] pp. 85-87.
38) この間の経緯の説明は Robbins [1976] による．
39) この報告書のもつ政策思想上の意義は大きい．館・小宮 [1964] 第15章がこの報告書の内容とその意味についてとりあげている．くわしい説明は Robbins [1971] pp. 90-119 にある．
40) 中村 [1963]．保障の体系については Lévi-Strauss [1955] のブラジルのナンビクワラ族の事例が興味深い．
41) Mandeville [1732] (邦訳 238-239 ページ，244 ページ)．
42) Smith [1776] pp. 135-136.
43) Malthus [1798] (邦訳 66 ページ)．Ricardo [1817] p. 61, pp. 171-173.
44) Robbins [1976] の指摘による (p. 103)．
45) Robbins [1978] pp. 95-98.
46) Robbins [1976] pp. 110-111.
47) Bauer [1984] 第2章による．
48) Myrdal [1957] (邦訳 96-118 ページ)．
49) Baran [1957] pp. 173-190. Baran に対する批判は Bauer [1984] 第10章．
50) Lewis [1955] の Appendix "Is Economic Growth Desirable?" が有益である．
51) Bauer [1984] p. 31 にあげられている例．
52) Bauer [1984] pp. 35-36.

第3章 貨幣と信用

　この章では経済社会の基礎的な姿を形造っている貨幣のはたらきを検討する．ホートリーはかつて，貨幣の定義が困難なことにふれながら，「スプーンや雨傘と似ていて，その用途や目的によっては定義できる．その点で地震やきんぼうげといった概念とは異なる」と述べた[1]．まず3.1節で，こうした貨幣の定義と機能および操作可能性をめぐる問題を整理し，3.2節でその発生についての学説を紹介する．その後，3.3節と3.4節で，数量説とケインズ的な"貨幣の力"(非中立性)に関する理論，および金属貨幣と紙幣および本位制についての考えを見る．最後に付論として，利子と鋳造権についての歴史上の見方にふれておく．

3.1 定義をめぐって

定義と機能

　貨幣論のテキストでは，貨幣とは，勘定の標準単位(たとえば円とかドル)で測られ，その単位で表わされた負債を，確実性をもって返済することができるきわめて流動的な資産，と定義されている．この定義自体に含まれる「確実性をもって」とか「きわめて」という言葉が示すように，どの資産が貨幣たりうるかは相対的な要素が入らざるを得ない．現代の社会では(日本についていえば)金属貨幣(コイン)，日本銀行券，その他の紙幣に準ずるもの，引き出し自由な要求払い預金などが「貨幣」と呼ばれるが，貯蓄性預金や短期政府証券はどうかとなると答は一様ではない．貨幣と貨幣類似資産の間には"貨幣性"の濃淡のある多くの資産が並んでいる．まさに時代により国によりその濃淡の深さと幅が異なっているのである．そればかりではない．ある人々によって十分"貨幣的"であるとされたものが，別の人々にはあまり"貨幣的"とは認め難い

という場合もある．すなわち，貨幣は名詞としてよりも，形容詞として用いられるべき特性をあらわしているともいえる[2]．

流動的であるということは，早く確実にある確定量に変換できるということを意味する．これは他の人々が他の財・サービスと交換にこの貨幣を受け取るだろう，という信認が存在することであり，そのためには貨幣の価値（購買力）が十分に安定していることが必要である．しかしこうした性質は，先にも述べたようにかなり相対的なものである．通常この意味で最も流動的なのは，その国の中央銀行の紙幣や大蔵省の補助貨幣，あるいは商業銀行の要求払い預金（当座預金）などの負債（持ち手からみると資産）である．

勘定の単位（unit of account）があるということは，考えてみれば不思議なことである．それはさまざまな種類の財やサービスに，すべて共通に適用できる量的基準があり，それを必要とする社会的状況があることが前提となっている．しかしある財に価値標準という機能があったとしても，支払い手段として使用されているとは限らない．つまり一般に，① 支払いの手段（すなわち税金の支払いや債務の決済），② 価値貯蔵手段，③ 尺度標準，④ 交換手段（購買），の四つの機能が市場経済における貨幣の機能とみなされているが，これらの機能がそれぞれ別の財貨によってになわれている社会も過去に存在したし，今も存在する．また，これらの機能の重要度が，国により，時代により異なるという点も見逃せない．たとえば価値貯蔵手段としての貨幣の機能は，現代ではそれほど大きなウェイトを占めていない．それは貯蓄性預金，保険証書，債券などが，価値貯蔵手段としてより広く用いられているからである．最近，貨幣の「勘定の単位」としての機能がますます高まっているという事実は，中央銀行制度，商業銀行が重要になり，銀行システムにおける準備金の役割が大きくなっていることとも関係する．また近年の技術革新の進展により決済制度が合理化され，現金通貨（法貨）の決済手段としての役割が大幅に修正されようとしている．

貨幣の諸々の機能が別の財貨によって果たされているという点に関して，経済史および経済人類学の分野では多くの事実が収集されている．たとえば，K. ポラニーによると，古代バビロニアでは，大麦が租税，賃金などの支払いに用

いられたが，銀が計算貨幣として使用され，貨幣をメディアとはしない精緻な物々交換の制度が存在したという．またイギリスにおいて，ギニーが儀礼的な贈答や弁護士・医師などの謝礼や奢侈品（絵画・馬匹・地所）の価格などの計算単位に用いられた．これは財によって別種の計算貨幣が存在することを示す例である．また日本の例としては，江戸時代の金・銀・銭という三種の貨幣から成る通貨制度があげられる．基本通貨は金貨と銀貨であったが，この両貨は貨幣としての性格を異にしていた．金貨は両・分・朱という四進法の単位をもつ計数貨幣であったが，銀貨は貫・匁という重量単位にもとづいて授受される秤量貨幣であった．そして江戸を中心とする経済圏域は金を使い，京・大阪は銀を基本通貨として使う，そして一般庶民はどちらでも銭を使うという通貨構造になっていたといわれている．そしてこれら金属貨幣以外に，領主への納税の支払い手段は江戸社会の一番基本的商品であった米であり，通貨制度の出発時点においては米一石が一両という具合に貴金属の価値が定義されていたのである．このように，先にあげた貨幣の四つの機能は，ある意味で互いに独立で，各用法間に機能上の必然的関係はないといえる．価値尺度であるから交換・支払い・貯蔵に用いられるのでもないし，またその逆でもなかったのである．

これらの機能の中で「尺度標準」，すなわち勘定の単位としての貨幣の存在はきわめて古いだけでなく，貨幣にとって最も本質的なものと考えられる．新約聖書の中でもイエスが教育のない人々に，自分のたとえ話を金銭単位でわかり易く話す例がいくつも記されている．こうした尺度標準の単位はだいたい重量に対応しており，最近にいたるまでほとんどの社会では計算単位は金や銀の貴金属の重量（ポンド，ソドリウス，デナリウス，オボルス，アス，セクストゥラ）がつかわれていた．しかし支払いのたびごとの秤量は困難なため，遂に一定重量を有する個片に，公の極印を与えるようになったとアリストテレスは言う．こうした金属片の量が商取引の量や頻度に比べ不足してくると，「有価証券」という形での紙幣（私的な負債証）の初期的形態があらわれてくることは十分予想できる．世界における紙幣のはじまりは，中国宋代に四川省地方の富豪等が，交子という現銭預証を発行したことがその始まりであるといわれる[3]．これは

商業の活発化に伴って,有価証券が貨幣的に用いられるようになったためである.しかしこの私的な交子も,「不渡り」をひき起こすようなことが起こり,結局政府がこの交子発行権を一手ににぎることになる(ただしこれには限外発行があった).西欧社会で紙幣が普通に使用されるようになったのは19世紀に入ってからであるが,紙幣の導入によって計算単位が次第に抽象的なものに(そして複数存在するように)なっていったことは歴史の示す通りである.

貨幣は操作可能か

経済社会における貨幣の役割を考えるとき問題になるのは,それがそもそも操作可能な変数なのかどうかという点である.この問題は二つのステップに分かれる.ひとつは先に見たように,貨幣と非貨幣を截然と区別できないということ,第二は,たとえおおまかに区別できたとしても,それを社会的総量(アグリゲート)としてコントロールできるかどうかという点である.この点に関する見解の相違が,ケインジアンやマネタリストとオーストリア学派の貨幣の経済学を通常区別するひとつのポイントとなっている[4].ハイエクをはじめとするオーストリア学派は,貨幣は一つの自生的に発展した社会的制度であって,政府がそれを完全にコントロールすることは無理としている点で,ケインズだけではなくフリードマンとも完全に袂を分かっているからである.

1930年代の論争中に,ハイエクは,ケインズの財政赤字による公債ファイナンスの成功を,広くゆきわたった貨幣錯覚に依存するものであるとし,その貨幣錯覚が減退した時点で,深刻なひずみと麻痺症状を一国の経済にもたらすと主張した.さらにケインズの政策は,景気変動に対する理解不足から生まれているところがあるという.ハイエクによると,利子構造に政府が介入することによって相対価格体系にゆがみが発生したためにおこるタイプの景気変動を,経済活動全体の統計的集計量の変動(たとえば一般物価水準の上昇)とのみとらえられるところに概念実在論的な誤りがあるとしている[5].その点で,ケインズ的政策の推進者は,統計的考案物(あるいは理論的フィクション)が,現実の経済の質的な構成をおおいかくしていることを無視してしまっているという.

ハイエクはフリードマン流のマネタリズムに関しても,「貨幣のコントロール」という点で異をとなえている.オーストリア学派の経済学が受け入れ難いとする集計的方法(aggregate approach)をフリードマンも結局はとっているためである.一般物価水準という実体のない集計量を安定化しようとすることは,とりもなおさず経済を外的に与えられた対象物としてコントロールするということを示唆してしまうからである.ケインズ自身も,幾度となくその意見を変更してはいるものの,経済活動の調整は,集計的な支出を増加させることによって回復されうると考えていた.したがって,ケインズもフリードマンも「質的・構造的」な経済のゆがみを貨幣供給量という統計的集計量,平均量に働きかけることによって克服できると考えていた点では,二人の経済観は基本的に同じであるとハイエクはいう.

　ハイエクの貨幣供給に関する考えを,ケインズやフリードマンのそれから分かつものは,オーストリア学派の貨幣観である.ハイエクは,貨幣は社会的に進化して自生的にできあがった制度であって,政府が創造するものではないと考えている.そして政府がそれを完全に制御することは定義によって(？)不可能だと見ている.したがって貨幣供給量をフリードマンがいうように一定率に制御することはできず,現代の民主主義社会ではいかなる政府もその行動の独立性を保持することはできないとハイエクはいう[6].そもそも,そのような政策は,人間の経済生活を正確無比にモデル化し,測定することができ,貨幣の定義自体に一片の曖昧さも残らない場合にのみ可能である.その点をケインズもフリードマンも考慮せず,貨幣は定義でき,それを包括的に制御できると想定してしまっている.「貨幣」ないしは準貨幣を創造する機関は政府の他にも数多くあり,そのすべてを政策の名において正確にコントロールすることはできないのである.そして仮に純粋な金貨のみ流通する金本位制などのシステムによって,政府・中央銀行からの貨幣供給のルールが機械的に決められていても,企業間,個人間,金融仲介機関等の信用が"貨幣的"な負債関係を生み出してしまうから,政府がそれをも完全にコントロールすることはできない.それに加えて固定的なルールをまもることの困難さ,そして中央銀行がつねに世論

と政治的圧力の影響にさらされているため,この独立性の仮定自体がすでに現実的ではないことをハイエクは強調する[7]。

以上述べた点は,ハイエクの通貨制度に対する見解を歴史的にたどってみるとさらに明らかになる。彼によるとピール条例以来の金本位制度は,実は金と他の貨幣(とくに預金通貨)からなる混合システムであって,預金による収縮・膨脹があるため貨幣量が「金貨だけが流通しているシステム」のようには変化しない。それだけでなく,ピール条例以降イングランド銀行の役割が大きくなり割引率を公的責任によって上昇させるような金融政策がとられはじめ,中央銀行が政治的圧力のもとにさらされるようになったという(3.4節の「通貨主義と銀行主義」参照)。したがってこのような制度は国内の投資活動と自由な国際資本移動に悪影響を及ぼすだけでなく,「一部準備制度」があるため,自国から他国への貨幣の移動が予想外の信用の大幅な縮小をもたらした。金本位制の本来の目的は「非政治的な貨幣供給」の実現にあったにもかかわらず,歴史上の金本位制はきわめて政治的な操作の道具となったのである。

管理通貨システムも「貨幣的国家主義」(Monetary Nationalism)的な性格をもち,各国の通貨当局が自国の政治に左右される運命にあるとしてハイエクは批判する。中央銀行券の正貨兌換を停止する管理通貨制度は,国内の物価の安定と雇用の維持・増大を目的にしている。こうした管理通貨制の下では,平価の切り下げ等の手段により貨幣が国際政治に左右されてしまう。変動相場制がとられている場合はどうであろうか。ハイエクは変動相場制も実際は物価安定よりも低利政策と結びつきインフレーションをひき起こし,国際資本移動に対しても,不安定化要因になるだけであるという。そして資本輸出の管理も,貿易自体のコントロールを必要とするため,国際的な商取引の自由を奪うことになるという[8]。

ハイエク自身は,以上のような観点から,結局のところ貨幣価値を安定化させる方法は貨幣創出の特権を政府の手から解き放ち,「貨幣を非国有化」することだと提案している[9]。このきわめてラディカルな考えは,政府から貨幣創出の独占権をとりあげ,貨幣信用サービスを私的供給機関による自由競争に委ね

るのが貨幣的な混乱を救う最良の道だと主張する．各国は通貨を自由に取引し，銀行業務も自由に行なう．人々は決済や契約を結ぶ際どの通貨を使用してもよい．私的通貨を発行する銀行の唯一の法的義務は，要求があればその通貨を他の通貨と「発行時に指定した比率で」交換することである．これは貨幣を市場プロセスにもどすことを意味する．各通貨の発行者はその通貨の価値をできるかぎり一定に保とうとするため(貸し出し時に価値上昇が予想される通貨で借りようとする人もいないし，貨幣価値下落の場合は銀行がそのような通貨で貸そうとはしないだろう)，原理的にはインフレを食いとめ通貨を安定化し，不況の原因をつくり出す(とハイエクの考える)市場外の政治的コントロールにさらされた貨幣を，市場秩序の世界にもどしてやることができる．そもそも市場の不安定性自体が貨幣的要因(とくに政治化された)の不安定性に由来していたことを考えると，ハイエクはこの「貨幣の非国有化案」が貨幣自体の安定化に資すること大であると見ている．もっともこのような革新的なアイディアがどれほど混乱なく現実の制度・政策として実現されるか否かは，まだ即断の難しいところと言うべきかもしれない．

　ただし，歴史的にみると，1716年から1845年までのスコットランドの銀行業が，①通貨発行の独占権を持った通貨当局が存在せず，②発券銀行と非発券銀行双方の自由競争があったという点で，ハイエクのイメージに近い世界にあったといわれる．そこでこの間の経緯を検討したL. H. ホワイトの得た結論を参考までに付しておこう[10]．すなわち，①質の悪い銀行券が良い銀行券を駆逐することはないし，紙幣発行の自然独占もおこらない．②偽造や銀行券の種類の増大は重要問題にはならなかった．③各銀行は過剰発行と支払い中止をすることはなかったし，慢性的な準備不足や準備過剰も起こらなかった．以上のことから，ホワイトは最後の貸し手(通貨当局)が必ずしも金融体系に不可欠なものではないことがわかると結論づけている[11]．

3.2 発生についての見解

前節でわかったことは,貨幣の本質の理解,発生についての見解の差が,貨幣の操作可能性に関する理論を大きく左右してきたという点であった.事物や制度の社会的発生を問うことは,つねに社会科学的難問のひとつに数えられる.貨幣もその例外ではない.しかしごく大まかに分けると,貨幣の生成・発展に関する見解も,完全に独立ではないものの三つほどの立場に区別することができる.ひとつは,権力・権威によって,あるいは法律によって生み出されたものだとする説.もうひとつは,交換や経済取引から自然に生まれ出たものであって,多くの商品の中から自然な淘汰のプロセスを経て選び出されたものであるととらえる説.第三は,人間自体の存在と同時に与えられたもので,いわば「原生的なる産物」(ein urwüchsiges Produkt)であって,人間社会における貨幣観念が,物体に至上価値を与えるような呪術力と結びついた制度であるとする説である.これらそれぞれの立場にある論者が,いかなる存在形態の貨幣を念頭において論を立てたかが,その見解の相違に強く反映されているだけでなく,発生や起源を問うこと自体がそもそも「証明」や「論証」を予想してはいないことに留意すべきであろう.

貨幣(ノミスマ)と法制(ノモス)

法制説は貨幣の発生を歴史的に考える説というよりも,何が貨幣を貨幣たらしめているかという貨幣の創出を説明する理論である.そして貨幣片の価値はその自然的素材にあるのではなく,単に名目的なものにすぎないという点に注目する.そして「貨幣は法制の創出物」である点を強調しようとする.こうした考えは,古くはアリストテレスの「貨幣(ノミスマ)は自然によってではなく法律(ノモス)によって発生した」ということばの中にも示されている.これは数多く存在する財の中のある一つが「貨幣性」を獲得するという商品貨幣説(後述)の論理展開に外生的であれ,ひとつの強力な説明力をあたえるものであっ

た．すなわち貨幣が貨幣となりうるためには，交換や商業という要素以外の何ものかが不可欠であることを示唆したのである．もっともこうした考え自体は，中世のアリストテレス学派の人々からは完全な支持をうけなくなる．たとえばトマスは貨幣の人為的性格を強調するアリストテレス的考えとは異なり，一つの自然的事物としての貨幣の存在に注目していた．

　金属価値と名目価値は一致する必要がなく，貨幣を支える本質が「法制」にあるとすれば，「法制」がどのようにして経済社会の中に入りこんだのか，「法制」の形成にどのような根拠があるのか，国家の強制が入れば紙でも実質的価値を持つのではないか，という疑問が生じてくる．この点を吉沢[1981]は次のように解釈している．アリストテレス的な名目貨幣説は，貨幣の価値性を実質的には否定したが，それは商品貨幣説のいう価値性であるにすぎない．すなわち，名目貨幣説は，商品としての「効用」をもつような貨幣の「商品面の価値性」を否定している．しかし未開社会で木片や貝殻が宗教上または呪術上の交換手段と認められていた時，これらは商品上の価値はなかったとしても，「価値」が全くなかったとはいえない．つまり「名目的」に価値をもつ，「名目的」に価値を与えられるということは，やはり価値をもつとも解釈できるのである．しかし，この法制を強調する見解は，貨幣の価値が政府側の意思によって決定されるとするなら，貨幣価値の変動（インフレーションなど）が政府の意思に反しても起こるという点を説明することができない，という弱点をもつ．

交換から生まれる商品貨幣

　貨幣論の概説書を繙くと，物々交換から貨幣を媒介とする交換へ，そして信用売買へという図式を示した後，貨幣は交換から生成したと説明されていることがある．これは，市場における貨幣の起源を，財を売買する独立の経済主体から構成しようとするもので，マルクスやメンガーの所説にその典型を見いだすことができる．この考えの中には，貨幣はあらゆる経済社会の中に存在するものではなく，貨幣をもたない社会もあれば，立法活動なしに貨幣をもつ社会もある（この点で先の名目貨幣説とは異なる）という事実認識に拠っている．こ

の見解の中でもっとも精緻に展開されたものと考えられるメンガーの理論をまず紹介しておこう[12]．

　まず独立の諸個人が互いに交換取引によって結びつけられた経済を考える．個々人はおのおのの経済的利益にもとづいて交換取引をしたりしなかったりする．そしてこの経済社会の中に存在する多種多数の財貨の市場性，販売可能度（Absatzfähigkeit）の相違に注目する．多くの人からいつでも欲せられる財はこの販売可能度が高いが，特殊なときに特殊な人からのみ欲せられるものはそれが低いと考える．販売可能度の低い財しか持ち合わせないものは，交換取引での困難を少なくするために，販売可能度の高い財をいったん迂回して持ち，次いで自分の必要とする財貨に到達した方が，最終目的に到達しやすくなる．こうしたうごきによって，元来販売可能度が高かった財は，ますますその度合いを高めていくことになる．それはこの「迂回」的方法の有効性・効率性が発見された後は，同じ方法が学習され模倣されて社会の中に広がって行くからである．そしてもっとも市場性のある財貨が，すべての経済活動に携わる個人から購買される商品となる．これが貨幣である．つまり「一般的に使用される交換手段」が貨幣の本質的定義になる．このようなメンガーの議論は，方法論的な厳密さにもかかわらず，問題点なしとはしない．とくに「一般的に承認された交換手段」という規定について問題とされなければならない．この「一般的」と表現される性格が，相対的に高度な「市場性」を有するがゆえに「一般的」に承認されていくのか，その財が「一般的な欲望の対象」となっているから絶対的市場性をもつのか，については判然としない．

　また，販売可能度の相対的に高い財が，その高さゆえにヨリ販売可能度を高めて，ついに一般的（絶対的）な市場性を獲得するということはありうるか．言いかえれば自己にとっては直接の使用対象ではないもので，他人の欲望対象になるものを手に入れるということはどういう場合（迂回のコストがどれほどのとき）起りうるのだろうか．そもそも自己の欲望対象にないものが，市場全体として強く欲せられているということがなぜわかるのであろうか．このような問に対して吉沢[1981]は，「販売可能度」という概念は一般的な交換手段のもと

で存在しうるもので，その概念自体すでに貨幣を含意している，と指摘している．そして財それぞれに「市場性」の度合いを前提することは，その生成を説明すべき「貨幣」を前提することに等しい．同種の「結論先取の誤り」は，マルクスの「価値形態論」にもみられると吉沢は言う．

またこのようなメンガーの説と同じ系統に属するものとして，選ばれた貨幣としての財が装飾品であることを指摘する説もある．すなわち，装飾品が罰金や貢租の支払い，贈答などに用いられることが多いという事実から，それが交換手段となり，支払い手段となったとみるのである．最も価値の高い装飾品の中でも，「精霊を宿している」とみられる集合表象が，贈与，返礼という交換の形式を生み出すという点に注目するのが次にみる M. モースの説である．

贈与から貨幣へ

交換や貨幣が最大化や効率化を行なうために生まれてきたと考えるのが，メンガーの商品貨幣論であった．しかしこの関係は逆転してとらえることもできる．すなわち貨幣が(あるから)最大化や効率化を生み出したと考えるのである．動機が交換に先行して，交換行為が生まれるのではなく，(現実の交換には何らかの動機が絡まるとしても)交換はその動機に先行する形式だとみる．労働とその生産物の交換が生物的生命維持の欲求からだけでなく，別の何らかの観念や目的から遂行されるとすれば，自らの中に「余分性」といったものを含みもつ．吉沢[1981]は，交換が純粋に「余分性」を持つためには，交換をひき起こす「観念」も純粋に「余分性」を持たねばならないという．そしてこの「余分性」の具象化されたもの(すなわち象徴)が貨幣ということになる．

このような見方は，交換の原型が「貨幣」の贈与にあり，「貨幣」が贈与され流通することによって，人間の物質代謝である経済が組織され，体系化される，というモースの『贈与論』の流れの中にあると考えられる[13]．それは簡単に言えば，貨幣観念共有の確認行為こそが交換であるということにつきる．このような見解は主として人類学の分野での調査から生まれたものであり，もっともドラマティックなのは，マリノフスキーの観察したトロブリアンド諸島の「ク

ラ交易」につかわれる財宝(ヴァイグァ)のシンボルとしての役割であろう．ヴァイグァは，交換のための媒介物や価値尺度として使用されることはないが（それゆえにマリノフスキー自身はこれを貨幣とはみなさなかった），贈与を一方的な財の移動としてではなく，贈答・互酬，そして交換へという形式でとらえうる可能性を最も端的に示しているとも考えられる．

　このような解釈にもそれぞれ微妙な差が存在する．モースは「理論上は自発的で無私であるが，実際は義務的で利害のからんだ」交換の原理を，贈り物の中に宿っている「ハウ」や「マナ」と呼ばれる精霊の中に求めた．それは贈り物の中に宿り，贈り物を与えない人間，受けとらない人間，返礼しない人間に危害を加え，時には殺害しかねない力をもっているもので，モースは，この「ハウ」や「マナ」という観念を共有することに，交換関係の構成原理を見いだしていた．しかしレヴィ＝ストロースはこうしたモースのアプローチを社会科学の新時代を画するものとしながらも，「ハウ(やマナ)が交換の終局的理由ではない」と言っている．こうした力は，交換される財の物理的特性としては実在しないからだ．彼にとって交換とは，与えること，受けとること，返礼すること，という三つの義務から，感情的，神秘的に構成されたものではなく，人間が生きている社会そのものであり，「シンボル的思考に対して，またそれによって，直接的に与えられる総合」なのである．つまり，「交換という関係は，交換される物に先立って与えられているのであって，それらの物品とは無関係」であるという．このような(レヴィ＝ストロースの)立場に身をおくと，交換体系と貨幣の時間的・論理的前後関係が問題になることは避けられない[14]．

　この節で要約した貨幣の発生や本質に関する理論は，いずれも経済の実物量は貨幣的要因によって支配される性質のものではないと見たり，独立なものとみなしており，貨幣の本質を見る目もそうした経済の機能的側面に注がれてはいなかった．強いていえば購買力の安定性という点のみが経済学的な関心としてとりあげられていたといえる．実物経済体系と貨幣の機能的側面については，数量説をめぐる諸見解を理解することが必要なので，次節でこの問題をとりあ

げることにしよう．

3.3 数量説とケインズ

　1933年のロンドン世界経済会議で，関税休戦を含めた貿易制限撤廃を討議しようとした時，ケインズは「国際流動性」が同時に確保されない限り，貿易自由化のみを主張しても無効であろうという主張をした．この考えは，有効需要の生成をさまたげているのは「流動性の欠如」であり，貨幣供給を適当に増加することは雇用・産出量の増大にとってはきわめて重要である点を指摘したものである．この主張は「貨幣は経済全体にとって単なるヴェールであり，貨幣量の多寡は絶対価格水準を左右するだけで経済の実物量には影響を与えない」とする古典派的貨幣数量説とは基本的にその立場を異にするものであった．ケインズはこうした観点から，国際経済における流動性を増すためにも，国際金券(International Gold Note)の発行が重要だと提案する．国際収支上の困難が存在する限り，そして国際流動性を保証しない限り，貿易自由化のみを促進しても効果はなく，結局保護主義的政策のほうが望ましいとみていたのである．彼は国内経済に関しても，遊休資源が存在すれば通貨量の増加は投資や消費を拡大し，それが貨幣需要をふやすため，必ずしも貨幣価値の低下（インフレーション）をもたらさないと見ていた．
　このような「貨幣の実物経済への影響力」を強調する見解は，17世紀後半のペティや18世紀の初頭のJ.ローにおいてもすでに見られる．スコットランドの経済開発に関するローの献策のポイントも，この「貨幣の力」すなわち「貨幣の実物経済への非中立性」を重視する経済政策であったといえる．このローの政策について簡単にふり返っておこう[15]．

ジョン・ローのシステム
　18世紀初頭のスコットランドは，ウィリアム・パターソンの中米植民地建設計画(Darien Scheme)の失敗や凶作もあってひどい不況に苦しんでいた．その

打開策として，1705年頃十指に余る政策提言が議会に提出された．そしてそのほとんどは，共通の認識として，現下の不況の原因は貨幣量の不足にあると見ていた．この直観をもっとも斬新な形で理論化したのがジョン・ローである．彼の理論を整理・要約すれば次のようになる．

(1) 財の価値は需要と供給で決まるが，貨幣もその例外ではない．

(2) 分析の出発点として，遊休の生産要素の膨大な量が存在する不均衡を想定する．

(3) 投資貸出しとして発券銀行から出された紙幣によって貨幣供給量が増加すると，雇用と生産が刺激され，したがって貨幣需要も比例的に上昇し，貨幣価値は安定化へ向かう．

(4) 土地を担保とする紙幣発行は，輸送・貯蔵・計算などの点で金属貨幣にまさる．それは価値を損なうことなく分割可能である一方，金属貨幣同様の押印(stamp)をうけることができる．

(5) 加えるに，紙幣は金属貨幣と異なり，その供給が完全に弾力的である．

(6) 国際収支悪化の効果をくいとめることができる．なぜなら，いま海外からの財需要が完全に非弾力的であるとすれば，貨幣価値の低下(debasement)や金属貨幣の増加は輸入を増加させ，国際収支の悪化によって貴金属を流出させる．しかし紙幣制度の導入はこのような事態を招かない．

このようなローの献策はスコットランドではうけいれられず，10年後(1716年)のフランスにおいて実現した．当時のフランスはルイ十四世(1715年死去)のヨーロッパ支配をめざす四度の対外戦争で，国力は疲弊し，王政は巨額の負債をかかえ込んでおり，公債を減少させるというローのプログラムが一般に強力にアピールしたのは当然であった．すなわち，銀行の発行した紙幣をインド会社が引き受けこれを国家に貸す．それで公債を償還する一方，インド会社は増資新株で流出した紙幣を吸収しようとしたからである．フランスにわたったローは，私営の中央銀行(Banque Générale)設立に関する免許状を得ることに成功し，ここにいわゆるジョン・ローのシステムがスタートする．このシステムがどう作動し，約3年後にどのような経緯で潰滅したかを簡単にふりかえっ

ておくと次のようになる．

　ローのシステムによってフランスの失業は減少し，資本設備はフル回転しはじめた．公私双方の負債は返済され，ローのミシシッピー・バブルスのあったルイジアナの人口は実に10倍にも達する．パリでも建築・土木工事が相次ぎ，多くの技能工と技師が国外から還流してきた．税制も簡略化され，税負担も軽減された．しかし，インフレーションは不可避であった．このブームの間，物価はパリやボルドーでは倍増し，債権者，年金受領者は非常な生活苦に悩まされ，インフレによる実質賃金の低下もはなはだしかったといわれている．

　このようなインフレの中で，インド会社等で莫大な利益を得た人々が，それら利益を貴金属に換えはじめ，それを退蔵したり国外へ持ちだすという現象が発生する．銀行からの正貨のはげしい流出が起こり，多くの銀が銀細工の対象となったと記録されている．そのためフランス国内には，著しい正貨不足が起こり，結局紙幣の価値引き下げの勅令が出される．この勅令に対し，パリでは暴動が起こり，軍隊が出動するほどの騒ぎとなり，ローは苦難にみちた逃亡生活を強いられる．ここに「フランスを狂喜させ，失望させ，激怒させた」ジョン・ローのシステムは終焉するに至る[16]．

　ローの本来の考え方の基本は，「一国全体における貨幣支出の増大は，永続的な繁栄と完全雇用を保障する」というところにある．「貨幣の増加が，現在失業している者を雇用し，現在雇われている者をいっそう有利にするに違いないから，その結果として生産物は増加し，工業は改善するであろう．もしこの国の消費が現在のままであるならば，輸出は増大し，国際収支の差額はわが国に支払われるであろう．そして為替はこの差額に依存するのであるから，当地の紙幣は外国の多額の銀貨と等しくなるであろう」(Law [1705])という彼の論理が端的にそれを表わしている．

　経済学における貨幣理論は，このような「貨幣の力」(非中立性)，とくに貨幣の経済発展の推進力を信じる貨幣観と，それに対立する考え方(たとえばヒュームに代表される数量説)の相克の歴史であったといっても過言ではない(もちろん数量説の中でも，貨幣量の増加の実物経済への短期的影響を認めるものも

あるし，認めないものもあり，立場はさらに細かく分かれる）．ローと対立し追放された R. カンティオンはその点で最初の数量主義者であったといってもよい．彼は貨幣供給の増加の原因を区別したあと（貴金属の採掘，貿易黒字，外国からの旅行者の消費など），それぞれが賃金，地代，支出，物価に与える効果を分析した．彼の結論は，ローとは反対に，貨幣増加は名目の費用・価格を上昇させ，貴金属を外国へ流出させる，逆に価格下落は外国から貴金属を流入させるというものであった．これはまさしくヒュームの数量説と同じ推論であるといえる[17]．ローと同時代の重商主義者の著作家たちも，この「貨幣の力」を信じていたことには変わりはなかった．しかし，ローの理論には重商主義者たちと異なる重要な論点が含まれていた．ローは，当時希少であった金銀の代わりに，銀行紙幣の形の貨幣をつくる主体としての「中央銀行」を構想していたということである．

ケインズの世界

ローの理論の前提が「遊休の生産要素の膨大な量が存在する」という状況であった点は留意すべきであろう．実はこの点はケインズの数量説批判にも明瞭にあらわれている．ケインズは数量説の式自体を否定したわけではなく，「過少雇用均衡」のもとでは，流通速度 V や，マーシャルの k は極度に不安定になり，貨幣所得や貨幣ストックに起こった独立的な変化に対し実物経済は受動的に調整するように動くことに注目した．したがってそのような状況では，古典的数量説が想定したような「流通速度一定」の仮定は成り立たないから，数量説の方程式は政策的にも予測のためにも役には立たない．ケインズは独自の理論展開から，貨幣需要を，M_1，すなわち取引や予備的動機をみたすために保有される貨幣と，M_2，すなわち投機的動機をみたすために保有される貨幣の二つに分割しうると想定した．そして M_1 は所得のかなり安定的な比例定数をなすこと，M_2 は利子率の将来の動きが不確実であるゆえに保有されるから，それは現行利子率と将来の期待利子率との関係に依存すると考えた．ここにおいてケインズの分析は，将来利子率に関する期待に重要な役割を与え，とくにその

貨幣需要に対する効果に注目したという点で従来の数量説論者と立場を異にする．とくに「過少雇用均衡」時にみとめられる低い利子率での流動性選好関数を経験的にどう特定化するかという点に関する見方は重要である．ケインズは，利子率が十分に低下してしまうと，貨幣と債券の代替性が高まり流動性選好は"絶対的"になるとみる．このような状況では，もし貨幣量が増加すると，貨幣所有者はその追加的貨幣残高を債券にかえようとするかもしれない[18]．しかしそのような動きが出ると，債券の収益率は低下するであろう．債券の収益率が少しでも下がれば，貨幣保有者は，貨幣を債券にかえることを思いとどまるはずである．その結果人々は，増加した貨幣をすすんで保有することになる．こうしてマーシャルの k は高くなり，流通速度 V は低下する．貨幣量が減少するケースは全く逆の結論になることは言うまでもない[19]．

このような"絶対的"流動性選好の状態では，仮に何らかの理由で貨幣所得に増減が起こって M_1 が変化しても，それは M_2 の増減によって吸収されるから他に追加的な変化は起こらない．このようなケースは，現実にはその例の発見しにくい「極限のケース」と考えられるが，ケインズ理論の追従者たちは，流動性選好が"絶対的"でない時も，貨幣量の変化は債券利回りを動かすだけでそれ以上の変化は起こさないと見た．消費支出も投資も利子に非弾力的であれば，M の変化は V の変化(反対の補整的変化)によって打ち消されるため，物価も実質所得もかえないと考えたのである．このような場合は，金融政策は無効になってしまう．

このようにケインズの流動性選好理論は(とくにいわゆるポスト・ケインジアンの理論)，貨幣に対して代替的でありうるのは債券だけであり，実物資産は貨幣と代替的ではありえないという点がポイントであった．もっとも，ケインズは代替債券の名のもとに，株式をふくむ債券一般を考えており，株式と結びついた実物資産が考慮に入っていたと言うこともできる．そして現代のケインジアン(トービン，メッツラー，宇沢など)も実物資産と貨幣との代替を考慮することによって数量説の論理的矛盾を突こうとしていると考えられる．そして数量説とケインズ理論を分かつものは，流通速度が，貨幣量の変化に対して反

対方向に変動するきわめて不安定で予測しがたい乗数であるかどうか，という点にかかってくるものとも言える[20]．

　フリードマンの見解は，貨幣の流通速度が可変であることに留意しながら数量説を支持するものであるが，彼が自説を支持しうる証拠としてあげている事例について最後にふれておこう．第二次大戦後，投資刺激のため利子率を低くおさえるケインジアンのイージーマネー・ポリシーを採用した国が多かった．しかし結果は，戦後のインフレに拍車をかけただけであり，政府が意識的に貨幣ストックの増加を抑制してはじめて，こうしたインフレに歯どめがかけられたのである(1947年8月のイタリア，1948年6月のドイツ，1951年3月の米国，1951年11月の英国など)．もっとも戦後のハイパー・インフレーションは，信用体系が崩壊した時期に起こったものであり，そこでは貨幣が財を直接(すなわち信用手段を経ずに)追いかけるという現象が生じたためという側面もある．そのような時期に数量説が妥当するのはある意味でも当然と考えられる．ケインズの念頭にあったのは，ポートフォリオを構成する他の信用手段が存在する世界であったから，そこで描かれた世界も数量説のそれとは基本的に異なっていたのである[21]．

3.4　金属貨幣と紙幣

　貨幣が金属の形をとるべきか紙でもよいか，という選択が政策問題として集中的に議論されるようになったのは，ヨーロッパではナポレオン戦争後においてであった．貨幣と信用の問題が，経済体系の安定性の問題として経済理論家たちによってとりあげられはじめたのである．もちろん紙幣自体は，先にもふれたように中国においては宋の時代から，ヨーロッパははるかに遅れたものの，18世紀前半にすでに多少流通しはじめている．ヨーロッパにおいて，この紙幣か金属貨幣かという問題を，最も早い時期に理論的なレベルでとりあげた者としてヒュームの名を挙げなければならない．ヒュームは"Of Money"(貨幣について)や"Of the Balance of Trade"(貿易収支について)と題するエッセーの

中で，銀行が発行する紙幣，あるいは個人間信用(paper credit)がいかに便利なものであるかは認めるものの，それをある限度以上(たとえば労働と生産物の量を考慮せず)に増加すると，商人や工業者だけでなく一国全体にとっても非常な不利益になることを指摘している．紙幣の流通が貨幣価値を下落させ社会体系全体に不安定性をもたらすため，紙幣の貴金属への兌換性が保証される必要があることをヒュームは力説したのである．この点は先にふれた J. ローの事件がひとつの歴史的実験となっており，ヒュームの説は十分に実証的であったことがわかる．

スミスの説明

このような金属貨幣と紙幣(銀行券)の代替関係に関する見方は，スミスによっても言及されている[22]．スミスの説明を少しフォローしてみよう．人が一般に貨幣という場合「貨幣を構成する金属片の額」をあらわす場合と，「貨幣と交換に入手できる財貨」をあらわす場合がある．個人についていえば，彼の実質上の収入の多寡は，彼がうけとる貨幣という金属片の額と消費可能な財貨との合計ではなく，後者によって表現されるのが適切である．同様にある社会に流通している金属片の額が，その社会全員の収入に等しいということはないのである．したがって，「流通の大車輪であり商業の偉大な用具」である貨幣は，資本の一部ではあるけれども，社会の収入のどんな部分をもなすものではないことを，スミスはまず強調したのである．

このような貨幣として，金銀の代わりに紙券を使用するということは何を意味するのであろうか．スミスは，ある特定の銀行業者の財産，誠実さ，慎重さに対する信頼が十全であれば，その銀行券は，金銀貨幣と同じ通用性をもつと考える(この当時は兌換銀行券であった)．こうした金属貨幣と紙幣との代替性によって何が起こるのだろうか．それによって，全流動資本が供給できる材料，道具，生活資料の量は，それらを購買するのにいつも用いられていた金銀の全価値だけ増加することになる．

ところが，ある銀行業企業がその国の流通界では使用しきれないほどの兌換

紙幣を発行したとすると，その銀行は金庫に保有する金銀の量を超過発行分以上に増加させて，その還流に対して準備をしておかなければならない．スミスの例では，イングランド銀行は，あまりに多量の紙幣を発行したため，多量の金貨を(政府の経費負担でもって)鋳造することを余儀なくされたことがあげられている．スコットランド銀行についても同様である．このような銀行券の過剰発行は，商人や企業家の過大取引にもとづくものであった．

しかしこのような事態に対し，ナポレオン戦争中の兌換停止とそれによる不換紙幣の流通はきわめて紙幣問題を深刻なものにした．不換紙幣の増発は激しいインフレーションと，為替相場の下落をイギリスにもたらしたからである．このような状況で古典派経済学者が一様にとった態度は，不換紙幣そのものに対する不信から，不換紙幣を基礎とする通貨制度に反対するというものであった．すなわち，金属本位よりも適切な通貨制度が存在するとは考えられないという主張である．リカードとても同様な考えであり，金属本位よりも安定的な通貨システムはつくり出せないと述べている[23]．

金属本位への復帰の仕方

それでは，金属本位にはどのようにして復帰すればよかったのだろうか．どのようなレートで復帰すればよいのであろうか．この点について，今とりあつかっている19世紀初頭のイギリスと100年後のイギリスおよび昭和恐慌後の日本をとりあげてみたい．まず前者の例からみていこう．イギリスがナポレオン戦争中に兌換を停止して以来，インフレが進行したことは先に述べた．そこで旧平価で金属本位に復帰することは，かなりのデフレ効果を伴うことを覚悟しなければならなかった．リカード自身が，金属本位へどう復帰すればよいと考えていたかは不明であるが，結局旧平価での復帰を支持するような結果に終る．内外の貨幣価値の差が大きいときに，旧レートで交換性回復をすると，デフレショックが大きいということにリカードも気づいていたのではあるが[24]．

同様の例は昭和恐慌後の日本の政策論争の中にも見いだすことができる．日本は第一次大戦中の輸出景気で，債務国から債権国に一挙に転身した．しかし

世界各国が第一次大戦中に金本位を離脱した(金輸出を禁止した)ので，日本も自国の金だけが外国に流出することを恐れ，外国にならって金本位制を大正6年(1917)に停止したのである．その後政治的な不安定や大正9年の恐慌，輸入超過の継続などのために金本位制復帰を実行する機会をとらえきれずにいた．金輸出が禁止されているから，為替相場も低下するという状態がつづいた．このような状況下で，各国は金本位復帰を実現して行く．戦争中にインフレが進んだ国は，平価の切り下げを行なって金本位に復帰した．ドイツ，イタリア，フランスなどである．これに対して第一次大戦前と同じ平価で金解禁を行なったのはイギリスと日本であった．

日本では，昭和5年(1930)に金解禁が実施されるまでに実に多くの議論が存在した[25]．それは，旧平価解禁論(武藤山治・井上準之助)，新平価解禁論(石橋湛山)，金解禁反対論(金子直吉)の三つに分けることができる．様々の紆余曲折の後，井上蔵相の判断で日本は旧平価で金解禁に乗り出したのである．ところが実際には，金解禁を行なうとただちに金の流出がはじまり，半年で予想の倍近い額に達した．それは，内外の銀行が在外正貨の売却を日銀に依頼してきたことが大きく影響していたためである．すなわち，金解禁前に(低い為替相場のときに)ドルを売っておき，解禁後の高い相場でドルに戻すという操作が行なわれたのである．こうした投機による在外正貨や金の流出以外にも，この時期に為替相場が安定したことによる輸入増加もこの金流出に一役買っていたことは否定できない．こうしたデフレ傾向が，世界恐慌とシンクロナイズして，日本経済を大きくスローダウンさせたことは周知の通りである．こうした経済政策が同様な帰結をもたらしたのは，同じく旧平価で金本位に復帰したイギリスである．19世紀20年代と20世紀20年代とでイギリスは二度同じ失敗をおかしたことになる．

1844年英国に金本位制が確立してからは，金属貨幣と紙幣という論争は一応終ったかに見えたが，金属貨幣本位特有の「流動性不足」の問題が発生してきた．金の供給は，先にも述べたように金鉱の発見や金属の合成精錬技術にも依存するため自ずと限界がでてくる．それに対して経済取引は増大するため，供

給が需要に追いつかなくなってきたのである．これは確実にデフレ効果をもたらす一方，銀が相対的に（金に比べ）価値下落をひきおこしていたこともあって，金本位制は世界全体の共通の趨勢となっていった．しかし，金の絶対的不足と金本位制の維持自体のもつデフレ効果は如何ともしがたく，「金本位制」によって人間の経済生活自体が拘束されていることが強く意識されはじめた．ここで生まれたのが複本位制というアイディアであったが，青化法等の開発をはじめとして金の採掘や精錬に関する知識・技術の進歩により，物価も上昇し，金本位制自体は第一次大戦まで持ちこたえることができたのであった．

通貨主義と銀行主義

ところで金属貨幣は，その貴金属の供給量（あるいは存在量）によって自動的にその量が限定されるが，紙幣のような代用物の場合信用規制の問題が発生してくる．国内での所得や物価の上昇，あるいは国内における金融難に対して供給量をどう調整して行けばよいのか，という技術的な問題が必ず発生する．しかしこのような信用規制の問題が論じはじめられた当初は，金融危機を回避するためには，銀行券の金への兌換を義務づけるだけで十分とされていた．すなわち，銀行券の発券自体を規制する必要はないとされていたのである．しかしナポレオン戦争が終結し兌換性が回復してから，金流出を伴うような事態が何度も発生した（先に述べた日本の旧平価金解禁も同様な現象を生んだ）．1825年の恐慌の後，通貨問題の論争は第二段階に入ったといえる．そしてこの点に関して二つの学派が形成された[26]．第一は，通貨学派と呼ばれる人々で，兌換義務だけでは不十分であるとし，スコットランドやアイルランド銀行の発券をも制限し，イングランド銀行には百パーセントの金準備をすべきであると主張した．これに属する人として（リカード，マルサス，キング卿などの地金主義者 bullionist を表面的に継承する），オーバーストーン（S. J. ロイド），G. W. ノーマン，あるいはトレンズなどがあげられる．彼らは金準備をルール化することによって，貨幣供給は金属貨幣の時と同様にコントロールでき，兌換性も保証されうると考えていたのである．すなわち，金保有量が増加すると銀行券が増

発されるがこれによって物価が上昇し，輸出減・輸入増になり為替相場が下落する．すると金が流出し，金保有量が減少するという金本位制の自動調整メカニズムが働き物価は安定するという論理である．

　もう一つの学派はトゥーク，フラートン，ウィルソンなどの銀行学派であり，地金論争(1810-11年)の折りの反地金派(大蔵省のヴァンシッタートや南海会社のボーザンケトあるいはイングランド銀行理事など)を継承したといわれる人々である．彼らは金の流入は退蔵などの理由で必ずしも銀行券増発にはつながらないし，物価上昇をひきおこすとも限らないと主張する．したがって通貨学派のような銀行券の発行規制は不可能なだけでなく，かえって銀行が危機に対処する力を妨げるというものであった．つまり銀行システム自体が，経済全体の銀行券需要の最良の判定者であると考える．したがってイングランド銀行が十分に準備をふやし，より裁量的な貸出政策をとれば，兌換義務だけで十分であると見ていたのである．

　この論争は多くの転換点を経ながらも，結局，通貨学派の勝利で終る．事実1844年の(ピール)銀行条例では，少量の無準備発行はみとめるものの，基本的には銀行券と金準備の間に一対一の対応づけを行なうという方針が打ち出された．その背景にはロシア，オーストラリア，カリフォルニアにおける金産出量の増大(いわゆるゴールド・ラッシュ)があったことは見逃せない．トゥークやフラートンらの銀行学派は，兌換券の過剰発行はありえないという立場にたっており，物価が通貨量によって決まるのではなく，通貨量が物価によって決まると見ていた．通貨学派の主張にも問題がないわけではない．トレンズを除いて，通貨学派の人々は一様に銀行預金を通貨とは考えておらず，銀行預金が彼らの規制の対象から抜け落ちていたのである．銀行による貸出が，実は信用創造という，広い意味での貨幣供給の増加を意味している点を見落していたのは，物価や産出量と貨幣量の関係を考察するためには重大な誤りとなったことは言うまでもない．預金通貨が兌換可能であれば，銀行券だけが完全準備でカバーされていても，信用の拡大・膨脹に歯止めをかけることはできないからである．

　事実，ピール銀行条例が実施されてからも，イングランド銀行の準備金はき

わめて低くなり，恐慌もくり返し発生し，兌換はしばしば延長されざるを得ないというような事態が起こった．このような経験を繰り返した後，イングランド銀行の「資金の最後の貸手」(lender of last resort) としての独自性が明確に認識されるようになった．パニック時に，正貨の集中的保有がおこれば，イングランド銀行が，「資金の最後の貸手」として自由に貸出を増やすことによって取付を防ぐという機能である．これは正に中央銀行に期待される信用体系の究極的な安定性の要請であった．

このような通貨主義と銀行主義の論争は，近年のマネタリズムとケインズ主義の論争，およびオーストリア学派の貨幣供給の操作不可能性の問題と性格を一にしているということができよう．

付論　利子の歴史

古　代

アリストテレスが『政治学』の中で，「貨幣は交換のために作られたものであるが，利子は貨幣を一層多くするものだから，これは取財術のうちで実は最も自然に反したものである」と述べていることはよく知られている．「利子」(tokos) という名は，元来人間あるいは動物の生んだ子どもを意味した．これが貨幣の貸借にともなって授受されるプレミアムを意味するために使われたのは，「生まれたものそれ自らが生んだものに似ているから」であり，「利子は貨幣の子たる貨幣として生まれる」ととらえられていたからである．

こうしたアリストテレスの言葉には，彼の取財術 (krematistics) に関する見解があらわれている．彼は一国において欠けているものを輸入し，余分に持っているものを輸出することによって，相互扶助が国と国との間で行なわれるようになったとき，必然的に貨幣（ノミスマ）の使用が工夫されるに至ったと考えている．そして貨幣が案出されると，やがて必要やむを得ざる交換から，別の性格をもった取財術が生じてきた．彼はそれを「商人的」なものと呼んでいる．

この商人的な取財術は，はじめは簡単なものであったと推測されるが，後に人が経験を重ねて行き，「どこから」また「いかなる」交換によって最大の利益をあげえるかということを知るにつれ，ますます技術的なものになる．もう一種の取財術は「家政術」の一部であり，必要かくべからざるもので，賞讃せらるべきものであるが[27]，「商人術」は交換的なもので，非難せられて然るべきものだとアリストテレスは考えていたのである．したがって，彼にとって「憎んで最も当然」なのは，高利貸しであり，それは「彼の財が貨幣そのものから得られるのであって，貨幣がそのことのために作られた当のもの（交換の過程）」から得られるものではないからである[28]．

このような利子に対する批判的な見方は，古代ギリシア独自のものではなく，ユダヤ社会にも古くから存在していた．それらを示唆する章句を少し拾ってみよう．「あなたが，共におるわたしの民の貧しい者に金を貸す時は，これに対して金貸しのようになってはならない．これから利子をとってはならない」（『出エジプト記』22ノ25），「あなたの兄弟が落ちぶれ，暮して行けない時は，彼を助け，……彼から利子も利息も取ってはならない」（『レヴィ記』25ノ35-36），「兄弟に利息を取って貸してはならない．金銭の利息，食物の利息などすべて貸して利息のつく物の利息を取ってはならない．外国人には利息を取って貸してもよい．ただ兄弟には利息を取って貸してはならない」（『申命記』23ノ19-20）．このような旧約聖書からの引用でわかることは，貧しい人間への貸与，兄弟間（共同体内）での貸借に際しての利子授受が明白に禁止されており，それらの金銭貸借はどう見ても投資のための貸金ではなく，明らかに消費の不足分を補うための「消費貸借」が念頭にあるということである．

それでは古代ローマのすべての公・私法の源であるといわれる「十二表法」はどうであろうか．これは紀元前5世紀中葉に民会において正式に制定されたものであるが，当時の貴族と平民との身分闘争の産物として生まれたものであり，新法規を定立したというよりも，古くからの慣習によって裏打ちされた規則を集成したという性格が強い法といわれる．したがってこの文言からは，それ以前のローマ社会の慣行が読み取れるとも言われている．この「十二表法」

では、利子は最高を月に12分の1と決められていた。共和制の末期になって貨幣が多く流通しはじめると、原則として利率は年12パーセントとなった。後のユスティニアヌス法典では、キリスト教思想の影響をうけたためか、通常年6パーセントに引き下げられている。いずれにせよ、ローマ社会では、元来、高利は規制されていたが、利子授受自体は禁止されていなかったのである。

しかし、高利がローマで常に大きな社会問題となっていたことは、タキトゥスの『年代記』にもふれられている[29]。イタリア本土内での金融貸付と土地所有に関して、一定の制限を命じた法が古くから存在するものの、完全に無視され、利息は金持の勝手放題に決められていたという。そこに先にふれた「十二表法」が制定されるわけであるが、その後も紀元前4世紀ごろは護民官の提案で、元金の24分の1まで下げられたり、一切の貸付が禁止されるまでに至る（B.C. 342?）。しかしこの法律で告発された人々が大勢あらわれたので、元老院の審理に付託しようとしたところ、元老院議員でこの罪を犯していない者は一人もいないということまで判明してしまった、と『年代記』に記されている。結局各人は猶予期間を与えられ、法律の規定に従い、財産会計を調整するように命じられた。当時の議員は金貸しか、地主が大半であったからである。

このようにタキトゥスは、ゲルマニアとくらべつつ、ローマ社会に対して強烈な非難をあびせていたと見られる。とくにローマでは、「利息のなかへも利率をかける」という複利の方法があり、このような方法はゲルマン人に知られていないこと、その結果、ゲルマン人は利子が「禁止された場合より、よりよくその煩いをまぬかれている」とタキトゥスは述べている[30]。

中　世

中世のキリスト教の教会法では、利子授受禁止の原則を明文化し、教会法学者が利子徴収を禁ずる学説を展開していた。もちろんこの事実は、古代社会の場合同様、中世の経済社会において実際に利子の授受が行なわれていなかったことを意味するものではない。私法上の公正を取り決めていた市民法が、貸借に際しての利子徴収を許容していたことからも明らかである。したがって中世

社会における利子問題は，理論と実際の乖離をいかに説明しつくすかという一大問題を中世の社会理論の中に持ちこんでいたのである．

　このような教会法による利子授受の原則的禁止は，ユダヤ・キリスト教的伝統からみても基本的には理解可能であるが，この教会法の中に経済政策論的企図を読みとる経済学者がいたことも興味深い．利子率を社会的に低水準におさえ，それによって資本の限界効率表の引き上げが行なわれたという点で，中世の高利禁止令に高い評価を与えたのはアダム・スミスと J. M. ケインズである．

　スミスは，貨幣利子の禁止は「高利の害悪」を防止するどころかむしろそれを助長するものであるから，貨幣の使用に対して，どこでもいくらかのものが支払われるべきであることをまず認める．利子の徴収がゆるされている国では，法律が一般に(高利の強要を防止するために)刑罰にふれないで徴収しうる最高限の率を定めている．この法定率が最低の市場率(この場合スミスが考えたのは，最も確実な担保を提供できる人々が貨幣の使用にたいしてふつう支払う価格)より少し高めでなければならないのは，逆に低めであると利子を全面的に禁止する場合と同じ効果が現われる．すなわち貸付の供給が減少し，超過需要のため融通を受けられなかったものは，不本意ながら法外な高利貸しにたよらざるをえなくなるからである[31]．

　スミスが強調するのは，法定利子率は，最低の市場利子率を少し上まわることが重要であるが，それを大きく上まわってはならないという点である．もし法定利子率が高く定められたならば，貸し付けられるはずであった貨幣の大部分は，「浪費家」や「投機的企業家」に貸し付けられるようなことになる．というのは，高い利子をすすんで支払うのは，こういった人々だからである．そのような傾向がうまれれば，「一国の資本の大部分は利益をめざしてそれを有利に使用する見込みが最も多い人たちの手をはなれ，資本を浪費し破壊する見込みが最も多い人たちの手に渡ってしまう」とスミスは述べている．この利子率について法的制限を設けるべしという考えはベンサムによって反撃をうけた[32]．ベンサムは，政府は「投機的企業家」に対して便益を与えることに全力を尽すべきであるから，利子率に手をつけることは好ましくないと主張したのである．

一方ケインズも,『一般理論』において, 過度の流動性選好による投資誘因の破壊が, 古代および中世における「顕著な害悪」であり, その時代の富の成長を阻害する主要な原因であったことを指摘している[33]. この点に関して,「利子率は社会的利益に適した水準に自然調整されず, つねに不当に高くなるので, 政府は法律や慣習だけでなく, 道徳律による制裁に訴えてもそれを抑制しなければならない」というケインズの考えが, 中世教会の利子徴収に対する態度と(少なくとも結果的に)合致したわけである. ケインズはさらに,「貨幣貸与に対する報酬を, 積極的な投資への報酬から区別しようとする中世的狡猾さに満ちた議論が, 実は古典派理論によって解き難いほどにまで混同させられたもの——すなわち利子率と資本の限界効率——を明確に区別しようとする忠実な知的努力であったことを論理づけ, 中世の教会法学者たちの議論は, 利子率を引き下げるための規則・慣習および道徳律を用いながら, 資本の限界効率表の引き上げを可能にすべき方策を解明しようとしていた」ととらえたのである.

　中世における徴利の「理論と実際」の乖離は, 完全に解決されたとはいいがたいが, 利子概念を精緻化することによって高利とそれ以外を区別し, その存在を説明し正当化するという側面があったことは否定できない. たとえばトマス・アクイナスは「使用されると消費されるもの」(たとえば食物)と「消費されることなく使用されるもの」(たとえば家屋)を区別し, 後者の場合のみ使用と所有が区別できるとする. 貨幣は前者に属するため, 利子をとりかつ元金の返済を求めることは, 同じ物を一度売って二度支払いをうけることになり交換の正義に反するという[34]. しかしこれは消費貸借に対するウズラ(高利)である.

　ケインズのいう「利子率と資本の限界効率」の区別は, 事実, 中世の学者によってもすでにかなりはっきりと意識されていた. トマスは, 利子と企業利潤を概念上明確に区別して,「商人や職人に自分の貨幣を「合資の形で」(per modum societatis——in a sort of partnership)手渡す場合, 所有権を移転しているのではなく, 商人の取引や職人の事業がいまだ出資者のリスクのもとにあるゆえ, その事業は一部が彼のものである限り, その事業からの利潤の一部を請求することが出来る」といっている[35]. 言いかえれば, 投資のための資金

を，トマスは消費貸借(mutuum——straight loan)から截然と区別し，「合資の形で」行なわれた事業において，資本の所有権を保有する危険分担者(risk sharer)は，高利(usura)としてではなく，「企業利潤」としてその事業から発生する増分を受け取ることができると結論しているのである．このような分析は，「利子を零より引上げる基本的要因が，企業利潤の普及浸透にある」ということを教える．そして「同様の結果を生みうる他のすべての事実は，必ずしも資本主義過程に固有のものではない．この命題はスコラ学徒の利子分析の主要な積極的貢献となっている」とシュムペーターが看破したのもこの点であった[36]．

またトマスは，「貨幣の使用」を売るという意味ではなく，「損失を回避する」という問題として，貸手は自分が享受できたであろう利益の喪失を償う条件を決めることができると主張している．この点は，債務の返済の遅滞などによって生ずる損害に対して，貸手が損害の賠償を要求できることを示しているだけなのか，あるいは貸付を行なった結果失う利益(機会費用)に対して要求できる利子をも認めたかは明らかではない．この点に関して，ローマ法における damnum emergens(発生した損害)と lucrum cessans(停止した利益)の区別を導入してその解釈に決着をつけようとする試みもあった[37]．damnum emergens は，貸手が貸与から発生した損害を償うよう借手に請求できるというルールであり，lucrum cessans は，貸手が貸出によって貨幣を「利潤獲得のために」利用できなかったために受けた損失は請求できないというルールを指している．このうち後者をトマスは認めていなかったと見るのである．

利子の授受は中世における経済的膨脹とともに，その経済生活のすみずみまで浸透する正常現象となり，14世紀に入ると「利子禁止」よりも「高利の規制」がより現実的な関心事となってくる．経済史家の示す通り，最高利率を定める様々の勅令が出されるに至る．さらに15，16世紀の「地理上の発見の時代」に入ると，投資機会の拡大自体が「消費貸借」論を陳腐なものに変質させていったことも確かであった．

damnum emergens はすでに見たように，トマスにおいても契約に反する支払い遅滞，あるいはリスク・プレミアムという形で「公正価格」の概念を修正

させることになる．この damnum emergens を認可すること自体，債務の返済の遅滞による損害の賠償を一般的に容認していたことを意味する．その結果，貸手が貸借契約の際，借手が履行できないような短い支払い期間を故意に設定して遅延利子を徴収するという形式も生まれたのである．lucrum cessans もその後の長い論争のはてに，遂にその機会費用的な性格が是認されるに至る．そして実質的な利子率がいかほどかが，判然としないような方法——たとえば契約締結の際，貸付と返済を異なった鋳貨で行ない相場の差によって利子を徴収する——でなされるなど，実際の経済生活そのものの慣行が，教会法の理論自体をますます実行不可能なものにして行くと同時に，結局リスクを負担することのない貨幣貸与，貧者への消費貸借に際してのウズラのみが禁止されるという結果になる．ここにおいて近世以降利子の授受に関する是非を，道徳的見地から議論するという姿勢は完全に消えさり，高利の規制をいかに現実的に（先に述べたアダム・スミスの考え方に見られたごとく）効果的たらしめるかという点が，議論の対象として残されたのである．

貨幣鋳造権

　高利の徴収は，貨幣をその自然的使用以外の目的で用いることであり，それがアリストテレス以来議論の主題となってきたことは先にみた通りであった．両替業や貨幣保管および貨幣取引によって利得をうることは陋劣であり，高利は悪く，貨幣改鋳による利得はさらに問題だとして論難したのは 14 世紀の N. オレスムであった．このように貨幣改鋳による利得が高利より悪いとされた理由を，オレスムの著作にしたがって最後にまとめておこう[38]．

　オレスムは王侯が自己の権利や特権によって貨幣を恣意的に改鋳し，それによって巨利を得ることの是非を論じている．貨幣が取引を促進させるための機能を果たすためには，自己価値を所有すべきこと，金属の刻印は量目重量の保証であることをまず確認した後，オレスムは次の諸点を説いた．まず鋳造量は僅少にし，できる限り名目価値と金属価値を一致させること，貨幣は価値が確定しているものでなければならないから，贋金の流行や摩滅のはげしい場合を

のぞいては，王侯は貨幣を改鋳すべきではないこと，貨幣流通価値の変動は取引を阻害するため，社会的に貨幣欠乏が発生した場合の緊急手段としてのみ，貨幣改鋳（一種の課税）によって物価下落からのがれるべきこと，などを主張した．こうしたオレスムの論の中心は，貨幣は王侯に属するものではなく，人民に属するものであり，本位をくずすことによって経済を攪乱させるような王侯の利己的かつ恣意的な鋳造権の行使に対して明白な異論を唱えたところが重要である．

第3章 注

1) Hawtrey [1950] p. 1.
2) Hayek [1978] もこの点を強調している (p. 52). ここでの貨幣の定義そのものは Hart et al. [1969] によった．
3) 宮崎 [1978] 311-314 ページ．
4) ケインジアンがすべて貨幣供給の制御可能性について楽観的であったとみなすことはもちろんできない．たとえば，カルドアのマネタリズム批判の中心的論点は，貨幣供給量が内生変数であるということであった．(Kaldor [1982] pp. 45-48)
5) Hayek [1933]. この指摘は Gray [1984] p. 88 による．この点に関するオーストリア学派とシカゴ学派との違いについては Paqué [1985] も参照．
6) Hayek [1978] pp. 96-99.
7) Hayek [1978] pp. 113-114.
8) 以上の議論は Hayek [1937a] による．
9) ハイエクが最初にこの提案をおこなったのは 1976 年であるが，いくつかの批判をうけて Hayek [1978] で改訂をおこなった．山本 [1987] がこの提案をハイエクの幣制観の中でとらえている．
10) White [1984] 参照．
11) このようなホワイトの推論に対して Gorton [1985] の批判と評価がある．
12) 以下の説明は Menger [1892] による．また，メンガーの貨幣理論の歴史的側面をよりわかりやすく論じたものとして Menger [1981] p. 242, pp. 257-285, pp. 315-320.
13) Mauss [1922]. ただし贈与されるものを「貨幣」と呼びうるかどうかは別問題である．モース自身も，貨幣の意味を三つに分けて使用している．

14) Lévi-Strauss [1968]（邦訳 220-250 ページ）．

15) Law [1705]．この邦訳の解説および Hamilton [1936], [1937], [1969] が参考になった．Petty [1662]（邦訳 65-68 ページ）．

16) Hamilton の前掲論文．Montesquieu [1721] もローのインフレ政策を批判している（とくに第 132, 138 の手紙）．

17) Spengler [1954]．

18) 貨幣量が突然外生的に変化した場合は明らかにこの論理が成立するが，オープンマーケット・オペレーションの場合は必ずしも成りたたないかもしれない．

19) このパラグラフの説明は Friedman [1964] の説明によっている．

20) ケインズの流動性選好理論は，貨幣・債券などのポートフォリオをストックの次元でとらえている．それに対して古典派の貸付資金説はフローの資金需給に注目しているのが対照的である．Metzler [1951] を参照．

21) この節の議論には井手一郎氏の批判と文献教示が有益であった．

22) Smith [1776] 第二篇第二章．

23) 「公衆を，本位それ自体がこうむる変動以外のいかなる通貨価値の変動からも保護し，同時に最も経費の少ない媒介物をもって流通を行わせることは，通貨が到達しうる最も完全な状態を達成することである」（Ricardo [1817] 邦訳，下巻 197 ページ）．

24) Robbins [1976] p. 72.

25) 以下の叙述は中村 [1978] による．

26) 通貨主義と銀行主義についての説明は Viner [1955], Robbins [1976], Pribram [1983] を参考にした．

27) この「家政術」こそ本書第 1 章の冒頭で述べた oikos-nomos という言葉から生まれたものである．

28) アリストテレス『政治学』第一巻，第八章-十三章．

29) タキトゥス『年代記』第六巻 16.

30) タキトゥス『ゲルマニア』（邦訳，岩波文庫，119-120 ページ）．

31) Smith [1776] 第二篇第四章．このような論理は，最近のミクロの信用割当の理論にも見られる．利子率を低くおさえて超過需要を引き出し，その中から質のよい借手を選別するという方法である．スミスの見解を理論的に分析したものとして Jadlow [1977] が有益であった．

32) Bentham [1816]．難解であるが，この中の第 13 の書簡が参考になる．

33) Keynes [1936a] pp. 351-353.
34) トマス・アクイナス『神学大全』第二部の二,第78問第1項参照.
35) トマス・アクイナス『神学大全』第二部の二,第78問第2項参照.
36) Schumpeter [1954] p. 105.
37) Cajetanus のトマス注釈による(『神学大全』Eyre & Spottiswoode 版第38巻の注釈 p. 242).
38) ラウレス [1937] はオレスム,ビイル,マリアナの著作を邦訳し,くわしい解説をつけた貴重な文献である.

第4章 消費・生産・商業

　この章では，消費・生産・商業という三つの経済活動に関する基本問題を論じたい．経済学では，生産の目的は消費であるということが前提になっている．したがって，何をどれだけ消費するかは，財やサービスの質や効能が明確でない場合，消費者にとってきわめて重要な判断問題となる．しかし，消費者はその「主権」が正当化されるほどの判断能力をもっているのだろうか．もしその能力が不充分であるとすれば，どのような形で消費者は保護されねばならないのだろうか．こうした問題が4.1節で吟味される．続く4.2節では生産者側のいくつかの問題を検討する．私的所有と責任，独占やカルテル・トラスト，そして労働組合などが主たるトピックである．最後の4.3節では，生産と消費の人的・時間的・場所的調整をおこなう商業と貿易についての見解を簡単に紹介する．この章では議論がこれまでよりも個別具体的になる．それぞれのテーマは経済学の各分野でかなり細かい論究がなされているので，分析の技術的な側面については，章末の注に示された文献を参照されたい．

4.1 消　　費

経済学における消費重視

　消費とは現在の欲望や必要を充足させるために，財と用役を使いつくす行為をさす．そういう意味では，生産が経済財の誕生であり，消費がその死であるという類比はある程度成り立つといえる．こう規定すると消費はきわめて明確な概念のように見えるが，実際に消費と投資を区別したり，消費の量を確定しようとすると様々な困難に出合う．ある一定期間の消費量(たとえば一年間にワインを何本というように)を測る時，自動車や冷蔵庫といったいわゆる耐久消費財をどう扱うかという問題などはその一例である．購入した期間の支出額

をすべてその期の消費とみなすことはできないからである．しかし問題はそれだけにはとどまらない．何が消費で何が生産のための中間投入物かという区別も実はそれほど自明のことではない．中間投入物と最終生産物との区別も，経済活動の基本目的を何と考えるかによって異なってくる．実際，国民経済計算において，生産の費用となる中間生産物を，最終生産物として扱ってしまう可能性は少なくない．たとえば，クズネッツの挙げるケースをみてみよう[1]．都市の生活と田舎の生活を比べた場合，前者は食料，衛生設備，リクリエーション，通勤などのために田舎よりもっと多くの資源を使わなければならない．これらは通常の国民経済計算では「最終生産物」としてあつかわれている．しかし，これらの支出が現代の都市生活での生産活動に参加するための必要経費であるとするなら，それは最終生産物ではなく中間生産物であって，それを国民所得に含めることは二重計算の誤りを犯すことを意味する．そしてこれらの「中間生産物」的な性格をもった支出が経済成長とともに増大すれば，正味の（二重計算を除いた）経済成長率を過大評価することになる．

　このような最終生産物と中間生産物の区別の難しさは，ある経済行為が消費なのか投資なのかという区別とも関係する．教育やその他の労働の質を改善するための訓練の支出を投資とみなすならば，資本減耗を取り除いた産出高を測定する必要がある．そして教育，訓練，保健などの支出を，消費から投資（資本形成）に移さなければならないだろう．こうした問題は，多くの経済行為の中に含まれる二面性を示しているが，とくにこの二面性がはっきりと表われている例が教育なのである．学校教育の大きな価値のひとつは，新しい知識の獲得から生まれる喜び，友人との目的のないつきあいなど，現在の満足に貢献することがあげられよう．したがってこれは消費ととらえることができる．さらに，将来のより深い満足（外国語を読む力，難解な技術書を楽しめる力）にも寄与する．これは教育には消費として，現在の消費そのもの，そして将来の消費に寄与する投資としての側面があることを示している．しかしそればかりではない．学校教育には知識や技能への投資という面があり，この資本投下が将来の収入を高めるという作用がある．学校教育が将来所得を高めるとすれば，たしかに

投資であって，人間を「生産された生産手段」であると規定する立場も可能になる[2]．

このように見てくると，消費という概念の曖昧さは単なる測定上の問題にとどまらず，経済活動の基本目的を何と考えるか，さらには人間の生の目的が何かという重要な問題とかかわっていることがわかる．この点に関して，スミスは実に割り切った態度をとっていた．「消費こそが，すべての生産活動の唯一の目的および目標である．そして生産者の利益は，それが消費者の利益を増進するうえに必要な限りにおいてのみ，顧慮されねばならぬ．この公理は全く明白な事がらであるから，これを証明しようとすることは馬鹿げたことだ」，あるいはカンティオンを引用した「およそ人が富んだり貧しかったりするのは，人間生活の必需品，便益品および娯楽品をどの程度享受できるかによるのである」というアダム・スミスの言葉[3]は，現代の経済学でもほとんどそのままのかたちで受け入れられている．しかし，ひとつ留意しておきたいことは，人間の社会生活における消費自体の意味や機能も，時代や国によって多少の変化と変遷を見てきたということである．アダム・スミスの言葉は消費を「生活の必需品，便益品および娯楽品」という区分によって表現しているが，生理的欲求の充足から社会文化的欲求の充足までを幅広く含んでいる．先にあげたクズネッツの例もこうした消費概念の相対性をたくみに示したものと思われる．ヴェブレンのいう「衒示的消費」，人類学者がしばしばとりあげる北米インディアンの「ポトラッチ」のような種類の消費が，スミスが消費重視を述べた時，どの程度念頭にあったかどうかはうたがわしい[4]．この点は「欲望は本当に人間にとって与えられたもの(data)であるか否か」という点で，後に述べる消費者主権の議論とも関連するので再びとりあげることにする[5]．

消費者の能力と保護

消費者は情報や判断力の欠如から，良質な財・サービスと悪質なそれとを識別できないことがある．たとえば，医薬品を買おうとする消費者を例にとろう．彼が薬を選ぶ場合，その薬が本当に効力があり副作用のない安全なものかどう

かを，規制や認可という制度なしに判断していくためには，医師や薬剤師同様あるいはそれ以上の豊富な薬学上の知識をもっていなければならない．しかしこのような能力は，決して普通の人間に期待できるものではない．そこで通常は次の二つの選択が経済政策上の問題としてあらわれる．ひとつは消費者の選択の自由を重視してどのような「薬品」でも販売することをみとめる立場，もうひとつは消費者の健康を重視して，一定の基準を満たさない「薬品」の販売を規制する立場である．薬の例は生命にもかかわるためかなり極端であるが，普通は後者の立場に立って，政府がある種の財の生産や取引を様々なかたちで規制するのが適当であると考えられる．caveat emptor（買手は用心すべし），あるいは「売買された物の危険はただちに買主にかかわる」という法の原則が，そのままのかたちでは通用しえないとみなされるからである．生産者や販売者は必ずしも「公共の利益」そのものを直接目指しているわけではないから，消費者や購入者は政府によって，ある種の危険から保護されなければならないとみなされる．

　こうした消費者の判断能力について，経済学者たちは様々な論争をたたかわしてきた．たとえば将来に関する判断力に関してピグーが『厚生経済学』で指摘した，「現在と将来に経済資源をふり分ける場合，人々が現在の効用をより強く評価してしまうために起こる資源配分のヒズミ」などもその例であり，これは「市場の失敗」の一つの要因にかぞえあげられる[6]．しかし消費者の「非合理性」は将来の不確実性に関してだけでなく，現在に関する情報・知識不足によっても起こりうる．その例としてスティグラーは次のようなケースを示している[7]．労働災害の可能性や確率を正確に知らないために労働者が低賃金に甘んじてしまう場合，医師や弁護士の質をよく判断できないために，国が免許制度を導入する場合，証券投資市場や食料品市場から一般消費者を保護する制度などである．こうしたリスクをとりのぞく制度は数多く存在するが，消費者自身が学習し，判断能力を高めていくための政策も一方では必要であろう．消費者の「非合理性」は，一部は情報収集への投資が不足していることにも起因するからである．

第4章 消費・生産・商業 129

　「免許制」は法的に供給を制限することになるから，免許をすでに有する同業者内の共謀を生み，これらのグループからの圧力が公共政策を動かすという事態も起こりうる．こうした「免許制」自体が，最終的に生産者を保護しているのか消費者の利益のために存在するのかの判定は，通常きわめて微妙なものとなる[8]．いずれにせよ，このような消費者保護の公共政策は消費者理論の分析自体からその必要性が指摘されたのではなく，現実の具体的事件，とくに市場機構のベースを根底からおびやかすような事件（生命や健康あるいは富を損なうような取引）が起こった結果，それを防ぐことを目標にして議論された場合がほとんどである．つまりこれらの公共政策は"反社会的"な外部性をも規制する必要から生まれてきたと言うことができる．"反社会的"な外部性として，生命や財産の侵害は犯罪として明確にみとめられうるが，それら以外となると，伝染病予防や住居の衛生条件などの例からもわかるように，規制はよりゆるやかにならざるを得ない．アルコールの消費については酒税などの形でその消費が抑制される程度であろう．ガソリン税になると外部性抑制の目的はもっと弱くなっていると解してよかろう．検閲と「不道徳行為」の規制の妥当性は自由と法律のシステムを両立させるか否かのボーダーラインケースと考えられる[9]．

　ところでこの消費者保護の原理は，言論・思想に関しては財の市場ほどには適用されていない．すなわち「言論の自由」の原理は，「財の市場」のような形での政府の干渉や統制を，排除しようとするのが普通である．一般に信じられている理由は，言論・思想の自由は神聖不可侵のもので，政府介入の対象とされてはならないということである．知る自由，表現する自由，良心に従い議論する自由は，犯罪の煽動，名誉毀損，猥褻な表現，プライバシーの侵害などを除いて，決して犯されてはならないのである．このような考え方の根底には，財の市場と言論・思想の市場とは全く別物であって，一方の原則をそのまま他方へあてはめることは，自由社会を脅かすことになりかねないという信念がある．しかしこの二種の市場は，どの点で相互に異なっていると考えられるのだろうか．有毒物質を含んだ食料品を販売する者は，買手の生命を脅かすから処罰されねばならないが，虚偽や誤謬という毒をもった言論や知識は，別段人命

の脅威とならないのが普通であるから,放置しておくというのだろうか.

　R. コースはこのような問題に対して次のような経済学的説明を試みている[10]．彼は，これら二つの市場を区別して扱う説得的理由は存在しないから,両者に対する公共政策の基礎は同じであるとし，財の市場に対して強い規制を主張する知識人の多くが，言論・思想に対しては「いかなる規制をも撤廃すべきである」と主張するのは理解に苦しむ，と述べている．コースの分析はまことに痛烈であって，言論・思想の市場統制が市場参加者の所得減退をまねくところに，彼らの統制反対のひとつの理由があるという．さらに，多くの人間は通常，真理それ自体に興味を持っているのではなく，真理と誤謬との間の抗争に強い関心をいだいているから，言論サービスへの需要は，「議論そのものが存在する」という点に強く依存している．そして「議論が存在する」ためには，「絶対的真理」がすでに勝利し，超然たる地位を占めていては困ることは言うまでもない．しかしこうしたコースの指摘も，「言論尊重」の経済的側面をとり出しているのであって，「ムチの一打は傷をつくらん，舌の一打は骨を砕かん」（『ベン-シラの知恵』）という言論の恐さも忘れてはならないのである．

　したがってコースの見方は，決して議論そのものを貶めるものではなく，むしろ財の市場の自由化の必要性と健全な言論の発展を強調することを意味していると見るべきであろう．人間の知識が不完全であり，たえず誤る可能性があり，唯一の真理を現在手にしている人や国民が存在しないのであれば，議論や実験によって知識への扉をつねに開いておかなければならない[11]．人々の意見や考えの相違，不一致，あるいは「一致への強制がないこと」が人間知性開発の最良の方法であることは，古代ギリシアの哲人たちが見出した通りであった．人間がもし意識的に共通の統一化された目標を追求してきたならば，現在われわれが手中に収めている量の知識や技術は，とうてい利用可能とはならなかったであろう．錬金術が実践されつづけたことによって，物質や化学反応に関する知識が蓄積され，それが新しい化学の発展（18世紀の"元素"の概念の確立）に大きく貢献したこと，あるいは永久機関を追求する人間の努力が，"力"や"エネルギー"という力学の根本的概念を生みだしたことは，科学史家の指摘す

るように「意図せざる副産物」の有名なケースといえよう[12]。

　ここでいう「言論」を社会科学的な分野に限っても，重要なことは，「公正」ということである。それは誰が述べたか，誰にその言論の「製造責任」があるかを明確にしておく必要があるということである。何が妥当な言論とみなされるべきかは，短期的な多数決では決められない。たとえ当初は少数意見であっても，人々の知識や経験が深まり蓄積されるにしたがって，かつての少数意見が多数の賛意を得るということはしばしばある。そのためにも，その言論が誰の所有と責任に属するか，そして正義の法を侵さないものであるか否かを明確にしておかなければならない。言論や知識の自由な市場を長期的に支えるのは，財の市場に関してヒュームやスミスが「正義の規則」と呼んだものと，基本的に同じものなのである。そのためには，人々が競い合って証拠を出し，議論をし，劣悪なアイディアや知識を徐々に選別して行かなければならない。そしてこの選別能力を高めるために最も必要とされるのが感性と「教育」であり，感性と「教育」によって人間は有毒物質や劣悪なアイディアから自分自身を守っていけるのである。

消費者主権

　先にスミスの経済学における消費重視についてふれた。スミス以降の古典派は，市場における価値決定の生産コスト原理を強調したため消費重視の流れは弱まるが，その後，ウィーザーやメンガーなどのオーストリア学派，そしてジェボンズ，パレート，マーシャル，ピグー，ヴィクセルの著作に至ってこの消費重視の考えが再び表面にあらわれる。たとえばマーシャルは『原理』の中で，それまで消費が経済学の中で軽視されてきた理由として次の三つをあげている[13]。ひとつは，リカードが生産コスト面を強調したこと，そして数理的な解析方法が発展するまで需要や消費といった複雑な問題は充分分析できなかったこと，そして第三は，マーシャルの時代になってはじめて，社会的富の増大がどの程度人間社会の厚生に貢献するのかという点が問題となりはじめたということである。いずれにせよこうした消費重視の考えは，消費者主権(consumer sovereignty)という概念につながるが，消費者主権自体には，すべての経済過程は最終消費者の欲求を充足することに向けられており，生産や交換や分配は，すべて手段であり，消費こそ目的であるという主張がふくまれる．そこで前提されていることは，競争市場は消費者の欲求に感応的であり，消費者の欲求自体は経済プロセスから創造されるものではなく，消費者自身にとって完全に外生的なデータとして与えられるという考えである．

このような消費者主権の一般的特質としては，競争市場経済との関連で次の四点が通常とりあげられる[14]．

(1) 消費者が何を欲しているかを一番よく知っているのは消費者自身であるから，財・サービスに対する消費者の市場需要によってその欲求は一番正確に反映される．

(2) 消費者は合理的であって，所与の機会のもとで，自分の欲求を一番うまく実現する方法を十分に知っている．したがって消費者需要は市場における消費者の現実の選択行為によって一番よく表現される．

(3) 資源と技術水準が所与の経済で，利潤動機とすべての市場における競争によって生産活動をおこなう自由企業は，市場の消費者需要を満たすために資源をパレートの意味で"最適に"組み合わせることができる．

(4) 自由競争の諸条件が成り立つ限り，レセ・フェールの公共政策が消費者の厚生を最高レベルに導く．

ここで述べられている四点は，個々の消費者は自分自身の欲求を知っており，他の利用可能な(消費の)代替的な手段について進んで知ろうとしていること，その時競争が，消費者を生産者による搾取から保護すると同時に，消費者需要に対する資源利用の最適な反応を保証していることを意味する．したがって政府の干渉は時としてこの「消費者主権」を破壊してしまうようなことになりかねない．市場がどの程度，消費者需要に対してうまく反応すべきかという基準は，パレート最適性を満たすかどうかにあるという．

しかし，消費者はたしかに形式的には自由に市場で取引をしているように見えるが，「自分が何を真に望んでいるのか」を知らずして自分の需要を"創り出

され"てしまっているような場合もある．医者に診察してもらう患者は，治療を医者の判断にまかせているため，自分自身の消費者主権を放棄しているかに見える．しかし医者は患者に代わって意思決定をしているだけであって，それが医療サービスの提供者自身と重なっているだけだと見ることもできる．もっと複雑な例として次のようなケースがある．テレビを見る人は，見たいものを自由に選べるから，番組の内容を自分で選択していると信じるかもしれない．しかしスポンサーの番組に関する意思決定は，視聴者がどれほど自社の製品を購入するかであって，必ずしもその番組を視聴者がどれだけ見たいと望んでいたかではない．このような消費者主権と選択の自由が独立であることを示す例はいくつも考えられる．

　消費者主権と社会的厚生との関係に対して，それを修正するものやそれを否定するものがあるので紹介しておこう．

　(1) まず社会の中には，自分が真に何を欲しているかを知らない人がいるという点である．子供や精神的に健常でない者は，自分にとって何が"よい"のかを知らないし，自分が何を欲しているのかも判定できない．極端な例として，麻薬常習者は自分の最善の利益のために行動しているとは考えられない．あるいは新しい知識や情報あるいは消費者としての経験が，人々の個別的・一般的な選好を変えてしまうという点も問題になる．この点についてナイトも次のような疑問を提示している[15]．人間の欲望が成長したり変化したりする性格のものであるとすれば，それはもはや「科学的」なデータとしては役に立たない．人間の欲求を「事実」と見なし，きわめて安定的な性格を持つとみなすからこそ，経済学は人間生活を「欲求充足のプロセス」として分析できたとナイトはいう．しかし実際の人間の生活は，所与の欲求の満足としての消費にはとどまらない．そこに価値の創造(creation of value)と内生的な欲望の形成という重要な側面があるからこそ，経済学とは別個の倫理学的な領域が人間の生活にあらわれるとナイトは考える．

　これと関連するのは後でもふれる「広告」の問題である．買手が広告に反応してある商品を選ぶことは，手段を矯正することになるのか，あるいは目的を

矯正したと解釈するのだろうか。もし後者であるとするなら，消費者主権の原則は大きな挑戦をうけたことになる。もし消費がそれほど浮薄で外部から簡単に操ることができるものであるなら，生産と分配がすべて消費のためであるということはもはや正当化されえない。

　(2) もうひとつの消費者主権に対する修正として，ある個人の消費行動が，他の人々の欲求充足の可能性を減らしてしまうというケースが挙げられる。これは市場を通した間接的な価格の効果（ある人がその財を多く需要しすぎたので市場価格が上昇し，他人が影響を受けるという金銭的外部効果）ではなく，経済理論で「技術的外部効果」と呼ばれる直接的なケースである。実は人間のほとんどの消費行動は，こうした「外部性」を持っているが，多くの場合はその効果が小さいので問題にはならないだけである。たとえば趣味の悪い服装をした人間が他人にあたえる不快感などもその例であろう。この問題を直接解決しようとすると，個人間の価値を比較するという困難な作業に取り組まねばならない。しかし一般には消費者主権の原則そのものに立ち入ることなく，こうした問題は常識的な倫理原則にのっとって解決されるのが実情であろう。

　このような消費における「外部効果」のうち負の効果，すなわち「外部不経済」の問題が，経済学で本格的にとりあげられるようになったのは比較的最近のことである。自動車の普及（消費者）による大気汚染や騒音の問題は，工場部門（生産者）で発生した大気・水質汚染の影響と同じく，法的規制を必要とする。消費者主権を野放しにしておけば，人々に不快感をもたらすような状態が発生する可能性があることはたしかである。この状態に秩序と基準を与えるのが公的権威の仕事であり，ここにも教育の重要な役割がある。選択の自由を望む者が，自由の不快さをも耐えなければならないとすれば，どこまで耐えるべきか。それは先に述べたように常識的倫理原則がさし示すことであり，それは教育によってなされなければならない[16]。

広告の意味

　広告の手段としては，新聞・雑誌などの活字メディア，テレビ・ラジオなど

の視聴覚メディア，ダイレクトメール，街頭の貼り紙など様々な形態が存在する．これらの手段を使って企業が広告するのは，他の競争者の製品よりも自社のものを購入する消費者をふやす（ふり向かせる——ラテン語のadvertere）ことによって，利潤を増大することができるからである．しかし，なぜ広告によって企業は売上げや利潤をふやすことができるのだろうか．広告は潜在的な消費者の注意を喚起することはたしかであるが，実際に購入者を増加させる程度はまちまちであろう．広告がそもそも存在するのは市場が不完全であることに起因するが，逆に広告自体が市場への他社の参入の障壁になったり，製品の差別化の原因になる場合もある．また広告自体が市場化できない生産物だとすれば，消費者は「消費したいと思う広告の量」を自分で決定するチャンスが与えられていないことになる．こうした現象を考え合わせると，広告に関して二，三の疑問がわき起こる．一つは競争による利潤原理をもたない社会主義国にもなぜ広告があるのか．もう一つは，広告は「虚偽誇大表現」という商業倫理の問題は別としても，消費者主権とどう折り合うのかという点である．まず第一の問題から説明しておこう．

　ソ連では長い間，広告とトレードマークを差し控えるという政策がとられてきた．しかし近年大きな政策転換が起こり，広告やブランドの使用を逆に奨励するという方針に切りかえられた．その理由は第一に，ブランドがないと，無名の生産者にとって自分の製品の品質を維持しようというインセンティブが弱まる．したがって政府は品質管理の責任を一部生産工場にシフトし，生産物にトレードマークを付して，悪い品質の財を生産している工場は顧客を失うというシステムを導入せざるを得なくなった．第二は，広告が奨励されると新製品に関する情報がより迅速に広がり，技術革新が促進されるという側面がある．過去においてソ連では，新製品に対する需要を喚起するために広告を使うことができなかったため，新しい製品をつくり出す意欲がいちじるしく殺がれた．第三の理由は国内の希少資源を有効につかうためにも，あるいは消費者のサーチの時間や手数を省くためにも，広告を用いて売手と買手の間の情報の流れを豊富にし，マーケッティングをより効率化する必要があったということであ

る[17]。

　次に，広告は消費者主権とどう折り合うのかという点に関してまとめておこう．経済学の消費者選択理論の説明では，消費者は「所与の選好」をもっており，企業はこの選好に応ずるという形をとっている．しかしこれはすでに述べたように，あまり現実的な説明ではない．実際は消費者は他人の意見や影響力のもとで生活しており，とくに自由社会では，人々がどのような財のどの製品を購入するかという点に関して，「説得」という技法があらゆる分野で活用されている．しかし広告の力を過大に評価し，消費者に選択の力が全く欠如しており，買いたくないものを買わされているかのごとくに主張することも正しくない．小売店の売り子も広告と同じように，消費者に購入をすすめるための努力をしているだけでなく，広告主にも，消費者に同種の製品を販売しようとねらっている競争相手がいるからである．したがって，広告によってすぐさま消費者が一方的にその社の製品を購入するよう誘導されてしまうという単純な関係にはない．そこにはつねに消費者自身が判断する余地が残されていると考えられる[18]。

　現代社会では，消費者はますます多くの種類の財の中から選択し購入することを余儀なくされている．こうした状況下で「賢明な」選択を行なうことは，かなり高度の技術と知識を必要とする．広告は，このような社会で時間と労働を節約し，効率のよい交換・流通を達成するための重要なテクニックなのである．こうした広告やブランドが，社会主義諸国でもその存在価値を再認識されはじめたことは注目すべき事実と言えよう．

4.2　生　　　産

私的所有——古典派以前と以後

　財やサービスがそれぞれ誰に属し，それがどのような同意と承認によって移転されうるのか，というルールが明確に規定されていることが，「自生的秩序」の維持のために必要なことは第1章で述べた．それはヒュームやスミスが「正

義の規則」と呼んだものであり，社会構造の屋台骨をなすルールであった．これが保証されないと，人間社会の複雑きわまりない構造が，たちまちのうちに粉砕されてしまうと考えられているからである．

それでは，このような所有にかかわる法律や契約は市場機能の分析にとってなぜそれほど重要なのであろうか．ヒュームは，人間を純粋に利己主義とみるのは誤りであるが，人間の普遍的な慈善への傾きも完全に信頼できるものではないと主張し，人間の大きな欲望に比してそれを満たすべき手段が限られている点を強調した．したがって，その希少な経済資源を個々人が自分自身の利益計算のもとで使用・管理しない限り，多くの無駄と混乱が社会の中で発生すると考えた．このような人間性(human nature)と外的な経済条件との経験的関係から所有権のルールを論じることは，西洋の社会思想のなかの一つの伝統であったといえる．古典派経済学の私的所有についての見解は第5章5.2節で少し詳しくふれるので，この節では，こうした同じ伝統の中にある中世の所有論と，現代の所有権理論について説明しておくことにしよう．

中世のスコラ学の完成者ともいえるトマス・アクィナスの所有論もヒューム的な財産論の先駆的位置にあると考えられる．トマスは，「外的事物」を配慮し分配する権能からみて，私的所有を人間にとって自然に合った有利なものとしている[19]．すなわち，

(1) 各人は万人に共有のもの，または多数の人が所有するものよりも，自分だけの責任のもとにあるものの方を一層注意深く配慮する．というのは，万人に属するものについては各人は労働を厭い，共同のものの配慮を他人に任せて顧みないからである．

(2) 人間に関する事柄は，各人がめいめい自らの責任を遂行する時一層有効に組織される．もしすべての人がすべての物事を配慮するならば，混乱が生じるであろう．

(3) 各人が自らの仕事をもって満足している時，人々は一層平和な状態で生きることができる．事実われわれは，多数の人が共同に，そして彼・我の区別なく事物を所有するところでは，繁く争いの起こるのを知っている．

トマスの論拠の第一点は，個人の私欲追求が人間の自然的欲求であること，したがって共有制は，必然的にある種の「強制の体制」を伴わざるを得ないことが指摘されている．第二点は，資源の能率的・効果的使用という目的のためには，私有によって生まれる誘因を利用すべきこと，そして第三点は，秩序・平和の維持・促進という目的のためには，財の私有とその自由な処分という条件が必須であることを認めている．

このようなトマスの所有論は，当時完全に私的所有を放棄していたフランシスコ会の戒律と根本的に対立するものであった．教皇ヨハネス二十二世が1323年にこの戒律を解消し，フランシスカンの財産を信託管理し，絶対的貧困の教義を異端と宣言したことによって，私的所有が人間の罪と関連するという考えが公的に否定され，トマスの見解が正統としての地位をうるにいたったのである[20]．

以上の説明では，私的所有権は人間の社会生活に「有利なもの」として人間の取り決めによって一般的に導入されるものであり，人間の自然的諸傾向と外的事物所有の自然的意味とから，原理に近い形で生成されたもの（自然法に付け加えられるべきもの）であるとされている．したがって私的所有権は，目的そのものからくる限定を受けており，円滑な社会生活，効率的な業務の遂行，平和秩序の達成に貢献しないならば，そのままの形で是認されるものではなく修正を受けるものであることは明らかであろう．財そのものの本性からして，「種類に応じて私有を大幅に認める場合も，あるいは私有を厳しく制限する場合も」ありうるということ，そしてその根拠はつねに「共同の利益」を最大限に実現することにあり，それが自然的正(natural right)に適っているというのが，トマスの私的所有論の中核をなしている．この考えは，アリストテレスが『政治学』で述べたものとも，ヒュームが『人性論』の中で展開したものとも，その根本は同じである．ヒュームの分析は，後にベンサムの「私的所有の廃止によって生ずる悪い帰結」の考察によっても追認されている．古典派経済学の二本の柱として，ヒュームの「財産理論」とスミスの「利己心と市場の理論」が挙げられるが，前者が，その後の経済学の基本思想をなす重要な貢献である

ことは改めて述べるまでもない．

　現代経済学の所有権に関する考え方も，基本的にはアリストテレスやトマスあるいはヒューム以来の古典派理論を踏襲したものといえる．市場を通して資源配分がおこなわれる経済を主たる分析の対象とする現代の経済理論では，次の二点がその重要な前提となっている．ひとつは生産手段が私的に所有されているということ，もうひとつは生産と消費に際して必要とされる希少資源はその所有者が原則として自由に使用することができるという前提である．ところが先にもふれたように，ある経済主体の「自由な」行動が，他の経済主体に費用あるいは便益という形で影響を与える「外部性」の問題が現実には存在する．この「外部性」の問題を通して，所有と自由の問題を相互に関連した形で把握しようとしたのがコースやデムゼッツあるいはアルチアン等である[21]．

　コースやデムゼッツは，それまで理論家の間では「制度的与件」とみなされていた私的所有を「外部性の内部化」という観点からとらえ直した．所有権は，①「外部性の内部化」による便益がコストより大きくなる時に発生すること，②社会の技術変化や需要の変動によって新たに発生した「外部性」に対処するために，社会慣習や判例のつみ重ねによってゆるやかに変化すること，③また人間の意識的努力の結果というよりも，試行錯誤による法的・道徳的実験からの帰結であり，適応過程における偶然的要素の働きが大きいことも強調する．デムゼッツが人類学における調査例を用いてこれらの点を説明しているのでそれを紹介しておこう[22]．

　濫獲に対する規制がないところでは，一般に誰も狩猟鳥獣の保護・繁殖には投資しない．一つの狩猟行為は，あとでやってくる猟師に「外部費用」を課する．この「外部費用」は，鳥獣への需要も少なく狩猟が主として自給用の食料や衣料のためにごく少量されている限りでは，無視しうるほど小さい．アメリカ原住民の間でも，狩猟獣から得られる毛皮の取引が盛んになるまではこの種の「外部性」はほとんど存在せず，土地の所有権の問題も発生していなかった．

　ところが，毛皮貿易の出現はこのような状態に二つの重要な変化をもたらし

た．一つは原住民にとって，毛皮(そして狩猟獣)の価値を著しく増大させたこと，いま一つはその結果，狩猟行為の規模や頻度が急激に拡大したことである．このような事態が，無規制の狩猟行為の「外部性」を激しく増大させ，土地所有の形態を毛皮取引の経済効果を斟酌する方向へと変化させはじめた．すなわち毛皮取引が，狩猟獣の保護を誘発し，密猟や濫獲を防ぐ必要性を高め，その結果狩猟地の所有権という社会問題が発生するにいたったのである．その傍証として，デムゼッツは古くからの毛皮取引の中心地や狩猟地と，その私的所有の発展との，まぎれのない地理的相関が存在すること，商業的に重要な動物のいなかった南西部平原のインディアンには同様な所有権は存在せず，これらの地域の動物は主として広大な土地を移動する放牧獣であったこと，などを挙げている．これらの地方では，「外部性」が問題化するほど大きくはならなかったのである．

以上の説明は，所有権の発生を説明してはいるものの，それが私的所有という形態をとらねばならなかった説得的理由は述べられていない．環境変化への適応の過程として，なぜ「共有」ではなく「私有」が確立されたかについて，デムゼッツは次の二点を指摘する．

(1) まず，「共有制」は，ある主体の所有権の行使によって発生する費用を，その主体に集中的に帰着させることができない．というのは，自分の共有権の価値を最大化しようとすれば，その主体は濫獲を行ない，しかも，その社会的費用は他の主体に負担させるという行動を選択しがちになる．その結果，鳥獣は減少し，土地は疲弊する．交渉によって狩猟量を低下させることも可能であるが，交渉のコストや監視のコストがかかる．この土地からの生産物(すなわち狩猟鳥獣)は共有にすると協定するにしても，濫獲ではなく逆に狩猟の量が過少になる可能性がでてくる．

ところが私的所有の場合，各経済主体はどのような行動をとるであろうか．彼はいくつかの代替的行動の結果発生する費用と便益の将来の流れを比較し，自分が所有する土地の権利の現在価値を最大化するような利用方法を選択するであろう．すなわち私的所有権の保持者は，その所有物に対する現在と将来と

の競合的な要求を調整する仲買人的役割をも果たすことになる．これに対して，共有システムにはこのような仲買人は存在せず，現在の土地利用に対する要求に過大なウェイトが置かれ，将来の要求を何らかの組織を通して代弁する者が存在しない．

私的所有にはこのような外部費用の多くを内部化する作用がある．所有者は他人を排除することによって自分の土地の鳥獣を保護し，土地の肥沃度を上げることから発生する報酬を，「自分自身に対して」実現するのである．私的所有は，その土地の使用から発生する費用と便益をその所有者に集中的に帰着されることによって，資源をより効率的に使用するような誘因を組み込んだ制度であるということができる．

(2) しかし私的所有のもとでも依然として別種の「外部性」が残る．自分の土地利用の行動が，他人の所有地へあたえる「外部効果」を斟酌して自分の資源利用を効率化しようとはしない．普通これは経済理論で「市場の失敗」と呼ばれる現象に含められる．コースが社会的費用を論じて，「加害者と被害者間の交渉のための擬制的市場を導入することにより，外部性のもとでも取引費用がゼロであればパレート最適達成が可能である」としたのもこの外部性を念頭においてのことであった[23]．共有権のもとで発生する外部性が，その解消のために全メンバー間の合意を得るための交渉が必要であったのに対し，「市場の失敗」の外部性には，紛争当事者間の合意のみが必要となる．したがって私的所有のもとでは，社会的費用を内部化するための交渉費用が，共有権の場合に比して小さいということが必要になる．

共有権制度に固有の不安定性は，経済の環境変化（技術，外的需要など）によって経済資源の価値が騰貴したときに特に顕著になる．このような環境変化は，共有権制度のもとでは，大きなコストをかけることなしには調整できないような事態を招く．そして結局，自発的かつ試行錯誤的な形で私的所有への移行が徐々に起こったと見るのが，最近の新古典派経済学の所有理論だと考えられる．

今まで見てきたような私的所有についての分析では，市場構造に関連する諸問題が全く考慮されていない点に留意すべきであろう．というのは，独占市場

においては時として私的所有が大きな弊害をもたらすことがあるからである．コンツェルンやシンジケートの私的所有者や使用者団体が，私的所有による地位を利用して，労働者，消費者，競争者に対して権力を行使することがあるから，私的所有の性格も競争という条件に合致することが必要である．すなわち，私的所有が競争の前提であるように，競争秩序自体も私的所有の前提となっていることに注意しなければならない[24]．

有限責任・知的所有権

責任——所有と経営 19世紀と現代の経済学が，株式会社における所有と経営についてどのような見解を有しているのかにもふれておこう．19世紀の後半に入るまで，法制上の有限責任制(株主は会社の債権者に対しては何らの責任を負わない)は存在しなかったため(政府による特別の許可ではなく，登記によって設立がみとめられる準則主義をとったのはイギリス1844年，フランス1867年，ドイツ1870年であるが，有限責任制自体はその後であった)，有限責任制の問題は，19世紀の前半の古典派経済学では充分に取り扱われなかった．ただ責任は，完全競争の制御機構のひとつであり，競争秩序にとって欠くことのできない制度であるという視点から，古典派経済学者のうちオーバーストーンやマカロックは，有限責任は不道徳であると考えていたのに対し，「何ら道徳的問題は存在しない」というJ. S. ミルの主張はむしろ少数派と考えられていたといえよう[25]．すなわち，利益を得るものは，また損害をも負担しなければならないという原理がまもられていたわけである．

初期の株式会社は，公法的色彩をおびた専制的な組織のものであり，国家の特許状によって設立され，国家主権の一部を行使する権限をも与えられていた．したがってその経営は，国家の任命した官吏と大株主によって排他的に行なわれていたのである．アダム・スミスが論じた「ジョイント・ストック・カンパニー」は，たしかにそれ以降の新しい「私的なそして民主的」な経営形態を意味してはいたが，スミス自身がこのジョイント・ストック・カンパニーを好まなかった理由は，株式会社の経営者は，自分の金ではないのでそれほど用心深

く他人の資本を取り扱わないだろうし，外国貿易を独占している貿易会社に永久独占を与えることは認めがたい，株式会社形態は，銀行・火災保険・運河の開さくと維持，大都市への給水など事業内容のルーティン化しているものだけが適当と考えられる，という点であった[26]．しかし，スミスの時代以後，他の多くの業種において株式会社が現われ成功をおさめていることからして，この主題に関するスミスの推論はそのままのかたちで現代にあてはまるわけではない．

　ところで株式会社の出現によって「所有」と「経営」が分離され，両者の利益の間に不調和が発生したという点は，バーリとミーンズの古典的著作(Berle and Means [1932])の中で記述されている．「資本がそこにある．だから資本主義だ．衰退しているのは資本家だ」といわれる点はどうだろうか．少なくとも歴史的にみると，最も成功した企業の多くは，かなりの株式を自ら保有する経営者にその成功を負っていることも事実のようである．その意味では，重役たちの金銭的動機は決して弱くはなかったといえるであろう．しかし経営者と株主の分離が普及し，単なる資産所得生活者(rentier)と化した場合の株主にとって，経営者が不適切な代表者である可能性は存在する．利潤の処分の仕方を例としても，それをどのような投資に向けるか，消費するかなどについて両者の考えは必ずしも一致しない．経営者がリスクを避け，安泰を欲するような選択をするかもしれない．いずれにせよ，株主が経営者を選ぶことができるという原則が守られる限り，株主と経営者の利害は最終的には調整されていると見るのが普通であろう．

　一般に有限責任は，財産に対する債権者の追及をまぬがれるための一種の特典である．したがってオイケンも指摘するように有限責任と独占的立場の二つが重なりあえば，企業の利益と公共の利益は対立する．したがって責任は，競争の経済秩序に対して前提となっているだけでなく，自由と自己責任とが支配する社会秩序にとっても重要な前提となっていることを忘れてはならない[27]．

　知的所有権　特許に関する論争は古典派経済学の時代からすでに存在してい

るが，その重要性は最近のはげしい技術革新の時代にとくに増大したといえる[28]．とくに，ある種の製品をつくり出すための技術に本質的に結びついた特許権は，独占力をつくり出す可能性があるため，特許権によって技術革新への誘因を創出し，発明者を保護することと，独占の弊害をどう融和させるかという問題は現代社会における大きな社会経済的テーマとなっている．

知識の希少性は物理的限界によって生まれるのではなく，法的保護によって生ずる．発明者が自分の知的活動の誘因として，どの程度金銭的利益に関心を持っているかは，個々のケースによって異なるが，現代のように複雑で生産規模の大きな産業社会では，知的創作物に対する金銭的な報酬がないかぎり，多額の資金を投入した研究開発はなされないであろう．このような観点から，特許による独占を一定期間みとめ，その知識の使用に対して排他的権利を与える，という功利主義的な政策はある程度納得できる．すなわち，ある種の一時的独占が長期的観点から公益につながるような活動領域が存在するということである．しかし他面，特許制度自体が特許カルテル，特許トラストと呼ばれるような企業集中をうながす側面をもっていることも否定できない．これは19世紀中葉まで広く行き渡ったパテント立法に対して，19世紀後半から激しい反パテント運動がイギリス，ドイツ，スイス，オランダなどで展開されたことにも示されている．現代の立法と裁判は，こうした知的所有権による供給制限に対しては全体として緩和方向にあるといえる．保護期間を短くすること，更新を制限すること，適当な使用料でもって利用をみとめることなどはその例である．

国際貿易の場で行なわれる「国際カルテル」事件においても，背後に特許が介在する場合が多い．単にライセンスを通して収益をあげることが目的か，市場分割が目的か，特許ライセンス契約の性格がつねに問題になる．一般に国際特許カルテルが国際貿易の障害になることは否定できないので，19世紀からすでにカルテル規制の国際的動きはみとめられるが，国際的に解決しようと本格的に取り組まれはじめたのは第二次大戦後であるといってよい．

独占・カルテル・トラスト

競争と独占については，すでに第1章でその基本的な考え方を述べたので本節ではいくつかの留意点を述べるにとどめる．

経済学の基礎を学んだ者は，市場経済の擁護論が数学的モデルで表現される完全競争の仮定に依存しているため，競争者が無数におり，すべての生産者が市場価格に何の影響も与えられない状態のみが最善な経済厚生を達成しうると想定してしまう．しかし現実には，技術的理由，地理的理由などによって結果的にその産業の生産者がひとりしか存在しないということは充分に考えられる．重要なことは，競争者が多数いるということではなく，一企業が生産している場合でも潜在的な競争者がつねに参入しうる可能性が保証されているかどうかということであった．したがって，独占が結果的に存在すべきではない，ということではなく，他人を排除する権利が与えられているような（法的に特権を与えられているような）独占を存続させるべきではないという点を第1章において強調した．

独占についてスミスも分析をおこなっているが，次の文章は独占の弊害をきわめて端的に表現している．「独占業者は絶えず市場を荷不足にしておくこと，有効需要に決して十分な供給を与えないことにより，彼等の商品をはるかその自然価格以上に販売し，そしてその得るところ——それが賃金であろうと利潤であろうと——を大きく自然率以上に上げる[29]．」『国富論』の他の箇所でもスミスは独占を強く非難している[30]．こうしたスミスの態度は，その後の古典派の経済学者たち（リカード，マカロック，J. S. ミルなど）にも同様にうけつがれている．

実はこうした独占に対する反発は，すでに中世のスコラ学者の間でもきわめて強かった[31]．スコラ学者たちは，公正価格に関して完全な意見の一致を見ない時でも，独占に対しては口をそろえて，「価格操作を共謀すること」として非難した．（したがって公正価格論は独占者の高価格に対する武器として用いられたという側面がある．）そしてこうした独占は，「自由に対する謀議」であり，希少性を人工的につくり出すゆえ，国にとっても有害なものであると主張した．

人工的な希少性によって，価格が競争価格以上につりあげられ，そしてそこから発生した利益は不当利得(turpe lucrum)の汚名を着せられるのが常であった．しかし彼らはこうした問題を究明する時，正義のルールと徳義のすすめとの相違をはっきりと認識していた．たとえばトマスはキケロが用いた次のような例を挙げてその違いを説明している[32]．商人が飢饉に苦しむ地方に穀物をもたらしたとする．その時この商人は現行の価格(pretium quod invenit)で自分の穀物を売ることができるであろうか．あるいは，しばらくすれば多くの商人がこの地方にあらわれ，その穀物の市場価格を下落させるということを買手に知らせるべきであろうか．トマスは正義のルールからはそれを告知する義務はないと答える．しかし売手が有徳に行動するなら，価格を下げるか，その事実を告げるであろうと述べている．中世のスコラ学者たちは「市場価格」を好んだため，独占的な「差別価格」にも強く反対した．売手は買手の無知や，困窮につけこんで差別価格で販売してはならず，貧者にも富者にも同じ価格で売るべきであると主張している．これは平等と互恵性にもとづく交換の正義と一致する主張であることはいうまでもない．また他方，中世商業における買占めの弊害を非難したジェルソンらは，公的権力によってすべての価格を固定すべきであるというほどの極論を述べている．

　次に，生産技術そのものの適正規模が非常に大きいために，市場が独占的な性格を帯びざるを得ないケースを見てみよう．これはすでに多くの古典派経済学者が認めるところであった．しかしこうした技術的要因にもとづく独占の問題を，彼らが*そのままの形で*是認していたかどうかは疑わしい．その理由のひとつは，こうした技術的要因にもとづくとみられる独占でも，人為的な政府の政策によって「独占への環境づくり」がなされてしまっている場合が多いからである．たとえば輸入関税による保護が国内の独占を温存してしまうようなケースもある．これもその国の貿易政策が，人為的に外国からの潜在的供給者の参入を防ぎながら，国内での技術的独占を保護していることを意味する．

　しかしもちろん純粋に技術的要因から発生しやすい独占が存在することも事実である．ガス，電気，水道，鉄道，港湾，空港などがその例であり，これら

の分野では営業用の土地の強制的買収が必要となることも多い．このような理由もあって，これらの業種では社会的なコントロールがなければ，所有者の利益と社会の利益が必ずしも一致しない．こうした分野の事業に公的機関が具体的にどの程度干渉すべきかという問題を，スミス以降の古典派は(J. S. ミルがロンドンのガス・水道問題について論じているが)ジェボンズの後期の著作が現われるまで，ほとんど正面切って取りあげることもなかった．この点に関してジェボンズの「政府による産業経営の四つの条件」を見ておくことが有益であろう[33]．彼が公的企業が適当とみなしたのは次のような条件を満たす業種であった．ひとつはその事業が変化がなく，ルーティンであり，きまったルールにしたがって遂行できること．第二は，その活動状況が衆人環視のもとにおかれるか，その活動の質がただちにわかるような対個人サービスであること．第三は資本支出が少なく，年々の収支がその事業のパフォーマンスをかなり正確に表わすこと．第四は，この種の政府事業が政府統合によって大きな便益と節約を生むこと，である．

現在技術的独占にまつわる公共政策には，基本的に二つの立場がありうる．ひとつは徹底した公有政策をとることを主張する立場，いま一つは株式会社組織に，厳しい条件で特権を与えるというものである．これら二つの政策はいずれも実施されているが，生産性の観点からよりもイデオロギー上の理由から公有制が好まれる場合が多かったが，近年逆に民有・民営化への組織改革が多くの先進諸国で起こっている．

カルテルとトラスト　独占は競争の制限によって超過利潤の獲得を意図的に目標としているが，企業がいくつか存在する場合でも，様々な企業結合によって単一企業による独占と同様の効果を生み出すケースがある．ひとつは同一産業部門内の競争企業間の横断的な協定で，カルテル(企業連合)と呼ばれる独占的結合である．カルテルの加盟企業は独立性を失わず，協定による市場統制で独占利潤を確保しようとするが，協定自体は不安定で崩壊しやすい場合が多い．もうひとつはトラストあるいはコンビネーションと呼ばれる企業合同である．

トラストの加盟企業は，法律上の名目的形態は別にして，実質的に独立性を失い資本を通した支配関係を通して巨大な統一体を形成している．このような独占的結合の形態は，先にみたパテントや技術的独占の場合とは異なって，そこにはハードな技術の創造的要素は含まれていない．それは単に競争を制限し，価格を競争価格以上に維持することによって高利潤を享受するための機構にすぎない．

　古典派経済学者もこのような独占的結合による弊害を無視したわけではなかったが(スミスのカルテル批判は著名であるが)，彼らの時代にはカルテルそのものは不十分であったし，大きな企業合同もまれであった．彼らが独占の問題を論ずるとき念頭においたのが，直接・間接の政府保護による独占であったのにはこうした時代背景がある．しかしその後事態は大きく変化した．現代でも先進国における農業のように，政府保護によって継続する独占力は存在するが，先にみたような形のカルテルやトラストが無視しうるほど弱体であるとか，政府介入なしにそのまま放置しておいても公益に反しないというものでもない．ロビンズが挙げている英国での方式は，そういった点からも注目に値する[34]．英国では，反独占政策として，二つの機関による分業体制がしかれている．(競争)制限活動裁判所(Restrictive Practices Court)は独占や公正取引に関する法律を取り扱い，判例法の収集につとめ，将来起こりうるケースに対する指導体制をつくり上げることに専念する．もうひとつの「独占委員会」(Monopolies Commission——1973年より Monopolies and Merger Commission)は，ピグーが『富と厚生』(1912)の中でその原型についてふれているもので，現在の企業組織と合同を申請している企業を政府が任命した人々がその利益・不利益に関して審査・勧告を行なう機関である．スティグラーは，こうした英国方式は政府干渉を増大させるとして批判的であるが[35]，ロビンズ自身，このような英国方式は良識の要求や政策の一般理論が求めるところと調和的であると見ている．いずれにせよこうした問題は，利害関係者の弁明にまどわされることなく，また一時的な独占をすぐさま騒ぎ立てることもなく議論されるべきであろう．

労働組合

　団結の自由がみとめられたことにより，労働市場では使用者が労働者の集団（労働組合）と向かい合うという形になった．現代ではベンサムの考えたような「国家と個人」という関係ではなく，国家の中に様々な権力集団や団体組織が存在するという構造にかわってしまい，個人は団体の一員として多くの自由をもたなくなったのである．すなわち労働条件についても，労働組合が決めるのであって，個々の労働者が自由に決定するのではない．そして労働組合のような団体や組織が，国家の意思形成に対しても大きな影響力をもつようになってきたのである．

　労働組合について経済学者がいだいた関心は大きく分けると二つある．ひとつは労働組合の歴史的軌跡とその意味を制度的な側面に光をあてながら解明しようとするもの，もうひとつは，合理的主体としての労働組合が賃金，雇用，労働移動，技術革新，利潤などに与える影響を理論的に説明しようとするものである．ここでは後者の分析的立場にいた経済学者が，労働組合をどのような組織とみていたかについてふれるだけにとどめよう．

　古典派経済学者が労働組合に対してとった態度は，一言で表現すればきわめて曖昧なものであった．たしかに1830年代，40年代の経済学者は，ピケ・ストライキ等に際しての暴力行使には強い反対意見を表明しているが，労働者の部分的な組織化は意味がないとして，組合のクローズド・ショップ制に対して弁護論を展開している(J. S. ミル『経済学原理』)[36]．S. ジェボンズも，個人主義的色彩の強い社会哲学を持っていた初期の論文では，労働組合の有効性についてかなり否定的な意見を示していた．組合は，経済的・政治的自由の発展を阻害するものであり，賃上げも仲間の労働者階級を犠牲にして財価格をつり上げる効果しかないと見ていたのである(これはサイモンズやマハループの組合理論に基本的にうけつがれている)．しかし，彼が死ぬ数カ月前に公刊した，『労働との関係における国家』という小冊子の中では，「労働組合の経済的誤りは結局のところ，一，二世代前の支配階級ではないにしても，商業階級に浸透した誤りに比べればそれほど悪いものではない」と言い，「事態を落ちついて眺め

れば，社会のすべての階級の人々は心底から組合主義者であり，異なる点は，その大胆さ，能力，自分の利害をどれだけはっきりと表明するかだけであることが明確になってくる」とつけ加えている[37]．

労働組合の存在が，労働者階級に大きな利益をもたらしたことは確かである．しかし労働組合の力が賃金水準をどれだけ上昇させ，労働時間をどれだけ短縮させたかについては疑問をさしはさむ見解も多い．労働組合が賃金水準をはたしてどれほど上昇させたかについては，見解は二つに分かれる．ひとつは労働組合の賃金引き上げ能力を否定する立場，もうひとつはそれを肯定する立場である．前者は賃金基金説を説いた J. S. ミル，あるいはケインズ，マルクス，ベーム・バヴェルクなどの自由主義者ないしは社会主義者，後者はベルンシュタインやフェビアン主義を信奉する修正社会主義者が多かったと言うことができよう[38]．この問題は現代でもはっきりした結論が出たとは言いがたいが，この点に関して最近ではフェルプス-ブラウン [1966] のきわめて明快な分析がある．彼は1860年から1960年頃までの名目賃金，物的生産性，単位あたり賃金費用などを，フランス，ドイツ，スウェーデン，英国，米国について解析し，労働組合の動きの激しかった時期には，(景気循環や市場条件を考慮しても)たしかに名目賃金の一般水準は有意に上昇しているが，ほとんどの場合，実質賃金には同様の効果を与えるにはいたらなかったと結論づけている．実質賃金は，結局，生産性によって規定されていたのである．

労働時間についても，歴史的にみて労働組合やそれに応ずる政府の法的規制(すなわち19世紀における社会政策)だけによって時間短縮が実現した，と考えることに疑問をさしはさむ論者がいる．ハットの主張するところによれば，19世紀の労働時間の短縮は，工場法等の法律ができあがったから実現したという社会政策的効果というより，生産性が向上し，実質所得が上昇した結果，労働者がようやく余暇を享受しうるようになった，という側面を無視してはならないという[39]．今世紀のアメリカ製造業労働者の週労働時間の変化についても，表面的にはほぼ同様のことが読みとれる．20世紀初頭から第二次大戦直後にかけては組合の力はそれほど強くなかったにもかかわらず，平均でみると週16

時間ほどの時間短縮が記録されている．しかし戦後の25年間では，組合活動が盛んであったにもかかわらず，統計上はわずか週1時間弱の短縮にとどまっている．

　労働組合の存在自体が，労働者階級の賃金や労働時間に長期的にはそれほど実質的な影響力を与えなかったとしても，組合が労働者の労働条件や生活全般の向上に資するところが大であったことは何人も否定しない．組合活動を通して英国の労働者は，自重の精神と知的向上を実現していったともいえる．最近アメリカの労働経済学者たちが指摘するところでは，労働組合の「集団的な発言機構」としての機能が，労働者の苦情や不満を減少させ離職率を低下させるよう作用しているという．そしてこの離職率の低下が労働生産性の向上に役立っているというのである．

　古典派経済学者の組合に対する曖昧な態度は，一般的な自由の主張の中にふくまれる「団結の自由」と，カルテル行為への批判をどう調和させるかという点から発していることは確かである．それは組合による職業への独占的制約を除去すべきだとする考えと，労働需要不足や市場の不完全性のために起こる労働機会を保障すべきだという考えが，両立しない時に生まれるディレンマのためでもあった．この両者とも労働権(right to work)と呼ばれ自然権思想がその根本にあるが，そのどちらを取るかが「ブルジョアジー」の利益か「プロレタリアート」の利益かの選択を意味したのである．しかし，今世紀に入って事態は少し変化したといえる．組合の力も増大し，それに対する経済学者の評価も変化した．たとえばケインズは，"Liberalism and Labour" (1926)の中で，「かつては圧迫された労働組合主義者は，今や僭主となった．彼らの利己的でセクト主義的な主張はきっぱりとはねつけなければならない」と言っている[40]．

4.3　商業と貿易

商人観

　経済財は生産者から消費者へと移動しながら，需要者と供給者の間の調整だ

けでなく，場所的・時間的・量的差をうめあわす作業を必要としている．この調節作業をおこなうのが商人である．マーシャルが『原理』の中で述べたように，商業(trade)が最終消費者の効用の増加に貢献することは確実であるから生産と同じような性格をもつ経済行為とみなせる[41]．しかし洋の東西を問わず，商業活動をネガティブに見る態度は古くから存在した．日本では，徳川初期の政治家は，「商は詐なり」(『板倉政要』)として，「勧農抑商」政策の基本的方針を打ち出しているし，ヨーロッパの諺でも，「交換する」(tauschen)と「欺く」(täuschen)の語呂を合わせ「交易したいと思う人は，だましたいと思うものだ」(Wer Lust zu tauschen hat, hat Lust zu täuschen)という表現がみられる．こうした商業活動を貶める見方に対し，逆に商業がいかに社会に正義と平和をもたらすかを強調する人々もいる．前者の見解は比較的よく引用され，説明されるので，そういった考え方の根底にあるものを簡単に指摘すると同時に，後者の見方をさらに詳しく説明してみたい．

　商業の蔑視についてはよくアリストテレスが引用される．アリストテレスは第3章でもすでに説明したように，富の獲得術を二つに分けた[42]．ひとつは家政術の一部であり，もうひとつは商業である．前者は必要にして奨励されるべきものであるが，後者は交換の一方法であり，人間が他者の犠牲において利潤をうるという，自然にあわない方式であるとアリストテレスはいう．家政術は，家畜に関する知識，農業，漁業をふくむ．交換術は商業であり，船による輸送，売買，あるいは金銭の貸与，機械の賃貸，不熟練の肉体労働などがふくまれる．(この両者の中間形態として，大地からの貯蔵物や生育物をとり出して交換するという術もある．)アリストテレスは，農業をはじめとする家政術は賞讃されるべきであるとしているが，商業のような蓄財術(krematistics)についてはきわめて懐疑的な態度を示した．こうした姿勢は中世にも基本的にうけつがれ，スコラの博士たちも農業を「徳へいたる職業」と賞揚する一方，商業に対しては，アリストテレスや教父たちと同様の偏見を保持していたといえる．「商人はほとんど神を喜ばせない」という教会法の文言がそれを端的に物語っている．そして聖書(『ルカ』19ノ45-46)においてイエスが神殿から商人たちを追い払

った例などを引きながら,商人の貪欲の罪をなじったのである.

しかしトマス・アクイナスにいたると,この傾向は多少の変化を示す.トマスは,基本的に自給自足で外国との交易のない国家が最良であることを主張しながらも,いかなる国家もあらゆる財を過不足なく自国内で調達することは現実にできないとする[43].そして外国から必要な商品をもたらす輸入業者の仕事の重要性をみとめ,その後のスコラ学者たちが倉庫業も正当な職業として認めるに至る契機を与える.トマスの商業論と深くかかわってくるのは公正価格という概念である[44].公正価格とは「売手にとっての費用である」という把え方はトマスの場合もそのままあてはまる.こうした見方が価格決定に際しての需要側の要因を無視していることは確かであるが,売手が大事なものを手ばなす個人的損害,売買の時間的へだたり,財を保管したり移動することのリスクや労働などが,価格の上昇を正当化する要因としてとりあげられていることは注目に値する.と同時に,公正価格は,中世の不完全競争経済で生ずる交渉コストを,道徳的制裁による裁定価格を導入することによって最小化するという機能があったことも指摘されている(Friedman [1980]).いずれにせよこの変化は,倫理の問題が現実の経済過程を具体的に考慮することなしには正確に議論できなくなってきていることも示している.

こうした商業の必要性と重要性をさらに積極的にみとめたのはモンテスキューである.彼は『法の精神』の中で商業のもたらす美点,商業の精神について次のように語っている.「……商業は破壊的な偏見を癒す.しかして温和な習俗のあるところはいずこも商業があり,商業のあるところ必ず温和な習俗があるのは,ほとんど一般原則である.したがって,われわれの習俗が昔にくらべて凶暴でなくなったとて驚くに当らない.商業のおかげですべての国民の習俗についての知識がいたるところに浸透した.……」[45].

このようにモンテスキューは,商業の法は習俗を堕落させるというまさに同じ理由によって,野蛮な習俗を匡正し,温和にすること,そして商業の自然的効果は平和にみちびくということを指摘したのである.すなわち,商業精神は取引する二つの国民を相互依存的にし,その結合は相互的欲望に基礎をおく.

もちろんモンテスキューは，この商業精神があらゆる人間行為，あらゆる道徳的徳性をも取引の対象とし，あらゆる事物が金銭とひきかえられることに気づいている．しかし同時に，商業精神が人々のなかにある種の几帳面な正義感を生ぜしめ，それが社会の安寧に大きく貢献することを強調したのである．商業精神が一面において強盗行為に対立し，商業の全面的喪失は強盗行為を生むことが予想されるからである．

このような商業精神と几帳面な正義感の関係は，古代ユダヤ社会におけるサマリア人の描かれ方からも読み取ることができる（ドゥ・ジューブネル）[46]．サマリアは初期から異教礼拝の傾向があり，エルサレムを中心とするユダヤ人との確執が強かった地域である．イエスも，ヘレニズム化したサマリア地方を旅するのを避けたほどであるから，その反目の程度はきわめて強かったことがわかる．このような背景で，「ライ病を治癒されて唯一人返礼をするサマリア人」（『ルカ』17ノ11-19），「隣人とは誰かを示すサマリア人」（『ルカ』10ノ30-36）等の譬えは，ユダヤとサマリアの反目を越えた新しい福音を示していると通常は説明される．そしてこれらの譬えは，当時最高の知識人であった祭司や，イスラエルの祭司部族であったレヴィ人よりも，異教徒のサマリア人こそが，道端の貧者にとって最もよき隣人であったという点がポイントであると通説では指摘される．しかしドゥ・ジューブネルによれば，この話はユダヤ人社会の中にあった収税吏や商人に対する蔑視感を断罪するためのものであるという．つまり，道端の困窮者を助けたのはサマリア人（つまり商人）であって，レヴィ人という知識人ではなかったというところにポイントがあるという．経済行為という「交換の正義」が貫徹する世界に住む商人や生産者たちが，その正義の貫徹のためにこそ，隣人たる態度を自然に示したという点である．正義と隣人愛とは，社会生活にとってまさに補完的な関係にあるというトマスやスミスの思想ともこの考えは軌を一にしている（「憐れみのない正義は残酷であり，正義のない憐れみは滅びの母である」）．

貿易の有用性

　以上は商業および交易に対する倫理的見解を示したものであるが，商業自体が一国の経済にとって「有用か無用か」という観点からの論争もある．この場合の商業とは外国貿易を意味し，有用・無用の判別は「国富の増加や一国の繁栄」にとってどうかということである．この論争の中で特に注目すべきは，重農主義の立場から，「国富の源泉は農業だけであって，外国貿易は一国の繁栄にとって全く無用である」とするスペンスやチャーマーズと，商業擁護論の立場に立ったJ. ミルやロバート・トレンズらの論争であろう．したがって次に，スペンスとJ. ミルとの間で戦わされた論点を整理し，商業の有用性についての理論的・学説史的展開を跡づけることにする[47]．

　この論争のポイントは三つある[48]．第一点はいわゆる「販路説」に関するもの，第二点は，商品の価値実現にとって外国貿易は必要か否かという問題，そして第三点は，外国貿易の生産性に関するものである．

　まず第一点について，ミルは商品の生産は，生産された商品に対して市場をつくりだすのであって，しかも，こうした市場をつくりだす唯一の普遍的な原因となると言う．後の古典派経済学者が全面的にうけいれたこうした需要よりも供給の主導性を重視する「販路の理論」(théorie des débouchés)といわれるものは，一国は，資本または商品のいずれについても，自然に供給過剰となることは，けっしてありえないという主張に帰結する．これに対してスペンスは，全般的な供給過剰の可能性・必然性を強く前面に押し出す．すなわち，「もしも社会のすべての人たちが，その収入の大半を資本に転化すれば，新資本の使用によって生み出された商品には，きっと買手がみつからないであろう」と言い，生産過剰による恐慌の可能性を認めたのである．このようなスペンスの見解は，基本的にそのままの形でマルサスに継承されたといってよい[49]．

　第二の問題は，商品の価値実現にとって外国貿易は必要かという点に関連する．ミルとスペンスは，共にこの命題を否定する点で一致している．外国貿易は商品の価値実現にとって全く必要ではないというのである．「販路説」に立ったJ. ミルが，商品の販路として外国貿易を必要としなかったのは自然な論

理展開であったといえる．それに対して，過剰生産恐慌の可能性を主張したスペンスは，次の二点で外国貿易の不用性を唱える．ひとつは，外国貿易も結局は輸出品と輸入品との物々交換にすぎないこと，第二は輸入品も最後は国内で消費されるから，年生産物の価値実現に必要な総需要は，結局国内消費者次第ということである．岡［1965］の指摘するように，こうしたスペンスの論理は結局貨幣ヴェール観的な「物々交換」経済を想定してしまっていると同時に，地主の支出（不生産的消費）の程度に応じて社会全体の消費＝需要が規定されるという結論にみちびく[50]．このような論理から，不生産的消費を増加する国債，重税，公共事業，そして地主階級の奢侈を奨励するというスペンスの姿勢が生まれたという．

　J. ミルは封鎖体制においてすら全商品の需給は一致すると考えたのであるから（販路説），彼にとって外国貿易は便宜的な手段でしかなくなる．ミルは，スミスやリカードと同じく，資本蓄積を擁護し，価値を破壊し浪費する「不生産的労働」を排撃したのは明らかである．ではなぜミルは，外国貿易を価値実現にとって無用としながら，封鎖国家では資本蓄積が進行しないからという理由で外国貿易を擁護したのであろうか．これはミルが外国貿易の「生産性」をどうとらえていたのかという第三の問題に帰着する．

　J. ミルはいささか自家撞着的に，商業利潤一般はただ富を移転することによって生まれるにすぎない譲渡利潤であるから，富の「創造」には参与できないが，富の「増大」には貢献できると主張する．すなわち貿易は，資本蓄積にとって必要な原材料や食料を，国内より豊富に，そして安価に獲得でき，分業によって国々の労働の生産力を発展させることができるというリカード流の比較優位の理論を展開している．このことから明らかなように，ミルの外国貿易擁護論の根幹は，スミスやリカードと同じく，販売と購買の時間的・空間的分離の可能性はみとめず，外国貿易が資本の蓄積を大きく促進させるとみなすところにあったといえる．この点でミルの商業の擁護は，資本蓄積の促進論であり，地主階級と対立していた産業資本の擁護論であったと言うことができる．それを支えたものは経済的進歩の思想であり，自由貿易の政策思想であったといえ

よう.

　こうした自由貿易論は,イギリスにおける1820年の「ロンドン商人の請願」に代表される「反穀物法運動」と関係している.地主階級の利益を守る穀物法に対する産業資本家側からの攻撃である.1839年の「反穀物法同盟」の結成から運動はますます盛り上がりをみせ,1846年には穀物法の廃止に成功する.その後差別関税を防止する英仏自由通商条約成立の1860年から80年前後まで,英国は自由貿易の全盛時代を経験したのである.

　こうした自由貿易思想の背後には,たしかに「理論」がある.自由貿易が世界の資源配分を最適化し,一国の経済厚生を最大にする,という命題である.しかし,それはあくまでも平均的・集計的なモデルの世界での話であって,実際には産業間,階級間の利害対立がはっきりと存在するだけでなく,長期的な厚生という観点からどれだけの現実妥当性(たとえば自由貿易の例外としての幼稚産業保護論)があるかどうかは,この理論は教えてくれない.そういった意味では自由貿易主義も,一部の産業資本が自己の利益弁護のために用いたドグマ的な性質をもっていたといえよう.『一般理論』では重商主義を支持したケインズも,1920年代には自由貿易を擁護して「保護主義では失業を救済することはできない」と主張した.保護を受けた産業の雇用は増加するが,輸出産業や保護をうけなかった他の輸入競争産業の雇用減少といった国内の異種産業間での利害対立の可能性が大きいことは充分にありうるからである.これはR.マンデルの指摘した「変動相場制のもとでの通商政策はデフレ的である」という理論にも示された命題である.これは保護主義は雇用に対して中立的であるという楽観論よりもはるかに保護主義にとって都合の悪い命題とも考えられる[51].

第4章　注

1)　Kuznets [1971](邦訳77-78ページ).
2)　Schultz [1963](邦訳24-25ページ).
3)　Smith [1776] p. 625, p. 30.

4) 「衒示的消費」(conspicuous consumption)とはヴェブレンが『有閑階級の理論』(1899)の中で示した概念で，上流階級が個人的権威を高めるための方法としての消費で，価格が高いほど(たとえば宝石等)その需要量が増えるような性質の消費である．「ポトラッチ」(Potlatch)とはアメリカの北西岸インディアンの祭礼時におこなわれた贈り物分配行事と大宴会のこと．

5) この点を批判的に検討したのは Knight [1935] pp. 19-40 である．

6) Pigou [1932] pp. 24-25.

7) Stigler [1975] p. 109.

8) 免許制度に関するシカゴ学派の分析として Friedman [1962] の第9章を参照されたい．

9) Robbins [1976] pp. 18-24.

10) Coase [1974b] がこの問題を分析しているが，これはあくまでも経済学的な視点からのものである．より広い枠組の議論としては，ミルトンの *Areopagitica* はもとより，信教の自由，宗教的寛容をめぐる問題として古くから存在した．ミルトンは検閲は批判の自由を抹殺し，一切の学問を堕落させ，「書物を殺すことは神の権化である理性を殺すことである」と言っている(Milton [1644])．

11) Berlin [1969](邦訳 416 ページ)．Popper [1945] の addenda が参考になる．

12) この点は Hayek [1976a] p. 111 によっても議論されている．

13) Marshall [1920] pp. 70-72.

14) 以下三つのパラグラフは Rothenberg [1968] によっている．

15) Knight [1935] pp. 33-37.

16) Robbins [1976] pp. 18-21.

17) Goldman [1960].

18) Telser [1962], [1968].

19) 『神学大全』第二部の二，第 66 問題．

20) 「キリストの清貧に関するフランシスコ会厳格主義者の誤謬」というヨハネス二十二世の教皇令(1323 年 11 月 12 日)については，『カトリック教会文書資料集』(エンデルレ書店，1982 年)を参照．

21) Coase [1960], Alchian and Demsetz [1973], Demsetz [1964], [1967].

22) 以下の説明は Demsetz [1967] による．

23) Coase [1960].

24) Eucken [1952](邦訳 367-374 ページ)．

第4章 消費・生産・商業 159

25) Robbins [1976] p. 43.
26) Smith [1776] 第五篇第一章第一項の 2.
27) Eucken [1952] (邦訳 379-386 ページ).
28) Machlup and Penrose [1950]. 特許制度そのものの歴史を要約したものとして特許庁工業所有権制度史研究会『特許制度の発生と変遷』(1982) も参考になる.
29) 『国富論』第一篇第七章.
30) たとえば『国富論』第四篇第二章.
31) O'Brien [1920] pp. 124-125.
32) この例は Cicero の『義務について』(*De officiis*, III, xii) にあらわれる. トマス『神学大全』(第二部の二, 第 77 問題第 3 項).
33) Jevons [1883] pp. 279-280. この四点はスティグラーによってまとめられた順序に従った.
34) Robbins [1976] pp. 57-58.
35) Stigler [1975] pp. 47-49.
36) Mill [1909] p. 402. ここでミルが主張したことは, 一部を組織化して労働供給を制限すると, 彼らの賃金が上昇する限り, 人口過剰への適切な施策とならないという点である.
37) Jevons [1882] の前書き.
38) 内海 [1977].
39) Hutt [1926]. 労働権については Spengler [1968] が参考になった.
40) Keynes [1926].
41) Marshall [1920] p. 53.
42) アリストテレス『政治学』第一巻第八章-第十章. クレマティスティケーは, 財の獲得術一般をさす場合と, 不健全な金銭獲得術を意味する場合との二つの意味で使われている.
43) Thomas Aquinas [1949] II. VII. 外国貿易に依存すれば, 国防上の弱点を露呈する. 資源不足の経済が広域経済の思想を発展させる理由もここにある.
44) 公正価格論に関する文献は最近でも依然として数多い. ここではさしあたって Kaulla [1940] と次の雑誌論文をあげておこう. de Roover [1958], Wilson [1976], Friedman [1980].
45) Montesquieu [1748] (邦訳 277-278 ページ).
46) Jouvenel [1954] pp. 91-121.

47) J. Mill [1808], とくに第五章.
48) この論争のポイントの整理は岡 [1965] による.
49) Malthus [1820] pp. 382-398.
50) 岡 [1965] 207 ページ.
51) Mundell [1961].

第5章 経済学と社会主義

　この章では経済学と社会主義思想の関係を論じる．5.1節では，社会主義の経済学そのものではなく，固有の人間観と平等感から完全な未来社会の姿を描いた三人のフランス人ユートピアンの考えを紹介する．後の社会主義思想への「影響力」という面からみても，あるいは計画論的思考，宗教的要素，平等主義という点からみても，これらの社会主義者の思想（必ずしも私的所有が否定されているわけではないが）を無視することはできない．彼らの描いた未来の社会像の中には，ある種の予言的な要素が含まれているからである．その点ではフランスはまさに社会主義の母国であった．5.2節ではイギリスの古典派経済学者の私有制に関する見解を示した後，J. S. ミルの社会主義への姿勢をとりあげる．ミルは古典派的個人主義から社会主義的な社会的効用(social utility)論への変化を身をもって示した人物であり，彼の思想史上の位置を探ることが必要と思われる．最後の5.3節は社会主義下における経済計算の問題をとりあげ，20世紀の著名な経済学者の社会主義観にもふれる．

5.1 経済学以前

　社会主義が正確に何を意味するかについて，最大公約数的な要素を求めるとすれば，生産手段の公有と集権的意思決定システムの二つを挙げなければならない．このような体制が，人間の歴史の中でつねに見えかくれしながら支持され，実験されつづけてきた背後には，人間にそなわった「平等主義」への傾きと，理性による計画への信仰があったことは第1章においてふれた．分権主義的な自由経済体制が他の体制と比べて相対的には成功を収めてきたにもかかわらず，現代の思想が依然として社会主義（あるいは集産主義）に好意的な態度を示しているのは，人間が本来的に有する理性と平等への傾きのあらわれと見る

ことができる．

　社会主義の誕生と伝統を語る時，どこからスタートするかは人によってまちまちである．このことは言いかえれば「どこからでも始めることができる」ということであり，それほどこの伝統は歴史的に古い．たとえばスパルタのリュクルゴスからプラトン，そして初期キリスト教会の教父たち，トマス・モアなどから社会主義者の群像を説きはじめることもできる．しかしこれらの著作家・社会改革者の多くは，経済学的な論理や可能性に関心を持っていたわけでなく，固有の倫理的立場から未来の理想社会の姿を描いたにすぎなかった．

　これら近代以前のユートピア思想の紹介は他の著作に譲るとして，本節では18世紀から，19世紀の前半にあらわれた主要なフランスの社会改革者(meliorist)たちの考えを紹介しておこう．彼らの思想は，人間が十分に利他的であるという前提から，合理性と道徳性という二つの要件を満たす未来社会の建設を具体的に構想したところにその特色がある．こうした考えは，デザインした人の名前を挙げることができるという点で，自由主義や保守主義とは異なる．本章5.3節で社会主義がもつ「知識人の宗教」としての側面に光をあてるために，サン・シモンとフーリエ，そしてプルードンの考えを簡単にとりあげておく．ここでは社会主義思想の歴史や伝統をサーヴェイすることが目的ではないため，近代社会主義の母国フランスの三人の社会改革者が描いた理想社会の青写真を見ることだけで充分と考える．

サン・シモンのエリート主義

　サン・シモンの思想の全般的特徴は，社会の改善を有機体の進化(evolution)という観点(社会生理学という視点)から「不可避なもの」「必然的なもの」と見たことである[1]．それは当時の科学的自然主義と，コンドルセを始めとするフランス啓蒙思想の合理主義信仰とを結びつけたものと考えられる．すなわち，社会は単一の有機的機械システムのもとに統一されており，個人や階級の対立によって攪乱されるものではなく(したがって「階級闘争」という概念もない)，むしろ個人はこうした社会システムから恩恵をうける立場にあるとする．

こうしたサン・シモンの考えの中には，社会は合理的に，そして工学的に制御できるという基本認識がある．事実サン・シモンは，生産協同組合にもとづく新しい原理で，社会を再組織化するための綱領を書いている．そこでは生活に真に有用なものが，"科学的"に管理・運営された一大工場とも呼ぶべき社会で組織的に生産され，「各人は出生ではなく能力に応じて仕事を与えられ」，「各能力にはその労働に応じて報酬が与えられる」（これは弟子のサンシモニアンたちの言葉）．このサン・シモンの青写真による社会運営の特色は，金融資本家を主体とする農・工・商の産業家自身がこの計画実施の役割をうけもつだけでなく，学者も生産およびその組織化のための「科学的知識」を与える重要な役割をになっていることである．この新しい社会は「政権は産業家に，教権は学者に」という，中世社会のごとき二つの中心をもつ楕円構造をなしている．こうした構造を必要とする理由は次のようなものである．有機的な社会進化のすがたを決定づける要因は，知識の増大と人間の倫理的理解であるから，この進化を推進する主体はエリートでなければならない．ここでいうエリートとは，「科学と産業の時代」の中心的階級をなす学者と産業家を意味する．とくに新しい学者グループは，人々がこれまで無意識にゆっくりと優柔不断に行なってきたことを，意識的により効果的に遂行していくことができると期待されている．

サン・シモンの描く社会は，エリートによる計画という意味ではたしかに社会主義的ではあるが，資本家と労働者が産業階級として一括され両者の区別がないだけでなく，エンゲルスが考えたような「空想的社会主義」として処理できない側面を持っている．サン・シモン自身は「資本主義」を直接否定してはいないし，彼のデザインした経済体制のイメージは，原始共産主義，社会工学的計画論，ヴェンチュア・キャピタリズムの入り混ったきわめて折衷的な性格をもつものであった．むしろ彼の議論は，商人，銀行家，製造業者，耕作者，労働者からなる産業階級が学者とともに，復古王朝下の新旧貴族の支配を排するところにその主眼があったと考えられる．したがって，アンファンタン，バザール，ロドリーグらの弟子たちが，サン・シモン思想の中の社会主義的要素

をさらに発展させ(とくに出生によるカースト的特権と所有権の否定,不労所得の批判,自由恋愛),国家による財産相続権の収用,生産物の配分計画を銀行に実施させるなどの主張を明確にさせたと考えた方が妥当かもしれない.

サン・シモン自身が弟子のコントを自分の体系の科学的部分のみを取り上げ,感情的宗教的部分を無視したとして非難し,最後の著作『新キリスト教』(Nouveau Christianisme, 1825)において「最貧階級(プロレタリア)の状態を出来る限り速やかに改善するための」新しい兄弟愛の宗教を開こうとしていたことは,社会主義思想と人間の宗教的感情の親近性を示す例として興味深い.

フーリエの密教的教説

経済思想という面から見ると,その重要性はサン・シモンほど大きくはないが,サン・シモンと鋭く対立したフーリエをとりあげておこう[2].フーリエは,レセ・フェールの最も早い批判者として,生産と社会生活を協同組合的な基盤の上に組み立てるファランジュ(Phalange)を計画したことで知られる.フーリエはマルセーユの商社の店員時代に,飢饉であるのに米を海に投棄する作業をさせられた経験から,自由主義経済の背後にある,産業の無政府性,独占の害毒,商業の「反社会性」を強く意識し,このような現実に対処するために,人間性の形而上学的把握と歴史理解がまず必要なことを認識した.それはニュートン的宇宙秩序と社会秩序の対応を前提とした密教的な理論で,「自然について成立するものは,社会についても成立する」とみなし,人間の行動を支配する法則は「情念引力」であると考えた.ここでいう情念とは人間がもつさまざまな衝動や欲求のことである.

フーリエの著作は概して造語が多く,奇抜さ,幻想,誇張,神秘論などに満ちており,本人もみとめるように「一度読んだだけでは理解できない」ような性格のものであった.フーリエが描いた秩序の究極の目標は,完全に自由で知的に成熟し,高度に組織化された人間による物の支配であった.したがって教育の重要性の指摘,家族制度の批判,感情の抑制を排すること,そして性愛の解放までを含み,これを実現させる基本的な社会単位としてフーリエはファラ

ンジュを考案したのである．そこでは能力と趣味に応じて仕事が計画的に配分され，仕事の転換(労働内容は1日に8回もかえられる)によって精神労働と肉体労働のバランスを考え，都市と農村との新たな連携が構想されている．所有自体も，財産相続を制限するだけで，私的所有は基本的にみとめられる．労働意欲にとって私的所有は必須と考えていたからである．フーリエの考えは，産業社会そのものよりも農業や商業を基本とする社会を念頭においており，産業や技術といった新しいテーマに取り組んだサン・シモンと比べ，より古いタイプの社会計画論であったといってよい．しかしこうしたフーリエの理論が，その後かなりの間フランスやアメリカ(あるいは現代のイスラエルの kibbutz?)で実験されつづけたことをみると，その宗教的要素による影響力がきわめて大きかったことは否定できない．

プルードンと相互主義

　フランス社会主義の展開に直接的・現実的な影響を与えたのは，サン・シモンとフーリエの後継者とも呼ぶべきプルードンと彼の主著『財産とは何か』(*Qu'est-ce que la propriété ?*, 1840)であろう[3]．彼は「財産とは何か」を問うて，「それは盗んだものだ」と答えているが，私有制そのもの，それをささえる生産関係に関して全面否定の分析や提言を行なっているわけではない．彼は労働と貯蓄の果実としての私有財産を，自由の本質を保証するものとして基本的に認めている．彼が攻撃したのは利子，利潤，地代，賃貸料などの不労所得から生まれる私有財産であり，一部の人間が他人を搾取することによって得る財産を正義に反するとしたのである．プルードンの思想の中心は，あくまでも平等と個人の自由が完全に両立すると考えた点であり(ただし男女間の平等に対しては完全に否定的)，弱い者が強い者を搾取するシステムである共産主義や中央集権的国家権力には強硬に反対したことである．しかしプルードンは，人間が一旦国家から自由になっても，相互協約を結ぶことによって新しい経済秩序が自生的にもたらされるとは考えない．秩序は，理性によって計画された相互主義(mutualité)が組織されてはじめて可能になるという．その一例として，

財産収入による生活を無くするために，交換銀行と呼ばれる無利子の相互信用機関を組織することを提案している．無利子の貸出しは，独占をなくし，生産物市場への参入を容易にするからである．こうした相互主義を保障するのは国家ではなく，連合主義(federalism)であり，連合的契約とは，いくつかの目的のために複数の社会が相互に平等に規制しあうことである．このようにプルードンは経済秩序と政治秩序を分割し，前者を時間的に後者に先行する重要なものとして位置づけ，後のサンディカリズムの理論的基礎を提供したといえる．これは無政府的連邦主義と呼ばれるものであるが，マルクスの『哲学の貧困』やワルラスの『経済学と正義』の中で痛烈な批判をうけた．

以上三人のフランス人の描いたユートピアは，それぞれの要素が100年後のアナトール・フランスの『白い石』の中にたくみに盛り込まれている．その点ではフランスのユートピア思想には，長い伝統と一貫性が存在するといえよう．もっともプルードンの財産論は，イギリスのリカード派社会主義者ホジスキンとも共通する点があるので，次節でまずそのことにふれてから，古典派の社会主義論をみておこう．

5.2 古典派と社会主義

古典派経済学の社会主義観を見る前に，所得の形態として「不労所得」を攻撃したリカード派社会主義と呼ばれる一群の古典派批判の経済学者についてふれておこう．彼らはリカードの価値理論を逆用して，当時のブルジョワ階級批判を行なった[4]．そのロジックは次のように要約できる．リカードは労働が交換価値の唯一の源泉であり，価値の唯一の創造者であるといっているにもかかわらず，他方において，彼は資本がすべてであり，労働は資本の生産費の単なる一部にすぎないともいっている．これは矛盾であって，労働こそ価値創造の原点であるという認識に立ち帰るべきであるという．すでに18世紀末オーグルヴィーやスペンスが，自然権の原理から「土地の所有権はすべての人に等しく与えられるべきであり，何人も自分が耕せる以上には所有してはならない」

といい,「万人による等しい量の土地の所有こそ人間自由の必須条件である」と主張していたが,その後1820年代に入ってロバート・オーウェンの影響をうけた W. トムソンは,「労働こそが富の唯一の積極的創造者である」という原則から,労働の全生産物は労働者に帰着すべきである,という労働全収権(right to the whole produce of labor)の考えを導き出した[5]. ところが実際には,現実の生産物は経済的な強者によってくすねられており,こうした不等価交換のシステムが労働へのインセンティブを阻害し,国富の形成を阻んでいるとしている. これは利子や利潤の発生を説明する理論のない時代の素朴な形の剰余価値論であり,マルクスの経済学にも大きな影響を及ぼしたと考えられる.

また,ホジスキンもトムソンとは異なった観点から,資本と労働の対立を描き(*Labour Defended Against the Claims of Capital*),所有概念を区別している. 彼の場合は私有・市場・競争を維持した上での労働分配率の上昇をめざした考えであるため,社会主義者というレッテルが適当かどうかは疑問である. 事実,彼は著作の中でレセ・フェールのドグマをアナーキズムにまで高めており,それゆえにプルードンの場合同様,皮肉にも後世の人々に「社会主義者」と呼ばれたのである. 彼の所有概念も基本的にはプルードンと同じである. ひとつは,自分自身の労働と結びついた財産,もうひとつの所有概念は他人の労働の生産物を専有することによって獲得する財産である. 前者はロック流の自然権を意味し,後者は征服や専有による「法的,人為的所有権」を意味する[6].

しかし,そもそも労働需要不足の経済のもとで,「働く権利」「雇用をうる権利」──労働権(droit au travail)──が,人間の自然権のひとつと認められるかどうかは,こうしたリカード派社会主義者によって本格的に議論されたわけではなかった. スペングラー[1968]によれば, 1820, 30年代前後の時期は,むしろ労働権は次の三つの状況から支持を失っていたという. ひとつは,社会的に必要とされない労働は食べる権利がないという人口論的な考えのため,第二はベンサム流の功利主義による自然権の否定によって,第三はロバート・オーウェンやサン・シモンによる「雇用や生存は社会の経済組織がどれほど有効にデザインされているかに依存するため,産業家が公的に雇用を創り出さねばなら

ない」という考えのためである．

　これらリカード派社会主義者の主張は多様であるが，皆共通に正義や自然権という先験的な概念で社会を再構築しようとしており，その具体的な主張は労働が生み出した生産物の専有に反対し，生存水準以上の生産物を労働者へ帰するという形で，労働を擁護することにあった．

　それでは，こうした形で批判をうけた古典派の経済学者たちは，社会主義思想に対してどのような態度をとっていたのだろうか．この問題を検討するのにはいくつかの困難がともなう．一つには，当時の社会主義思想自体が先に見たように充分な経済学的分析とプランを提示してはおらず，ユートピア思想の域を出ていないこと，もう一つは，古典派経済学者が(J. S. ミルを除いて)社会主義の問題を包括的にとりあげてはおらず，きわめて断片的にしか議論していないという点である．しかし「所有権」に対する態度から，その基本部分は推量することができる．

所有権と集産主義

　古典派の所有権思想は，集産主義に対する態度を間接的に推し測るために格好の材料を提供してくれる．ヒュームが体系的な所有権論を展開しているのでそれを見てみよう[7]．ヒュームは財を精神的財，肉体的財，外的事物の三つに分割しているが，所有権が問題となるのはこの第三番目の外的事物，すなわち人間が労働と幸運によって獲得する財産である．この外的事物は人間の暴力にさらされているだけでなく，その量が人間の必要と欲望に比して少ないという性質をもっている．ヒュームはこのような財産の所有権を，ロックのように効用と労働から根拠づけるのではなく(すなわち個々の財，個々の人間の効用ではなく)，習慣という安定的な要素を重視する．すなわち，人間は長い間所持してきたものをなしですますことは困難であるが，これまで享受してこなかった財をなしですますことはきわめて簡単なことだというのである．

　そして社会がひとたび樹立された後の所有権を生む事情として，①あるものに最初に直接ふれたのは誰かを問題にする先占(occupation)，②先占はつね

に明らかにはできないから永い占有，あるいは時間が生む所有権，ともいえる時効(prescription)，③庭園の果実，家畜の仔，奴隷の製作品のようにすでに所有する事物と密接に結合し，かつその事物より劣るものを獲得する添付(accession)，④親の没後に息子を考えることは自然であり，子供たちはその死んだ親によってすでに親の財物と結合されている．そのことから発生する相続(succession)，の四つをあげる．しかしヒュームは，状況如何によっては所有権を制限する政府の行動が必要なケースがあることも熟知していた．これは「技術的要因による独占」の解決というよりも，いわゆる「公共財」の供給に対する政府の役割を，最も早い時期に理論的に指摘した点で注目されてしかるべきであろう．この点ではヒュームも「混合体制」の支持者であったと言える．

分配についてはヒュームは，極端に不平等な資産の分配が国家の体質を弱めるということを『商業について』(*Of Commerce*)の中で議論してはいるが，所得の平等分配を志向する動きには，基本的に強い反対の姿勢を示していたといえる．

古典派の集産主義批判の文章はほとんど存在しないが，スミスの重商主義批判の中に，部分的ではあるが彼のこの問題に対する考えを垣間見ることができる[8]．スミスの重商主義批判は，第一に政府による特権の付与に対する反対，第二は，重商主義政策が資源の有効配分をねじまげるという指摘がふくまれている．前者に関しては，社会主義の経済論とすぐさま結びつけては論じられないが，後者に関しては，「中央政府が，資源の適正な配分に対して無能力である」と判断している点で重要な集産主義批判となっている．それはスミスが『国富論』の中で次のように書いていることからも明らかである[9]．「私人に向かって，その資本をどう使ったらよいかを教えようとするがごとき政治家は，自ら最も不必要な注意を負担するのみならず，またいかなる単独個人にも，いかなる合議体もしくは立法議会にも，安んじて委すを得ないところの権限を，そしてそれを行使するに自ら適任と思うくらい愚かにして僭越ある一人の手中にある場合に，最も危険な権限を，自分で引き受けることになるのである．」こうした指摘は，国家の公共政策自体は何ら社会における資本の増加をもたら

すものではない点を強調している．資本の純増にとって重要なのは個々人の貯蓄であるから，一番大切なのは個々の所有を増加しようとする個人の行動であること．そしてこのような個人の行動にとって必要かくべからざる前提条件が私的所有制度であるということが暗に示されている．貯蓄の増加による資本の増加が分業を促進し，経済を成長させるからである．

また『道徳感情論』の中でも，「主義の人(the man of system)は，自分がチェスボードの上でいろいろ駒をうごかすように容易に，巨大な社会の多数のメンバーを動かすことができると想像してしまうようだ．チェスボードの上のそれぞれの駒は，人間の手によって動かされる以外，運動の原理はもたないが，人間社会という大きなチェスボードでは，すべての駒は自分自身の運動原理をもっており，それは立法が強制しようとする原理とは異なる時がある，ということを考えない．……この個々人の運動の原理と立法の原理が反対であったり，一致しない場合にはゲームは惨めになり，社会はつねに極度の混乱に陥る」と書いていることからも，スミスの考えは充分に読みとれる[10]．

平等主義と道徳

所有権の基礎を安寧(security)に置いていたという点で，ベンサムはヒュームの継承者であったといえる．ベンサムは市民社会における統治(government)の四つの具体的目標として，生存，豊饒，安寧，平等をあげていたが，彼のいう平等とは，政治的，市民的平等ではなく，富の分配における平等を意味していた．富の平等を必然化する原理は次の二つの前提からみちびき出されたものであった．ひとつは富の一定量は，幸福の一定量と結びついていること．もうひとつは，最も富んだ人間の幸福の過剰分は彼の富の過剰分ほどは大きくないということである[11]．

ベンサムの不平等解消策はきわめて具体的であるが，平等化の強硬策や，私有制の廃止のための提案はきわめて危険なものとみなしていた．したがって政治的な革命によって私有を廃することは，安寧も，勤勉も，豊かさも放棄し，野蛮の状態へもどることを意味するとベンサムは予想している．そして平等の

状態は，平等が確立されたのと同程度の政治的あるいは宗教的力でもってしか維持されえないと考える．スミスと同じように，富の不平等を暴力から守ることが，政府の存在理由であるとみていたのである[12]．また，財貨を共有するという制度ほど「効用の原理」に反するものはないとベンサムはいう．共有地の囲い込みは例外であるが，こうした共有制の導入によって社会は二つのクラスに分かれると予想する．一つは不幸な労働に対する宗教的迷信にとりつかれたグループ，もう一つは怠惰，ごまかしでもって平等政策のもとで生きようとする人間のグループである．そして「平等の希求は，怠惰が勤勉に対して犯す強盗行為をかばう唯一のいいわけになる」[13]．ベンサムは，このような不正でばかげたシステムは，政治的ないしは宗教的奴隷制によってしか維持しえないものであると言う．このようなベンサムの言葉から，彼の社会主義に対する基本的態度を推量することは困難ではない．

　古典派が平等主義や所有制度と道徳の相対的な関係についてどのように見ていたかを知るには，マルサスの見解が参考になる．マルサスが『人口論』を書いた目的は，彼自身が発見した「人口と生存のための食糧との関係」を念頭において，社会進歩についての見通しを考察することにあった．それは，コンドルセやゴッドウィンたちがいだいていた社会進歩への期待を，マルサス自身の悲観的な人口法則（すなわち人口は幾何級数的に増加するのに対し，食糧は算術級数的にしかふえない）を用いて論破することでもあった．マルサスの考えは，次のようなものである．人類に関して次の二つの公準があてはまる．第一，食物は人類の生存に必要であること．第二，両性間の情欲は，必ずあり，だいたい今のままで変わりがないということ．すると今かりに，よりよい社会制度が貧困と窮乏をこの世から無くすことがあっても，人口の増加が，そのような理想的状態を早ばやと終焉させてしまうであろう．食糧と人口の増加力との間にこのような落差があるとすれば，悪徳と貧困のみが人口増加を（食糧によって課せられる限界点まで）制限することができるとマルサスは考えた[14]．

　こうした陰鬱な社会観が示された背後には，当時のコンドルセやゴッドウィンの（将来人間は不死になり，両性の情欲もなくなるというような）楽観的な進

歩史観に対するマルサスの強い反発があったことは確かである．ゴッドウィンらは，知識が進歩し，私有制を平等システムに置きかえれば，人間社会は完全性への限りない歩みを続けるに違いないと期待していた．すなわち，文明社会における悪徳と貧困とのほとんどすべてを，人間社会の制度の罪だとしていたのである．しかしマルサスによれば，人間の利他的な慈悲心は，豊かな社会にあってこそはぐくまれ活気づくのであって，寒々とした欠乏の世界ではそれらは容易に姿を消してしまう．そして欠乏の世界ではそれまで眠っていた憎むべき様々の感情が再び現われ，自己保存の強力な法則が，魂のあらゆる柔和で高貴な感情を払いのけ，抗しがたい悪への誘惑へさらされはじめるのである．このような事態が発生すれば，私有制は再び復活し，その国を危機から救い出すために慣習や伝統の重要性が強調されはじめるに違いない．そして各人の取り分が暴力によって奪われることを防ぐために，強力な制裁制度（ときには死刑をも辞さないような）が導入されることになる．こうした私有の保護は，結局不平等へとつながっていくかもしれないが，財産の安全が保障されていない社会では倹約の動機も失われ，二，三世代後には社会は生存水準ぎりぎりのところへ逆行し，破滅的状況へ陥ると考えられる．したがって現今の（マルサスの時代の）私有制は，不充分な点は多くあるものの，これらの諸悪に対応するために考えられうる最良の制度とみなしうるとマルサスは言う[15]．

『人口論』の初版(1798)を公にしてから後，マルサスは以上のような社会の運行に関する完全に悲観主義的な見解を多少修正する．人口増加の阻止は，悪徳や飢餓，戦争，疫病によって死亡率が上昇するためだけではなく，「道徳的抑制」(moral restraint)や結婚年齢を遅らせ出生を低下させることによっても可能であるとしたのである．しかしこの修正によって彼の考えが本質的に変わったわけではない．というのは，平等のシステムと共有制のもとでは，この「道徳的抑制」へのインセンティブもうまく作動しないと見ていたからである．ゴッドウィンの「政治的正義のシステム」のもとでも，こうした「道徳的抑制」は決して働かないとマルサスは明言している（第二版）．したがってマルサスの人口論によれば，私的所有制度が道徳的抑制を促進するという点で，財産権を

強化する方向へ動くことをみとめる．事実当時のフランスのような土地保有小農社会では，人口制限がかなり効果的に実行されていたということは，マルサス流の人口増加と私的所有に関する考えを，経験的に支持していると考えられる．

ロビンズのシーニアー研究

　社会主義の問題を正面から取り上げたのは，次にみる J. S. ミルであるが，ミルの社会主義論を見る前に，ナッソー・シーニアー（ホイッグの首席経済アドヴァイザー）が社会主義をどう見ていたかについて，ロビンズによる興味深い文献研究があるのでそれを紹介しておこう[16]．

　シーニアーは1848年のフランスの革命を見聞し，それを「見せかけの社会主義」(disguised socialism)にすぎないと断じている．二月に樹立された臨時政府は，社会改良家ルイ・ブランのプランを実現するために，増大する失業者の「労働権」(droit au travail)要求に応え公共事業に乗り出す．ピーク時には12万人を雇用するに至るが，財政負担に耐えきれず，約三カ月でこの計画は破綻する．この間の事情を見て，シーニアーは次のように言う．フランス人は，政府というものは個人の富を増やすための装置と考え，その限りでしか政府を支持しない．幾万人の労働者は，日に4〜5フラン稼いでいた仕事を放り出して国民工場(Ateliers Nationaux)で30スー(1スーは5サンチーム)得ているという．こうした国民一般の要求を満たすために，政府はその仕事の範囲を拡大し，官吏の数を増やし，財政支出をどんどん増加している．そして革命に参加した者は皆，新政府の重要な権力の座に入りこもうとして躍起になっているのが現状であるとシーニアーは観察する．これらはすべて，富の不平等の是正が国家権力の掌中にあるという，誤った感覚から生まれた行動と思われる．国は何でも出来ると人々は考えているが，こうしたやり方によって経済資源がいかに浪費され，たやすく枯渇してしまうかということに気づいていない．文明が大きな恩恵をうけている「資本」というものは，経済すなわち少数の企業と多数の勤勉がゆっくりと長い時間をかけながら，苦痛をもって生み出したもので

ある。資本家の利潤を減らし、労働者の活動を弱めるようなやり方が、この貴重な資本を結局は破壊してしまうということを知らないのだ、とシーニアーはいう。

また「国家が雇用を保障する」ということは何を意味するのであろうか。シーニアーはトクヴィルを引用して次のように説明する。国家が雇用を保障することは、国家が仕事を国民に与えることであり、雇用を拒否できない唯一の資本家になることを意味する。国家という雇い主は、軽い仕事を人々に与える結果、やがて最大のそして遠からず唯一の大規模な雇い主ということになろう。その結果公的収入で国のすべての産業を維持していかなければならなくなる。そのために地代や利潤を税金でもって吸い上げる必要が生じ、ついには私有財産というものが枷になり放棄されるという事態が訪れる。こうして国家が、国民の生活を維持するという義務のために、唯一の所有者となるのである。こうした極端な事態を避けるためには、国家が雇用機会を提供するのではなく、個々の資本家によって仕事が与えられるよう、国家が誘導するという中道的な社会主義体制が考えられる。すなわち、いつどこにおいても経済が停滞しないように管理するのである。それは資本家と労働者双方を国家が管理することを意味する。競争の行き過ぎを監視したり、生産や消費を促進したり抑制したりしなければならないであろう[17]。

続いてシーニアーは、雇用保障のシステムとしての国民工場がなぜ破綻を来したかについて次のように説明する。自由社会では、勤勉は努力と生産量との関係で維持される。奴隷社会ではムチである。しかし慈善的な雇用を行なう国民工場のような体制のもとでは、労働者の側には努力をする誘因は存在しないし、単なる官吏にすぎない雇い主は、労働者に努力するよう刺激する誘因も持たない。おまけに労働者には自分と家族のための最低限は保障されている(国民工場では、仕事がない場合でも1日1フランが支給された)。彼を解雇することはできないし、ムチ打つことも許されない。革命政権の過ちは、雇用を保障したことにある。もしこれが保障ではなく、単なる救済(relief)であったならば、そしてすべての人間に対してではなく、勤勉な者に対してのみであれば

話は別であるとシーニアーは言う．シーニアーは，こうしたフランスの 48 年の革命政権の雇用保障政策を，イギリスの新救貧法(1834 年)と比べて次のように言う．最低生存費をすべての人間に保障することは，イギリスやフランスのような文明のレベルに達した国では可能なだけでなく，意味もある．というのは最低生存費を受けとるためには，様々の受け入れがたい不面目な諸条件が課せられるからである．しかし雇用の保障は決してうける者にとっては不面目なことにはならないのである．

　結局シーニアーは，はっきりと，「社会主義や共産主義と呼ばれるものと比べれば，略奪や押収ですら，節制にとって致命的ではない．社会主義は生産への動機を低減させ，共産主義はそれを破壊してしまう……勤勉は賃金によって報われず，節制は利潤によって報われない．額に汗する者は他人のために，貯蓄する者も他人のために，手短に言えば，希望が人類を支配するということがなくなるのである……」と言う[18]．これほど古典派経済学者の社会主義に対する態度を明確に表わした文章はないであろう．

J. S. ミルと社会主義

　これまで見てきた古典派経済学者は，いずれも社会主義の問題を体系的・分析的にとりあげて議論したわけではなかった．しかし，J. S. ミルは社会主義を正面から扱った点で，そして社会主義に対して何らかの好意を示した点で，彼以前の古典派経済学者とは一線を画する立場にいた．古典派経済学者が社会主義を，生産効率や個人的自由の観点からきわめて有害なものとみなしていたのに対して，ミルは必ずしもそのようには考えなかったと思われる．ただし『自由論』(1859)の中で，政府の干渉が自由に対する侵害を意味していない場合でも，政府の干渉に反対する根拠が三つあることを指摘していることからも，ミルが決して「全体的集産主義」の支持者ではなかったことがわかる．第一は，ある仕事を処理するのに適しているのは，親しくその仕事に利害関係をもっている人であるから，政府より個人がなした方がよいこと，第二は，仮にその仕事が政府官吏のようにうまく処理できなくても，個人の能動的な力を強化し，

判断力を練磨するという利点をもつこと，そして第三の根拠として，不必要に政府の権力を増大する害悪をあげ次のようにいう．

「道路，鉄道，銀行，保険会社，巨大なる株式会社，大学，および公共の慈善事業がすべて政府の一部局となるならば，――またその上に諸々の市政機関と地方官吏とが(……)中央政府の一部局となり――さらにまた，これらのさまざまな事業のすべての被用者が政府によって任命され，給料を支給されて，彼らの立身出世をことごとく政府に頼るということになったならば，出版の自由と立法府の民主的構成とがいかに備わっていても，わが国もしくは他のいかなる国家も，単に名目上自由であるだけで，もはや自由な国とはいえなくなるであろう[19]．」

このようなミルの言葉から読みとれることは，彼が集産主義を社会全体のシステムとして認めていたわけではなく，(後にみるように)未来の労働者の協同組合的な結合という形にひとつの希望と親近感を抱いていたのではないかと推量できる．実際ミルは，サンシモニアンとの文通(たとえばダイクタールなど)や彼らの自由主義批判に関する演説や論文を知り，強い共感をおぼえている[20]．『自伝』の中で「彼らの著作によって，私有制と相続を破棄できない事実として，生産と交換の自由を社会進歩の最後の言葉として前提する古い経済学の，きわめて限定的かつ一時的な価値に対して自分の目が開かれた[21]」とも述べている．そしてサンシモニアンの社会主義(あらゆる個人がその能力に応じて分類され，その仕事に応じて支払いをうける)は，オーウェンのそれよりもはるかに社会主義としてすぐれていると考えていた．

しかしサンシモン主義者にもそれ自体難点があることをミルは指摘する．サンシモニアンは，社会(association)における長としてある種の独裁者を前提としている．この独裁者(一人であれ数人であれ)がどのように選ばれるにせよ，彼が各人の能力に対して仕事を調整する権能を与えられ，各人の業績に対してその報酬を決めるという作業に取り組まねばならない．この作業は理論的には可能だとしても想像を絶する繁雑さをともなうことは言うまでもない．このような推論から，ミルは最善の社会組織原理として，一時は放棄しかかった私有

第5章 経済学と社会主義　177

制と市場を通しての分配へと立ち戻るのである．

　しかし『経済学原理』第三版を出版する際に，ミルは所有（Property）の章を全面的に書き改めた．社会主義のもとでは生産性が低水準のわなをぬけ出て上昇することはない，という初版の主張を削除し，社会主義下での公共心の醸成がこうした欠陥を充分補うと修正している．またミルはマルサス流の論理をも棄て，共産主義下ではマルサスのいうような「不節制」に対して，世論がきびしい見解をもつと考える．また「労働を異なった職種間に配分する問題」の難しさは依然認めるものの，決して克服できない種類の問題ではない，と前言を撤回している[22]．

　ここで注意を要する点は，ミルが積極的評価を加えようとしている「社会主義」は，先にもふれたように強力な国家が生産手段，流通，交換をすべて所有・管理する集権的組織ではないということである．それは労働者の協同組合的な団体の寄せ集めであり，労働者の連合体が独立性を保った状態で，「集産主義」ではなく「サンディカリズム」を実行しているものと解される．この協同組合的組織が，相互にどのような関係にあるのか，そこで資源の配分がどのように行なわれているのかについては，ミルは何も具体的提案とその分析を行なっていない．

　晩年ミルは社会主義を，町村くらいの規模で組織された独立性のある単位を国家レベルで統合するようなプランと，（英国ではなく）大陸の革命的社会主義者の考える「全生産資源を単一の中央権力でもって管理する方式」との二つに分けて提示している[23]．

　第一のタイプに関しては，『原理』の時よりも共感と同調の気持は弱くなっているようだ．たとえば労働力の配分の問題にしても，それを社会主義に固有の困難であることを認め，これがきわめて政治的な問題になりうることを予想している．したがって共産主義的結合においては，「相互の愛情と一致」という共産主義者がしばしば語るような感情が逆に減退する可能性が強く，個人の個性や選好の発展の余地は通常の市民社会におけるよりはるかに狭くなることを示唆している．すでにあらゆる社会では多数の力によって個人（性）がますます圧

迫されつつあるが,共産主義社会ではそれがさらに強まることは確かであると.しかしミルは,共産主義的生産が将来のありうべき経済体制となるか否かについては,決して否定的態度を示しているわけではない.一つ確実に言えることは,「共産主義が成功するためには,そのコミュニティーの全メンバーの道徳的知的教育水準がかなり高くなければならない」ということである.そうした状態に達するには多くの時間を要するため,充分な準備がないままに革命的に共産主義社会へ力ずくで移行することは,必ず失望に終るとミルは言う.

第二のタイプ,すなわち革命的社会主義によって一国の土地と資本を公的管理に託するという考えには,ミルはもっと明確に否定的な態度を示す.単一の中央指令部から一国の全産業を管理することは,どう考えてもあまりに空想的であり,そのままの形で試みれば悲惨な失敗に終るであろうと.こうした大規模で非連続な変化の概念は,個人の幸福と自由にとって危険であり,そもそもミルの精神にはほとんど無縁なものであったといってよい.

これまでみてきたようなミルの社会主義に対する態度のたび重なる変化と曖昧さは,ある意味でミルの経済思想家,あるいは理論家としての特異性を示しているといってよい.その特異性のひとつは,古典派経済学者としてはじめてミルは生産と分配の問題をはっきり切り離して論じたというところにある[24].しかしミルの念頭にあった社会主義が,労働者の協同組合を主体としたサンディカリズム的な性格をもつものであったという意味では,ミルは全体的集産主義者ではなかった.ミルのもう一つの特異性は,人間や社会が非金銭的動機だけでは動かないという点を知っていたということである.こうしたミルの社会主義観は,次に述べるフェビアニズムに受けつがれたと見ることができよう.

J. S. ミルとフェビアン主義

J. S. ミルの社会主義観は,幾度となくその内容はゆらいだものの,その基本線は1884年ロンドンで設立されたフェビアン協会によって継承されたと考えてよいだろう.G. B. ショーとS. ウェッブは,たしかにマルクスの影響はうけてはいたものの,それはその進化論的(evolutionary)要素においてであって,

マルクス理論の革命的(revolutionary)要素においてではなかった．フェビアニズムの理論的支柱はJ. S. ミルの社会主義論なのである[25]．ミルが土地の「稼得されない増分」(unearned increment)としての地代を攻撃したように，フェビアンたちも地代は地主が社会から奪いとったものだとして非難した．こうした点はイギリス社会主義と土地問題の関係を示す例として興味深い．イギリスは地方でも都市部でも土地所有分布が極端に不平等で，大陸ヨーロッパに比して所有のかたよりがきわめて大きかった．したがって産業資本に対するよりも土地所有者(すなわち地主)に対する反発が根強く，イギリスの社会改革のテーマの多くはつねに「土地国有化」という形であらわれた．このことはスペンス，ドーブ，スペンサーなどの主張や運動はすべて土地問題にからまっていることからも見てとれる．J. S. ミルも『原理』の第三版では，リカードの地代論(土地の本源的で破壊することのできない力を使用したことに対して地主へ支払われるもの)からミル自身の「稼得されない増分」の理論へとシフトしている[26]．この「稼得されない増分」は「社会的に創造された価値」を意味するものである．これこそ不労所得としての地代を社会化しようとするだけでなく，この地代概念を資本利潤にまで拡大適用しようとするフェビアン主義の考えにつながるものであった．

　こうしたフェビアン流の土地・産業資本の社会的所有への移行は，プルードンやマルクスの影響もあったことも確かであるが，その主たる理論面でのイデオローグはJ. S. ミルであった．ミルこそ，先に述べたようにベンサム流の個人主義(the greatest happiness of the greatest number)にかわる新しい原理を持ち込んだのである．それは「社会的に創造された価値」を社会的にコントロールするという原理であった[27]．

5.3　社会主義と経済計算問題

　20世紀に入ってこの地球上にはじめて社会主義国家が出現して以来，社会主義と経済学の関連は，より現実に差し迫った問題として多くの経済学者によっ

て議論されはじめた．第2章2.1節で述べたように，19世紀最後の20年間で，レセ・フェールに対する見方が大きく転換したことは，ジェボンズやシジウィクが，国家の役割に対する従来の議論を大幅に修正する必要があることを指摘したことにも示されている．同時にもう一つの重要な展開がこの時期にみられた．それは市場の一般均衡理論の数学的分析が長足の進歩をとげたことである．ワルラスによって発案され，パレートによって普及された一般均衡理論は，完全競争市場の最適性を証明しえたものの，最適な解は唯一ではなく所得分配の初期条件に依存していくつでも存在することを示すものであった．すなわち，ある所得分配が「よい」とみとめられてはじめて，完全競争市場による資源の配分も「よい」とみなされるにすぎないのである．こうした指摘に対し，均衡理論家たちからは「社会主義経済はそもそも効率性すら実現できないではないか」という趣旨の反撃がなされる．この節ではこうした議論や分析の経済学的内容を鳥瞰することにしたい．

経済体制の問題は「最終的には価値判断の問題である」と言われることがある．「より平等な社会」を望むのか，「より自由な社会」を欲するのか，究極的には人々の選好に依存するのであって，こういった好みの問題を議論しても仕方がないというのがその主旨である．しかしこのように断定する前に，なお論理的に究明しうる「科学的な問題」が存在することを決して見逃してはならない．それは，社会主義が提唱する経済問題解決の方法が，社会主義それ自体が目指している目標そのもの——すなわち多くの社会的富の生産とその平等な分配——をそもそも達成することができるのかという問題である[28]．

すなわち，社会の人々がある行為のルールや制度を選択した場合(たとえば生産手段，分配，交換を国家の管理に委ねる)，そのルールから生まれる行為の帰結がその社会の本来の目標と整合的でありうるのかという問題は，科学的に論究できる性質のものである(この問題にハーヴィッチは「誘因両立性」(incentive compatibility)という言葉を使った)．それは前提の中に含まれる関係と，人間性・人間行為に関する経験的な情報を用いれば，ほぼ技術的に分析することができる命題であろう．

この問題のひとつの側面は，社会主義における経済計算の問題として一応の解決はみているが，問題の性格を次に簡単に説明し，価値決定と「権力」の関係もいま一度検討しておきたい．というのは，価値計算と権力の問題は相互に独立ではないからである．経済的価値の決定を「市場」以外の装置に委ねることは，結局のところ，どの経済活動が社会にとって重要かつ有益であるか，そして各々の労働に対する報酬がいかほどであらねばならないかという事柄を，誰かが決めなければならないことを意味する．これは前節で述べたように，シーニアーはもちろん J. S. ミル自身もかなり悲観的な見方をしていた問題である．

「理性による計画」の限界

「科学的社会主義」の生みの親の一人であるマルクスは，彼の著作のいずこにおいても「計画された社会の青写真」を描いたわけではなく，その経済学的理論展開を行なったわけでもなかった．その点ではマルクス，マルキシズム，社会主義計画経済を同じ意味合いで語ることは正確さを欠いている．マルクス自身の哲学的考察を今措くとすれば，トロツキーが経済計算は市場関係なしには考えられないということを認めた段階で，社会主義計画経済の理論に関する論争は一つのピークを越えたといってもよいだろう[29]．フォン・ミーゼスの 1920 年の論文，ハイエクの「知識の分業」にかんする一連の論文，ヴァイナーの 1944 年の社会主義経済と国際貿易の不確実性に関する論文などは，いずれも社会主義経済システムの可能性に対する新オーストリア・シカゴ学派からの理論的批判であった．それらの主要な論点は以下のように要約できる．

すなわち，① 生産手段が私的に所有されず，その市場メカニズムも存在しないため，中央計画経済局は希少価格を知りえない．価格と利潤動機なしには，経済の合理的行為は不可能である．価格がないということは，本質的に非合理的かつ非経済的(nonrational and uneconomic ex natura)ということになる．② 外国貿易は，計画当局の統制の及ぶ範囲外の不確定要素であるから，国家の外国貿易の独占と中央計画経済は，必然的に外国貿易を制限する方向へ動く．

結果として，いつかは外国貿易の事実上の消滅を招かざるをえない．③党エリートによる「プロレタリア独裁」と計画管理の集権化された指令システムは，思想上の非寛容，民主的自由の制限をまねき，ひいては個人の尊厳を危くする恐れがある，という三点である．

　ディッキンソン，ランゲあるいはドッブからの反批判は理論的には傾聴に値する点をもってはいる[30]．価格決定の試行錯誤法，競争解法，と呼ばれる方法は（産出量の決定と投資の量もこれら「計算価格」にあるルールを適用して行なう），高性能の大型コンピュータが利用できる社会ではワルラスの模索過程と類似の近似解を得ることは可能であろう．しかし重要な点は，ランゲも「合理的な，希少性にもとづく価格体系」の必要性を認めたことであり，それが社会化された資源の「影の価格」の計算に帰するということをうけいれた点である．こうした模擬的市場による解法は，各企業の生産規模が平均費用最低の点に決められ，生産物の価格は平均費用が最小になるところ（限界費用が限界収入に等しくなる点）に設定されるようにデザインされている．したがって個別の産業や企業レベルでの分権的意思決定を基本的にはみとめるシステムになっている．この方法は，ユーゴスラビアやハンガリーである程度導入されてはいるものの，「社会主義下の市場均衡」という考えの実用化は，ソ連のリーベルマン方式やチェコのシク提案などの消費財産業の例は有名ではあるが，それほど進展してはいないのが現状のようである[31]．これは，イデオロギー上の問題と関係があるだけでなく，社会主義諸国では（資源の静学的最適配分以外に）成長ポテンシャルを高めることに重点がおかれてきたためだろう．

　ところで一般に「理論的には可能であるが実用化できない」ということには二つの意味がある．一つは，あまりにも実行の際の手続が繁雑でありコストがかかりすぎるということ，いま一つは，理論は首尾一貫しているがあまりに抽象的過ぎて，実行する際に理論と現実の対応関係が確定できないということである．前者は，n変数の連立方程式モデルでもnが大きすぎると解をもとめるための計算が繁雑すぎて時間と金銭上のコストがかかりすぎることであり，後者は，nが充分に小さくても変数とデータの対応関係がはっきりしないため，

現実の問題へのアプリケーションとしては役に立たないことを意味している．

　第一のケースについては，実際一国の経済の中にどれほどの数の財が存在するかを考えれば明らかである．二つの事例を説明のためにあげておこう．推定によるとソ連経済における財の数はどのような分類を用いたとしても1000万を越えると言われている．中央計画当局が，これら1000万のオーダーにおよぶ密接な代替補完関係にある財と用役に関して，整合的な計画をたてるには膨大なコストがかかる．1965年に中央数理経済研究所のフェデレンコが，これらの財の計画化と管理に実に1200万の役人が従事していると報告している．サイバネティクスの専門家のV. グリシコフは「ソ連の管理計画方式に変化がなければ，管理，計画業務の量は，産出高や企業数の二乗，三乗に比例して増加する」と述べている．そのため計画編成の方式に改善がみられないなら，数十年後にはソ連全体の生産年齢人口とほぼ同数の人間が管理計画のための業務にたずさわらなければならなくなるという[32]．

　これと同様の市場外での価格統制の例として，日本の戦時経済を想起すればよい[33]．当時の日本は，昭和14年9月18日時点での価格にストップした物品（マル停），業者の組合で九・一八価格と異なった価格を協定し官庁の許可を得たもの（マル協）の他，政府の設定した「公定価格品」には「マル公」マークをつけるという価格統制の方法をとっていた．ところがこの「マル公」を定めるのが一大仕事であった．たとえば「たんす」の場合，関東と関西では仕様が異なるだけでなく，総桐・四方桐・三方桐・二方桐・前桐と種類が多く，使用してある桐板の厚さや幅で区別すると，なんと「たんす」だけでも5000種以上に及んだという．その各々に価格づけを行なうことは膨大な作業量を要し，物品の規格数を圧縮・単純化させた後でも（たんすは5000種以上から260余種の20分の1に圧縮させた）10万点以上にものぼった．したがって地方別価格と製品の差別化を考慮すると，1000万種以上の財が存在したことは想像に難くない．このような数字から判断すると，先に挙げたソ連の推定値もおそらく十分に信頼できるものであろう．かくて計画経済には価格計算のためだけでも巨大な官僚機構が必要となってくることがわかる．そして最初は管理機関としてつ

くられたこの官僚機構が経済価値の決定主体であるという理由から,やがては支配と権力の機関と化す可能性を秘めている.

要素市場の価格統制も同様な困難をもたらす.財の数ほど職業の数は多くないにしても,賃金を固定するということがどのような事態を招くかは,歴史的なケースから推しはかることができる.きわめて古い例であるが,4世紀初頭のローマ帝国のディオクレティアヌスの物価・賃金統制令をみてみよう.きびしいインフレに対処するため,130余の職業の賃金の最高額が固定された.その結果,職業間の移動が(賃金変化をともなわず)まず発生し,職業の一部では賃金が低すぎるために生産性の低下もおこる.それに対して政府は,職業移動の禁止と,職業世襲を強制する.その結果は,労働意欲の低下,生産量の減少,生活水準の低下といった事態であった.加うるに,賃金が市場という匿名の装置ではなく,計画主体による評価・判断で決められるという点が,賃金を受けとる側からすると承服しがたいことは言うまでもない[34].

ところでたとえ財の数が確定できたとしても,経済にとって利用可能な手段(資源や技術)は"データ"としてこの計画主体に完全な形で与えられているわけではない.むしろ実際は,個々の人間が所有する不完全で,時には相矛盾する知識が分散して社会の中に存在しているにすぎない.したがって経済問題は,通常テキストブックで説明されるような「所与の資源をいかに配分するか」という純粋な選択の問題以上のものを含んでいる.この単なる選択の論理の問題ではないという点を,「経済組織」の問題として明示的にとり上げたのはハイエクであった[35].

ハイエクは,人間の有する知識を二種類に分ける(この知識の分類については改めて第6章で論じる).一つは「科学的知識」とも呼ばれる一般的な規則性に関する知識である.もう一種はそれほど組織化・体系化されたものではないが「その場その時の知識」(knowledge of the particular circumstances of time and place)で「特殊な知識」とも呼ばれているものである.科学的知識を尊重する現代においては後者は前者ほど強く意識され高く評価されているわけではないが,社会での「変化への対応」という点にかんする限り,この「その場そ

の時の知識」は実に重要な役割をになっている。たしかにあらゆる活動が過去の反復にすぎないような静態的な仮想社会では，新たな意思決定は全く不必要である。不確実性にどう対処していけばよいか，という真の意味での「経済問題」は存しないし，新しい計画も不要である。ところが現実には，どのような規模の経済でも不確実性は存在し「変化」はつねに起こっており，ビジネスマンにとっては個別的・具体的な知識にもとづいた新たな意思決定とコスト削減が日々の大きな課題になっているのである。このような場合，統計量で表現できる種類の情報は計画者に送りえても，現場の人間だけが知っている「特殊な知識」は中央計画局が集中して管理利用することはできない。技術知識は「すでに与えられているもの」(data)ではなく，時々刻々変化し，瞬間的に存在するような性質のものも多くあるから，それを細部にわたって計画当局が集中管理することは困難であるというより不可能なのである。ところが紙一重の差によって勝敗が決まる経済競争にとって重要なのは，具体的・個別的知識であって，そのほとんどは現場の人間が所有する限定された「特殊な知識」なのである。それはサッカー・プレーヤーがニュートン力学を知っていなくとも，経験と直感にもとづく的確な判断でもって名プレーヤーたりうるのと同じであろう。

経済システムの全体的なパターン変化に，現場の人間は自分の意思決定を適合させる必要があるため，時々刻々の変化にかんする情報を得なければならない。厳密に言えば，世界でおこるすべてのことがらが彼の意思決定に影響を及ぼすからである。しかし実際には，彼はこれらすべてを知ることはできないし，また知る必要もない。重要なのは変化が"なぜ"起こったかということではなく，変化の結果，ある財・用役が相対的にどれほど(全体の目的，手段関係の中で)その重要性と希少性を変化させたかということである。この相対的重要性や希少性の指標が価格なのである。つまり価格は，各個人の知る必要のない個々の事象を捨象して，各主体の意思決定にとって「必要にして最小限」の圧縮された情報を収集し，経済社会全体に散布する役割を果たしているのである。経済活動に参加している多数の人間の決意を知り，考慮すべき多くの要因の可能性を意識的に調和させることは誰にもできない。しかし各主体が知る必要の

ある最小限の情報を伝達する役割を,価格機構は担っているのである[36]．

このような「知識分業論」から,市場価格のシグナル（必要にして充分な情報の伝達機械）としての役割に注目した点が,ハイエクの「計画経済」批判の重要なポイントであった．「知識分業論」と「価格機構論」との橋渡しが完全におこなわれているとはいえないが,ここで教えられることは,完全情報を冒頭から仮定してしまう価格理論は,価格機構が実際に果たしている役割を理解するためにはむしろ妨げになるという皮肉な事実である．したがって完全情報の前提に立つ価格理論を用いて経済の効率性を判断することは,効率性判断の誤った基準となりかねない．ハイエクの考えの核心は,個々の市場参加者が不均衡に対して適切な行動をとるためには,少量の情報しか（すなわち市場価格しか）知る必要がないという点に存するのである．このような指摘は,純粋な理念型としての市場機構と計画経済の比較から生まれたものであり,現実の経済の多くは両者の中間に位置しているから,そのままのかたちでこのハイエクの理論を論争の場に持ちこむことはできない．しかし規制下の競争という問題を現実的に処理する際に,こうした指摘が重要な判断基準となることは否定できない．

経済的価値と権力

市場機構では,各人は自分の知識と技能に最大限の活動の余地（創意と工夫）を与えて,各人が既知の価格体系のもとで自分の経済活動をもっともうまく計画化できる状態を創りだすことができるという．経済活動が個々人の選択に委ねられているこのような社会では,政府は資源利用の条件は定めるが,いかなる目的のためにそれが利用されるのかは個人にまかされている．そこには形式的な規則や法が存在するだけで,これらの法は「特定の目的」「特定の人々」という選択を含んでいない．

一方,計画経済においては,資源利用を特定のプランに従って決定し,その時々の必要性・重要性に対する政治局ないしは国家計画委員会などによる判断にしたがってその選択がなされる．選択は必然的にその時々の事情に依存し,集団や個人の意識的な利害調整が不可避となり,結局のところ誰かの意見によ

ってどの(誰の)利益が優先されるのかが決定されねばならない．マクロのレベルでは，国民所得や主要産業部門での産出量の成長率，消費および投資水準，主要産業間の投資の配分，ミクロレベルでは価格・賃金の委員会決定をあげることができる．重工業を農業より優先させるのはなぜか，そして優先させるとすればどの程度か，ある職業を他のそれより優遇，重要視するのはなぜか，といった選択問題の決定が，かなりの部分「党政治局」の掌中に集まることになる．そこでは経済活動の目的の重要性にかんする決定が，匿名で非人格的な価格機構にゆだねられるのではなく，国家計画委員会などの整合的な国民経済計画の編成主体にまかされる．そして，ある人が何の役に立つのか，どれほど有用なのかという個人の経済的地位が，他の誰かによって割りあてられることを意味する．その結果，経済的地位改善の努力が，政治的決定力をもつ政府をいかに都合のよい方向へ操縦するかという問題と結合する．経済問題が即，政治問題となり，だれの利益が重要であり，誰がその問題の解決に支配的な力を有するかが，人々の重大な関心事となる．

　歴史的にみてほとんどすべてのユートピア思想が，社会成員の間の完全平等を唱えるか，あるいは「慈悲深い完全な君主」の存在を想定しているという点は，この関連においてみると興味深い．すなわち逆から見れば，この二つの前提のいずれかを受けいれれば，経済的価値決定の問題と政治権力の問題は事実上独立の(分離可能な)問題となるからである．その意味では，近代以前のユートピア社会主義思想の方が人間悟性にかんする経験的知識は別にしても，「論理的」であったということができるのではないか．

　いずれにせよ，計画経済はハイエクが指摘しているように，目的ヒエラルキーを政治的に作成し社会の成員をその目的ヒエラルキーに従わせるという大事業を担うことを意味する．その大事業とは社会を一つの「組織」(ハイエクの用語法によるとtaxis)と化すことなのである[37]．

　以上述べた差異はたしかに程度の差であると公平に注記する必要はあろう．市場機構自体が理論で説明されるような滑らかなものではなく，一般には議会制民主主義政府と手を握り合って成立しているから，「経済の政治化」は常に起

こりうるし，現に起こっている．また政府の(そして政治権力の)存在自体が，市場機構の存立と安定にとって(ある種の倫理規範ももちろん必要であるが)不可欠であることは言うまでもない．したがって市場機構と社会・政治システムによる制限は，互いに他を想定しつつ生成してきたといってもよいだろう．なぜなら，政治権力も経済的価値も人間の自由意思から生じたものではないからである．ポラニーも指摘しているごとく，これは二つとも社会的現実の一つの表現型(a paradigm of social reality)なのであって，この二つに関与しないことは人間にとって不可能なことなのである[38]．「いかなる社会に住んでいても，意見と欲望によってわれわれは権力の創出と価値の形成に参加させられる」というポラニーの見解には同意せざるをえない．問題は，いかに，どれほど，どういう根拠で権力を制限していくかという点(すなわち「監視人をいかに監視するか」という点)にこそ「自由」の闘争の歴史があったからである．

この点に関して，ナイトがハイエクを批判する論点が重要なのでふれておきたい．ハイエクは政治権力が経済的価値を決めていくシステムの危険性を指摘しているが，逆の危険性も存在することを見逃してはならないとナイトは言う．経済的権力の増大が，政治的権力としてあらわれるという側面である．これがプロセスとして働きはじめると，経済的不平等は減少せず，むしろ累積する可能性がある．これは民主主義システムのもとでの「金権政治」(plutocracy)発生の問題とも言いかえることができるであろう[39]．

知識人と社会主義

前節までのところで，社会主義の目的と，社会主義自体の政策プログラムが論理的・経験的に一致する可能性があるか否かという点を検討した．しかし一つの興味深い事実として，以上の研究成果にもかかわらず社会主義は多くの社会科学者を引きつけてきたということを無視することはできない．1917年，最初の社会主義国家がロシアに成立して以来この方，社会主義に対して同調的姿勢をとった1920年代30年代の社会科学者として，テンニース，ポラニー，ピグー，シュムペーター，ホブソンなど多くの名前を挙げることができる．彼ら

はそれぞれ異なった理由から(異なった理論,異なった歴史観から)社会主義を肯定したのであるから,これらの人々をひとくくりにして論じつくすことには無理があるだろう．しかし,これらの人物の考えを歴史的エピソードとしてふれておくのも重要なことと思われるので,多少羅列的に知識人と社会主義の関係について述べておこう．

　『ゲマインシャフトとゲゼルシャフト』で名高いテンニースの場合は,元来ゲマインシャフト的な人間の結合関係に強い憧れを持っていたようである．彼は気性としては保守的な傾向を強く持っていたといわれるが,社会主義や労働組合運動にも積極的関心を示している．第一次大戦とその後の社会秩序の崩壊は,その彼に決定的な影響を与えることになる．彼はこの段階で,自分自身が類型化した"ゲマインシャフト的特性"をもつ社会主義的秩序の中に「将来の大いなる希望」を見いだそうとしたのである．すなわち合理的倫理と世界的な規模における政治秩序の成立が可能であると読み取っていたのである[40]．

　ポラニーの基本的態度もテンニースと似ている．市場経済と非市場経済という伝統的対立図式を否定し,「形成期に入りつつある第三のグループ」として,「積極的な社会主義理論」の名のもとに,イギリスの機能的社会主義,とくに機能的ギルド社会主義の代表者たち(たとえばG. D. H. コール)をあげているが,積極的理論の創造を彼の著作の中から読みとることは難しい．第1章で述べたように,彼の基本的関心事,すなわち"自由を放棄することなく,社会そのものから離床してしまった(disembedded)市場経済を制御する力をどのように奪回するか"という問題は,「自由を必要とする文化の領域と,計画と統制とを必要とする経済の領域を区別する」というきわめて抽象的な表現による言い換えをされたにとどまっているのである[41]．ハイエクの『隷属への道』と同じ年に出版された彼の『大転換』は,ある意味でハイエクと逆のテーゼを論証しようとしたわけである．ポラニーが経済統制と自由の両立を戦時中のイギリスとアメリカの例で論じるのに対し,ハイエクがヒットラーのドイツを主として念頭においていたのは事例のつかい方として興味深い．

　新古典派のチャンピオンといわれるピグーの場合はどうであろうか．かれは

資源配分を中央集権的に行なう困難さを知悉していたため,漸次的社会化と福祉的計画,投資の計画化を推し進めることを考えていた.『厚生経済学』の中でも,私的純生産物と社会的純生産物の乖離が,当事者間の契約だけでは解決できない場合があることをみとめている.しかし同時に,政府がその分野での投資を推奨したり抑制したりすることによって,そうした乖離はとり除けると見ていた[42].この意味ではピグーも社会主義の優位を認めていたのである.正統派経済学者ピグーの30年代の考え方がかくあったわけであるから,経済学から「分配の公正」の分野へ踏み込んだ「分配論」の専門家たちが,社会主義の信奉者となっていったことは言うまでもない.ホブソンはその典型例で,自由党から労働党へくらがえしたほどである[43].

歴史学者シュムペーターが,青写真としての社会主義社会の機能的分析を歴史的段階を背景に行なったことを最後につけ加えたい.「独占的」資本主義を引きつぐ社会主義は,移行のプロセスさえ円滑に行なわれるならば,後続段階としての優越性をもっている点を彼は論証しようとする.しかしそれは主としてシュムペーターの青写真にかんする彼自身の設定基準からの判断であって,実行上のコストという側面は勘定には入っていない.あくまで客観的「合理性」の問題として語られているわけである[44].

さて以上の人物が,客観的可能性にかんしてであれ,個人的な信条としてであれ,当時の社会主義論争においてかなりポジティブな(そして同情的な)態度を社会主義に対して表明したのに対し,これもまたさまざまな理由から社会主義に対して懐疑的な立場を示した人々もいる.すでに名前のあがったハイエクやミーゼス以外に,ウェーバー,ケインズ,あるいはナイトなどである.彼らの間の重要な共通点をひとつくり出すとすれば,社会主義を政治的人間が信奉するのは,credo quia impossibile(不可能ゆえに我信ず)ということであり,「政治的な人間は宗教的動物である」というナイトのにがい言葉がそれを端的に示しているのである.ナイト自身は社会主義を「この世の悪はその基本が経済的な性格のものであり,経済の組織形態の帰結である.そして政治家の制御システムで経済組織を代替すればさしたる困難なしに諸悪は根絶される」とす

る教義だと定義している．そこでは国家が，そして政府が慈悲深い万能の神として理解されている．そして少数の犯罪的かつ強情きわまりない反抗者を除けば，すべての人間がその後いつまでも幸福に暮す(live happily ever after)と信じられているのだ[45]．

　ケインズも『ロシア管見』(1925 年)の中で宗教として，そして宗教としてのみ社会主義は意義を持つという立場をとっている．ケインズによればレーニズムは，数世紀にわたってヨーロッパ人の霊魂の中の異なった小部屋を占領してきた宗教とビジネスという二物を結合したものであるという[46]．同じくウェーバーも『社会主義』論の中で，『共産党宣言』が預言的文書であることを指摘する[47]．もちろん，ここでいう預言とは，社会の私経済的な，俗にいう資本主義的な組織の没落の預言であり，過渡的な社会がプロレタリアートの独裁によって置きかえられるということを指している．そこには，人の人に対するあらゆる支配を終わらせることなしにはプロレタリアートはみずからを隷属から解き放つことはできないという「固有な最後の希望」が秘められているのである．第一次大戦前のフランスやイタリアのサンディカリズムの運動内部に膨大な大学出のインテリ分子が存在したことを指摘しながら，これらの知識人たちを魅了した社会主義の中のロマン主義的傾向(革命的奇跡と救済)をウェーバーはとり出す．そして「かれらは月並な人生とその要求とに精神的に堪えられないか，あるいはそれを忌み嫌う人々である」から，権力感にひたる機会を奇跡として渇望したのだと指摘している[48]．ここでは明らかに理性と平等主義の「宗教」が，知識人たちを徹底的に魅了していく姿が描かれているといえる．すなわち社会主義は理性と平等を信奉する 20 世紀の知識人の宗教としてとらえられているのである．このように，古典と呼ばれる書物を通して知ることができる 20 世紀の著名な知識人たちの多くは，社会主義思想に共鳴し，その教義の確立と伝導に力を尽してきたということができる．

　思想の伝わり方ということに，どれほどの法則性があるのかということは，まだ充分には分析されていない(簡単な思想が意外に理解されにくいこともあれば，凡庸な反復しやすい思想ほどすばやく多数の人々によって理解され，う

けいれられるということもある）。思想はよく「浅い」とか「深い」という尺度で評価されるが，社会思想や経済思想の場合は「影響力」という面からの判断も大切であろう。「浅い」思想であっても，多くの人々を動かすこともあるし，現実から離れたところでつくりあげられた思想でも，現実を歪めるまでの論理力をもつことがある。逆に現実をあまりに深く読み取ったために，意外にも社会を動かすような影響力を持つに至らなかった思想というものもある。"イズム"というものが，時としてものを見る目を迷わし，生の現実から人を遊離させるほどの力を持つこともあるが，逆に，ある事実に直面するといとも容易に棄て去られてしまうほど弱い不確かなものであることも事実なのだ。

　社会主義運動はいずれの国においても労働者階級というよりも知識分子の中から最初の発生をみている。そしてそれはかなり抽象的な理論から生まれた実践であり，つねに知識人たちが決定的な役割を先んじて演じてきた[49]。したがって社会主義を「宗教」だとみなす考え方をとると，社会主義はつねに知識人の宗教であったということができるかもしれない。知識階級が量的に増加するにつれ，社会主義の信奉者が割合として増大してきたことも歴史的事実と矛盾しない。あえて大胆な分類をすると，ホワイトカラーの増大と一般教育の普及は，この「知識人化現象」を如実に表わす一つの指標であろう。このような大量の知識人を生み出した時期は，歴史上のいかなる時代をとってみてもなかったのである。これらの知識人は抽象論には秀でていても，現場の知識に乏しく，"secondhand dealers in ideas"（中古観念の商人）と揶揄されるような非現実的な理論を喧伝することに熱心であった[50]。実務における責任から自由で，社会改革に対する意見・知識を述べ伝える手段（メディア）をもったこれらの人々は，その得意とする一般論と抽象論，そしてすぐれた類比の技術をもって，「ユートピア」のプログラムを語りつづけてきたことになる。人間の道徳感覚とある点で結びつく平等の理念も理性的計画も，実践ではなく理論としては結局抽象的な知的構成物にすぎない。しかしこの知的構成物が，社会改良のプログラムとして強くアピールするビジョンを人々にあたえつづけてきたことはたしかなことである。なぜならその実践の技術的詳細に関心を持たないものにとって，社

会主義思想のもつ合理的社会秩序の夢は,「市場社会」が生み出した一つの蜃気楼として人々の知的関心をひかざるをえないからである.

　こうした理性と夢が，自由主義的民主主義(liberal democracy)という政治システムの中で，どのような矛盾をはらんで発展してきたかについて最後にふれて本章を閉じることにしよう．民主主義の中から自由主義的要素が抜き取られるともはや民主主義ではありえず，自由主義が形式的平等を保障しなければ，特権主義でしかないことはあきらかである．しかしこの「自由」と「平等」のトレード・オフは，「純粋な自由主義の貫徹が民主化を生み，民主化の無制約な徹底が自由主義を脅かす」という関係を背後にもっていることはたしかであろう．この矛盾は「自由」を主張すること自体の中に保守的要素と急進的・合理的要素が並存していることによるためである．自由主義の貫徹自体が，自由主義の没落を招くという逆理がそこに働きつつあることは見逃すことはできない．それは,「常に国家をこの世の地獄たらしめたものは，まさしく人が極楽たらしめようとしたところのものである」というヘルダーリンの言葉が成就されることを予言しているのかもしれない．

第5章　注

　1)　サン・シモンの思想については『産業者の教理問答』の他, Durkheim [1928], Hayek [1952b], Manuel [1962], 坂本 [1980] を参考にした．フレンチ・ユートピアンとしてサン・シモン，フーリエ，プルードンのみをとりあげることにはもちろん異論があろう．Manuel and Manuel [1971] はこの三人の他，ラブレー，モレリー，ルソー，サド，バブーフ，カベ，コント，アナトール・フランス，ティヤール・ドゥ・シャルダンなど総計26名の著作家のアンソロジーを組んでいる．このような伝統の中から，社会思想の概説書どおりの選択をした理由は，本章で強調するエリート主義，合理主義，宗教的要素をとり出すためと，文献的に近づきやすいためである．なおエリートという概念が，主としてラテン系の社会学者によって展開された点は興味深い．

　2)　フーリエの議論は，『産業的協同社会的新世界』の他, Desroche [1962], Manuel and Manuel [1979], 坂本 [1980] を参考にした．

3) プルードンについては，彼の主著『財産とは何か』『労働権と財産論』『連合主義論』の他，Lubac [1945] が参考になる．プルードンとサンディカリズムとの関係については Barker [1951] (邦訳 43-45 ページ)．

4) 代表的人物は，エドモンズ(Th. R. Edmonds)，トムソン(W. Thompson)，ホジスキン(Th. Hodgskin)，グレー(J. Gray)，ブレー(J. F. Bray)などである．

5) この点は後のフェビアンたちにも継承されている．また A. メンガーの労働全収権にもつながる．

6) Pribram [1983] pp. 177-178. Stark [1943] pp. 51-148.

7) Hume [1740] (邦訳 79-97 ページ)．

8) Smith [1776] 第四篇第二章．

9) Smith [1776] p. 423, 第四篇第二章．

10) Smith [1759] pp. 380-381. この引用は Robbins [1978] によって知った．

11) Halévy [1928] p. 49.

12) Halévy [1928] p. 366.

13) Robbins [1978] pp. 118-120.

14) Malthus [1798] (邦訳 28-31 ページ)．

15) Malthus [1798] 第十章(とくに邦訳 116-118, 122, 125-126 ページ)．

16) Robbins [1978] pp. 134-141 による．以下の叙述は主にロビンズの分析を要約したものであるが，この問題を論じた文献として，Gray [1946] 第九章がある．

17) Robbins [1978] pp. 138-139. (もとは Senior の *Sketch of the Revolution of 1848*, によっている)．

18) Robbins [1978] pp. 139-141.

19) ミルは『原理』において，国家干渉は二種類あるとした．ひとつは，強制的・権威主義的干渉，もうひとつは個人の自由な活動を抑制しない干渉である．ここでは後者について述べている．Mill [1859] (邦訳 217-224 ページ)．

20) Mill [1848] pp. 212-213. ダイクタールとの交わりについてふれたものとして上山 [1984] がある．

21) Mill [1873] p. 100.

22) 『原理』の初版と第三版との相違については，Robbins [1978] pp. 147-160 による．

23) その後のミルの社会主義観については，『原理』(Mill [1848])の付論 K (Mill's Earlier and Later Writings on Socialism)を参照．とくに pp. 987-988.

24) Barker [1915] pp. 205-206. またミルについては, Popper [1945] pp. 87-93 による分析がある.
25) Barker [1915] pp. 213-221.
26) Mill [1848] p. 57.
27) Barker [1915] p. 216.
28) Hayek [1978] pp. 295-308.
29) von Mises [1920], Hayek [1937b], Viner [1951].
30) Lange [1936-37].
31) リーベルマン(Liberman)方式は, ソ連における企業パフォーマンスの指標として, 利潤とボーナスシステムを採用するものである. リーベルマンの論文が書かれてから(1957)しばらく後, プラウダに発表され(1962)部分的採用となった. オタ・シクは1960年代のチェコの自由化推進に大きな役割を演じた経済学者であるが, 追放された.
32) 吉田 [1976] 280-281 ページ, Kaser [1970] (邦訳 249 ページ).
33) 伊牟田 [1976] 164-167 ページによった.
34) Michell [1947].
35) Hayek [1937b], [1945].
36) Hayek [1944] pp. 36-42.
37) Hayek [1973] pp. 35-54.
38) Polanyi [1947] (邦訳 53-54 ページ).
39) Knight [1967]. この論文は Hayek [1960] への批判的書評でもある.
40) Heberle [1955].
41) Polanyi [1947] (邦訳ポラニー [1975] 所収の「時代おくれの市場志向」など).
42) Pigou [1932] p. 192.
43) Hutchison [1953] pp. 118-129.
44) 大野 [1971] 338-344 ページ.
45) Knight [1947] p. 132.
46) Keynes [1925] pp. 297-311.
47) Weber [1924] (邦訳 55-56 ページ).
48) Weber [1924] (邦訳 77-79 ページ).
49) Hayek [1949] pp. 178-179.

50) Hayek [1949] で批判されている知識人の意味.

第6章 労働・知識・自由

　この章では富や所得の源泉と考えられる労働と知識の問題を論ずる．経済学的に見れば，労働は生産活動のための必須の要素であり，つらく苦しい労働が生み出した生産物を労働主体が獲得するという考えは，私有財産という制度を妥当なものとみなす思想につながってきた．6.1節では，労働を少し広い視野からとらえ，労働と閑暇との関係で論じたい．6.2節は機械へおきかえることのできない人間の労働，とくに知的な判断力を必要とする種類の労働が，経済組織や経済体制とどう関係するかについて説明する．人間の有する知識をふたつに分類し，それぞれが経済組織のパフォーマンスの差をどう決めていくのかというナイトやハイエクの理論がここでの中心となる．最後の6.3節では知識と自由のつながりにふれるとともに，自由の意味を再び吟味する．目的としての自由，手段としての自由を論じた後，目的としての自由の根拠は何かを探る．これは第1章末尾で提示された問へのひとつの解答の試みである．

6.1 労　働　観

労働は負の効用か

　ユダヤ・ギリシアいずれの伝統からみても，労働には苦しさと暗さのイメージがつきまとっている．ギリシアのヘシオドスは『仕事と日々』の中で「一生懸命に働け，人がおまえの土地を買いとることのないように，おまえが人の土地を買いとることができるように」(341)と忠告し，また別の箇所で「されば，仕事を怠けるものも人が富むさまを見れば，おのれも精をだし畑を耕し果樹を植え，わが家をととのえる．隣人が富をつもうと精だすのをみれば負けじとやるのが人のつね，この「競合」(エリス)こそ世の宝」(20-25)と言う[1]．競合(エリス)やむなしい争いが地上に充満している「鉄の時代」には，つらい労働に人

間は従事しなければならないというのである．加えて，経済学でも労働は「仕事から直接得られる喜び以外の，何らかのよい目的のために部分的にしろ全体的にしろ耐えしのばれた精神ないしは肉体の活動」と定義され[2]，「賃金率は労働の限界不効用と所得の限界効用の比に等しい」という命題が冒頭に出てくるため，労働はただ辛く苦しいだけ（ギリシア人のいう ponos），という暗い印象が強い．ユダヤ社会では労働は罪に由来すると見ているという考えも根強いが，これは必ずしも正しくない．

たしかに『創世記』の第二章から第六章のはじめあたりに出てくる罪の起源とその拡大（とくに第二資料にもとづく有名な「楽園追放」の話）を扱った箇所に，現在の英語でいう labour ということばが二度出てくる．禁断の木の実を食べるようにヘビはエワを誘惑したが，そのヘビを神はのろった後，エワに対して「私はあなたの産みの苦しみをおおいに増す．あなたは苦しんで子を産む．それでもなおあなたは夫を慕い，彼はあなたを治めるであろう」という．この「私はあなたの産みの苦しみをおおいに増す……」というところを，英語の聖書では I will increase your labour and your groaning, and in your labour, you shall bear children と訳している．したがって，labour というのは陣痛や分娩（be in labour あるいは in travail）ということばにあたるわけである．

また神はアダムに対して「あなたが妻のことばを聞いて，食べるなと私が命じた木から取って食べたので，地はあなたのためにのろわれ，あなたは一生苦しんで地から食べ物を取る．……」ということばを投げかける．この「苦しんで地から食べ物を取る」という箇所は，英語では，with labour, you shall win your food from it と訳される．

このように聖書では，陣痛を labour といい，食べものを得る労苦を labour といっており，labour は人祖の時代から，人間が生きていくうえで避けることのできない労苦として，「人間の罪に対して与えられた罰」と解釈されてきた．しかし，この「労働起源論」も一面的な解釈から生まれたものであることは，同じ聖書の他の箇所を見れば明らかである．労働が人間の堕罪以前に存在したことも記されているし（第一資料にもとづく『創世記』2ノ15），朝になると「仕

事に出て行き夕方まで労働する」(『詩篇』104ノ23) 人間の生活も讃美されている．むしろ労働は，人間の存在そのものに付随する一つの定めである(『申命記』5ノ13)と理解すべきであって，「罪の結果である」という見方のみ取りあげるのは，聖書の章句の都合のよいところだけとりだしているにすぎないことになる．

　また，ヘシオドスや聖書が怠惰に対して嘲弄の言葉をあびせていることも改めて指摘するまでもない．ヘシオドスの場合は，先にあげた引用句からすでに明らかであるが，怠惰に対して「農は恥ではない，怠けた暮しこそ恥なのだ．おまえが地を耕せば，怠けものはくやしがるぞ．たちまちに富むおまえを見て，徳(アレテー)もほまれ(キュードス)も，その富についてくる．神さましだいで，おまえだってそうなれたはず，だから畑を耕すがいい．ひとの宝にうつろな心をむけるのはよせ．さあ仕事にむかえ，たべものの心配をせよ，私のことばにしたがうがよい」と述べている．新約のパウロは有名な「働かない者は食べてはならない」(『Ⅱテサロニケ』3ノ10)と書いているが，旧約でもなまけ者に対しては「戸がちょうつがいで回転するように，なまけ者は寝床の上でころがる」(『箴言』26ノ14)といい，「どろまみれの石」「一握りの排泄物」などというひどい呼び方をしている．そして労働が社会生活・経済生活の中である種のカナメのような重要な位置にあることを聖書はきわめて正確に認識しているのである．旧約聖書外典の中でも，農夫や職人がいるからこそ，村落や都市が存在すること(『ベン‐シラの知恵』38ノ32)，航海のためには，利益獲得の欲望，大工の造船技術，神の摂理の教導の三つがそれぞれ重要なこと(『ソロモンの知恵』14ノ2-3)などが指摘されている．

　このような古代のギリシア，ユダヤ双方の文献を垣間みる限りでは，苦しくつらい労働が富を形成し，その富が労働を行なった当の人間の財産であるという思想は，古代から存在し，個人の勤勉と労働の産物を私的に所有するという産業社会の思想と完全なつながりをもっていることがわかる．ただし，労働をただ労苦(ポノス)とだけとらえることは，19世紀に入るとマルクスのように，人間を負担を背負った存在と見ることにつながる．しかしこれはやはり労働を

一面からのみ規定しているにすぎない．

労働と閑暇

　プラトンやアリストテレスの労働観も，聖書のそれと決して隔たったものではなかった．旧約全体に流れる「安息日は人間を神の奥義に参与させうるもの」(『イザヤ』58ノ13-14)という考えと，アリストテレスの「徳が生じてくるためにも，政治的行為をするためにも閑暇を必要とすること」，「戦争は平和のために，仕事は閑暇のために，必要で有用なものは立派なもののために」(『政治学』)という表現は，閑暇こそを人間存在の中心部分と関連づけている点で全く同じといってよい．実際，J. ピーパーは，労働や閑暇についての現代人の評価と，こうした古代人のそれとの間に非常に大きな違いがあることをいみじくも指摘している．そして「われわれは閑暇を得るために働く」という古代人の格言の意味を，現代の人々が容易に理解することができなくなってしまったほど，この違いははなはだしいという[3]．われわれは仕事と閑暇を区別するが，閑暇とリクリエーションをさらに区別しておくことも必要であろう．仕事はそれ自体のためにはなされない何物かであり，それは豊かさや生活のための手段である．リクリエーションは仕事からの休息であり，遊びの形をとる肉体と精神の回復である．それに対して閑暇はひとつの高貴な事柄——人生における最も高貴な事柄だという[4]．

　このような「閑暇」を中心におく見方は，労働それ自体を目的として尊いものであるとみなすのではなく，むしろ労働には何かのための「手段」としての価値があるという点に注目しているといえる．つまり，労働は人間が避けることのできない労苦であるだけではなく，より重要な目的のためのひとつの「手段」として必要なものだという見解である．この考え方を，歴史上早い段階で具体的な組織をもって実現したのが，ヌルシアの聖ベネディクトゥスが会則をつくったベネディクト修道会である．元来修道院というものは(たとえばカッシアヌスやバシリウス)，俗世間から自分自身を隔絶し，瞑想や観想にふけるというところに目的があった．しかし奇妙なことに，それだけでは自分が生きて

いるこの世と自分自身の関係が稀薄になり，精神の退廃と弛緩に襲われるということにベネディクトゥスは気づく．つまり人間は物思いにふけったりするだけではだめで，実は自己抑制のひとつとして肉体労働をしなければならないということを(再)発見するのである．

　ベネディクト会は529年頃，ローマの南東約130 kmにあるモンテ・カシーノに創設されたものだが，この会則はベネディクト会だけでなく西方教会の会修道者のための基本的会則の原型となり，「西欧修道制のマグナ・カルタ」と呼ばれるほどである．この修道会の会則が定める統治形態は，家長制度をとり，最高権威は投票によって選ばれる大修院長にある．修道者は一定の場所に定住し(stabilitas loci)，従順と修道者の義務を守る．財産は共有し，肉体労働は日中の規定された仕事とともに自己抑制のひとつの焦点となっている．この最後の点は聖ベネディクトゥスの「祈れ，而して働け」(ora et labora)という言葉に要約されているといえる(正確にはこのことばは聖ベネディクトゥスのものではないが)．このベネディクト会の会則の第48条は，日々の肉体労働を扱っており，つぎのような文言ではじまる．「無為(アイドルネス)は，魂の敵である．したがって，兄弟たちは一定の決まった時間は肉体労働に従事すべきであり，他の定まった時間は聖書講読に費やされるべきである．したがって，これら二つをつぎのような割りふりで行なうのがよい……」と[5]．そして労働時間は1日6-8時間で，農耕，台所作業，筆耕，病人看護などがふくまれた．

　文化史家の指摘するところでは，このベネディクト会の労働観(経済生活だけでなく人間の精神生活にとっても，労働がある種の「精神の荒廃に対する予防薬」の役目を果たしているという見方)は，西欧の文化史においてひとつの重要な意味をもっていたという．この「肉体労働」の一環として，修道僧たちは畑を耕したり，牛馬の世話をしたり，古代ローマの史書・文芸書・哲学書などの筆写を行なったからである．そしてこの筆写(当時はもちろん印刷の技術はなかった)によって，西欧古典文化の一部が中世ヨーロッパ世界へと継承され，修道院で研究・開発された農業技術が，ヨーロッパの経済発展に大きく貢献したといわれる．

目的をもった労苦

　労働がつらく苦しいものであること，それだけでなく，労働がしばしば専制・暴力・不正・強欲の対象となったことも，聖書の中で繰り返し指摘されている．労働者に対する賃金支払いの不履行(『エレミア』22ノ13)，重税による農夫の搾取(『アモス』5-11)，敵国または自国の支配者が民衆に課する強制労働(『Ⅰサムエル』8ノ10-18，『Ⅱサムエル』12ノ31)，奴隷が服する苦役と拷問(『ベン－シラの知恵』33ノ25-29)というような悲惨な話は古代から数多く存在したのである．しかし，労働について考える場合ひとつの重要な点は，それが「目的を持った」労苦だからこそ耐えられるということである．つまり労働した結果，食べ物が得られる，産みの苦しみを味わった結果，子供が得られるというように，労苦が他の目的のための「手段」だからこそ耐えられるのである．

　目的を持たない労苦が，いかに人間にとって耐えがたいものであるかということは，ドストエフスキーの『死の家の記録』の中にも描かれている．流刑地の囚人がいちばん"まいる"労働は，土の山をある場所から他の場所へ移し，移し終わったらまたもとの場所へもどすというような作業だという．少し長くなるがその箇所を引用してみよう．「……いまの監獄の苦役が囚人にとって興味がなく，退屈なものであるとしても，内容そのものは，しごととして，益も意味もある．囚人は煉瓦を焼いたり，畑を耕したり，壁を塗ったり，家を建てたりさせられているが，この労働には意味と目的がある．苦役の囚人が，どうかするとそのしごとに熱中して，もっとうまく，もっとぐあいよく，もっとりっぱに仕上げようなどという気をさえ起す．ところが，たとえば，水を一つの桶から他の桶へ移し，またそれをもとの桶にもどすとか，砂を搗くとか，土の山を一つの場所から他の場所へ移し，またそれをもとへもどすとかいう作業をさせたら，囚人はおそらく，四, 五日もしたら首をくくってしまうか，あるいはたとい死んでも，こんな屈辱と苦しみからのがれたほうがましだなどと考えて，やけになって悪事の限りを尽すかもしれない」(工藤精一郎訳)．仕事をしているものが，新たに判断し付け加えることが何もない作業，創意と工夫が入り込

む余地のない仕事こそ、担当者を最も意気沮喪させる性質のものであろう。そして目的のない無意味な労働が、ドストエフスキーの観察によれば、囚人たちが一番"まいる"労働であったという。

それでは労働の目的とは何なのだろうか。人間が何か(観念的なものであっても)目的を持ちうるからこそ、労苦に耐えられうるとすれば、その目的とはどんなものなのだろうか。それは特別奇異なものではない。これまで述べてきたような、食べるためであり、無為を取り除くためであり、肉体を鍛えるためであり、時には人々に奉仕するためのものでもある。これらの条件のすべて、あるいはいずれかが満たされていれば、労働は「手段」としての意味をもつのである。しかしそれは自己自身のうちにその目的をもつものでは決してないのである。

言いかえれば、「労苦」は、それ自体としては「善」ではありえない。一般には時として「労苦」を尊いものとし、過大評価する傾向があるが、物事は何も困難であるがゆえに崇高なものであるとは限らないのである。労働自体が「目的」であり、尊いものであるという考えは、西欧の近代以前の思想伝統からは外れたものなのである。むしろ近代まで西欧において支配的であった考えは、閑暇を人間生活の最重要部としてとらえるというものである。そして閑暇は労働によって疲労した肉体の回復をめざすリクリエーションというよりも、先に述べたようにそれ自体がひとつの高貴な事柄と考えられていたと言うべきであろう。仕事やビジネスをあらわす neg-otium というラテン語、あるいは as-cholia というギリシア語が、それぞれ otium と scholē(閑暇)の否定形をとっているのも、このことと無関係ではあるまい。

プロテスタンティズムと労働

近代に入ると、ヨーロッパの諸地域が経済的繁栄をとげはじめたのは歴史の示す通りであるが、このヨーロッパの経済的成功と人々の経済行動の間の関係を「労働に対する精神的な態度」から説明しようとする試みがあらわれた。それは「生きるために働く」というこれまで見てきたような手段的な労働観では

なく,「働くために生きる」という社会通念を部分的に反映するものであった。その代表的な仮説は,ウェーバーの『プロテスタンティズムの倫理と資本主義の精神』に示されたものである。ウェーバーのテーゼとそれに対する批判を次に紹介しておこう。

ウェーバーはベンジャミン・フランクリンの『若い職人への忠告』(*Advice to a Young Tradesman*)の中の次のような文章を引用する。「……時は貨幣であるということを忘れてはいけない。一日の労働で10シリングをもうけられる者が,散歩のためだとか,室内に懶惰にすごすために半日を費やすとすれば,たとい娯楽のためには6ペンスしか支払わなかったとしても,それだけを勘定に入れるべきではなく,そのほかにもなお5シリングの貨幣を支出,というよりは抛棄したのだということを考えなければならない。……」[6]。こうした考え方は,現代経済学の新しい家計行動の理論において「生産的消費」という概念を用い,家計の意思決定の問題の中にそれを明示的に導入する試みと似たものである。そこでは,時間の価格(たとえば時間あたり平均収入)で測った機会費用としての放棄収入(foregone earnings)と,その消費活動の中に投入される財の市場価格を足し合わせたものがその消費の対象となる便益(commodity)の価格であるという視点から,時間配分の問題を分析しようとするのである。この種の分析では,余暇や労働の概念規定は全く重要性をもたず,家計の便益生産とその消費による効用極大化の問題が,時間と所得の制約のもとで解かれるにすぎない。その解が,家計の時間消費の形態——すなわち市場で貨幣報酬をうける「労働」と,家計内での便益生産の活動に時間を配分する——を示すと考えられているのである。

しかし,ウェーバーがフランクリンを引用した目的は,資本主義の「精神」の説明の手がかりを与えるためであって,上に述べたような現代の経済学における時間配分論を予想することではもちろんなかった。言うまでもなく,彼は宗教と経済行動との関連についてのひとつの仮説を提示しようとしたのである。ウェーバーがこの問題に立ち入るきっかけとなったのは,次のような彼の歴史観察であったといわれる。ひとつは,世界で物質的繁栄を享受している地域は,

精神生活への献身的な態度を要求される「修道院的秩序」が浸透したところが多いこと，第二は，禁欲主義的なプロテスタントは経済的成功を収めており，禁欲的な宗教と経済面での積極的精神との間に相関がありそうなのは不思議なこと，の二点である．とくにほとんどの偉大なプロテスタントの宗教改革者は，富の追求を魂にとってきわめて有害かつ危険なものと考えていたからである[7]．

　ウェーバーはこのようなパラドックスを解くために，清教徒（ピューリタン）と近代の資本主義企業との間に共通に見られる生の様式の基盤をさぐろうとした．こうした問題意識はウェーバー以前にももちろん存在したが，通常は，プロテスタンティズムが聖書を重視したことに注目して，それを一般教育水準の上昇に結びつけたり，プロテスタンティズムの知的自由が経済活動における革新行為につながったと推測するような議論であった．しかしウェーバーはある信仰（神学）の論理的帰結とそこから導かれる行為の関係を探ろうとして，清教徒の生活と近代の資本主義企業との間の生の様式の共通性を理論的に推測したのである．そこで彼が見いだしたことは両者とも「生活を合理的に組織化している」という事実である．さらに，ローマン・カソリックやルーテル派神学とカルヴァン神学を比べ，後者に秘められた「現世における行動の誘因」をしらべるという作業をウェーバーはおこなう．その結果「カルヴィニズムの神がその信徒から要求したものは，個々の「善き行為」ではなくして，組織にまで高められた聖潔な生活，そうした形でのいわば行為による救いであった」と指摘する．そして，すべての人間は不確実な未来に直面しながら，熱心で自己否定的なまでの日常生活に没頭し，神によって与えられた資源をただ懸命に仕事のために使用するという姿を，カルヴァンは賞讃していたという結論に達する．ピューリタニズムの「合理的」な禁欲の働きは，こうした「修得された」持続的動機を固守し主張する能力を人間に与えたのであり，ピューリタンの富は，予定の教義によってよびさまされた人間の不安が生み出した「意図せざる帰結」であるとウェーバーは見たのである[8]．ウェーバー自身，この命題（先ほどのパラドックスを解く論理）が客観的史料にもとづいて完全に証明されたとは決して考えていなかったことは明らかである．こうしたウェーバーの仮説は，

その後ブレンターノやゾムバルトによる議論を生むことになるが(1940年代までの論争史はFischoff[1944]を参照)，最近の研究の多くは，ウェーバーのテーゼ(すなわち，西洋の制度的発展と宗教の特異性)に対して疑義をさしはさむ見解の方が有力になっている．それは東洋における経済発展がカルヴィニズムそのものとは直接関係をもたなかったことからも容易によみとれる．

　以上のようなウェーバーのテーゼに対する経済思想家側からの一つの反論としてヴァイナーの議論にふれておこう[9]．ヴァイナーはカルヴァン主義の神学者によって説かれたプロテスタンティズムの教義が，はたしてウェーバーの考えたようなものであったかに関して疑問を投げかける．そしてそれは当時の人々の生活様式の中に浸み込んだ価値観であったのかどうか，教義上の公的権威としての性格をもつようなものであったのかどうか，という点についても，ウェーバーの主張は社会史上の客観的資料を欠く分析である点をヴァイナーは指摘している．それはいわゆるウェーバーの理念型による論理的分析にすぎないのであって，現実にある信仰がある行動に論理的に結びついていたかどうかについて，十分な証拠をもって解析されたものとはいいがたいのである．

6.2　知識と経済的自由

　第1章で述べたように，自由の条件とは「すべての人々が自分の知識を自分の目的のために使うことが許されており，普遍的な適用可能性をもつ正しい行為の規則(rules of just conduct)によってのみ制約をうけている状態」である．しかし自由が「自己中心主義」や「利己主義」と混同されてはならない．ここでいう自分自身の目的を追求する自由というのは，利他主義者にも利己主義者にもともにあてはまりうる動機であるから，日常語でいう「利己主義」とは直接的な結びつきは存在しない．

　このような定義は，むしろ次のような無視できない事実を前提としていることに注目すべきであろう．すなわち，人間の知識と関心には元来限界があるということ，そして人は社会全体のほんの一部しか知ることができないため，そ

の行動の動機のすべては，知りうる範囲で自分の行為がどういう直接効果をもつかということに限定されざるを得ないということ．そして，このような部分的かつ具体的知識が経済社会全体の効率的調整に，実に大きな役割を果たしているということである．また，人間の知識というものが，「語り」，「言語で表現できる」以上のものを含んでいるという点も重要である．実はある種の知識がもつこのような「定義不可能性」，「伝達の困難さ」ゆえに，自由と知識の問題は，経済体制論においても重要な意味内容をもつに至る．

　本節では，このような「知識」と自由の問題を少し立ち入って考察し，経済における知識のありようを論じてみたい．その際，素材とするのは労働における技能や知識の事例である．マーシャルは『原理』の中で，機械が人間の労働のかなりの部分を代替していく傾向が強くなってきたため，人間の単純な肉体労働というものが少なくなり，それにかわって一般的な知的能力・精神力を必要とする仕事が増えてきた点を指摘している．そして高度の産業技術の使用において要求される知力・知識を一般的能力(general ability)，個別産業の特定目的のために必要とされる原料・生産工程に関する知識や技能を特殊能力(specialized ability)と呼んで区別した[10]．このように技能や知識には，性質を異にする二種のものが存在するという認識には長い歴史がある．ところが，いずれの分類によるにせよ，この区別は明晰な数理的分析を許さない．それゆえその存在の証明や把握にはどうしても歴史的なあるいは個別具体的な事例が必要となる．したがって知識や技能がどのように論じられてきたのかについて，まず歴史的に展望することからはじめたい．

ふたつの知識

　ひとつの古い論争をまず紹介してみよう．ストア派の哲学者ポシドニウスは，あらゆる発明というものは，元来，哲学者の思考と計画から生まれるものであると論じていた[11]．これに対して時代は少し下るが同じストア派のセネカは，「新しい発案なるものは，自分の日々の仕事の中で，ものをつくる工程によく慣れ親しんでいる普通の職人が思いつくものが多い」と主張する．この点は，マ

ンデヴィルもスミスも「職人か，哲学者・思索者のいずれが，機械等の発明に貢献するか」という類似の問題を意識していた．とくにマンデヴィルは次のように述べている．「人間の思考と考案の卓越性は，職人や細工人のさまざまな道具や用具，ならびにいろいろな器械においてほど著しいことはなかったし，またいまだに同様である．それらはみな人間の弱点を補うか，多くの欠点を正すか，怠惰を満たすか，焦慮を取り除くために考えだされたのである」と[12]．

中世における唯名論と実在論との普遍論争を別にすれば，こうした知識を区別する，分ける，という点で社会学的な第一歩を踏み出したのはスコットランドの啓蒙思想家たちではなかったろうか．この点を強調するミラー研究家 W. レーマンは，社会学的アプローチとして歴史主義(historicism)と進化主義(evolutionism)を区別して次のように定義する[13]．進化主義は理論的であり，推論的な歴史であり，常に一般化と演繹的作業を伴っている．歴史的な唯一性を重視せず，事実に重きを置くという傾向もない．他方，歴史主義は個々の孤立的な事実を記録したり具体的な事象や状況を記述することによって，歴史の進展の方向や「時代の精神」を把握し，そこに働いている連続性や因果関係を定立しようとする．しかしその際，常に経験的事実によって導かれること，固有性，唯一性を重視するのである．この二つの知識獲得の方式を，歴史主義は個別事例研究的(idiographic)，進化主義は法則定立的(nomothetic)と称して区別したのである．

この区別は，19世紀の経済学の中にも実は明確に残っていた．もちろん，結果としては進化主義の法則定立的側面のみが経済学の主流を占めることになったが，経済学の母国では個別事例研究的なアプローチも厳然とその命脈を保っていたことは確かである．19世紀後半の経済原論と方法論の著作でこの知識の問題を論じているのは，C.メンガーである．メンガーは『社会科学とくに経済学における諸方法の研究』の最初の部分で「歴史的・統計的経済学」と，正確な法則を伴った「理論的経済学」とを截然と区別している[14]．これはメンガー自身が，科学的知識を二つのクラスに分けていたこととパラレルである．「個別的」，歴史的，統計的知識と，「一般的」，理論的知識である．これに加う

るに，第三の範疇として応用実技や実践科学的なものも考えていたようだが，いずれにせよこれら三つの知識はその性格を異にするがゆえに，厳密に区別されるべきであり，経済理論や政策について唯一の方法を主張することの愚をはっきりと戒めている．このあたりからシュモラーとの方法論争(Methodenstreit)の口火が切られるのであるが，メンガーを代表とするオーストリア学派の経済理論は元来，経験の外にある「認識による知識」というカテゴリーに基礎をおくものであった．つまり，非経験的な「内省」(introspection)によって経済主体の一般的経済合理性を仮定する一種の「先験主義哲学」である点が，歴史学派の個別性を強調する立場と基本的に異なると考えられる．

ここで注目しておきたいのは，一般的な知識，特殊な知識，法則定立的方法，個別事例研究的方法，という二本の線は，人間の知識獲得方法，知識の分類方法として古くから流れの尽きることがなかったという点である．さらに溯れば，この問題は，少し装いを変えた形で（普遍論争として）実は中世哲学(ボエティウス)以来の長い歴史と伝統をもつアポリアでもあったということができる．われわれが五感で見，触れうるものは具体的個物である．しかし，その個物について考え語る場合には，一般的観念や言葉を用いざるを得ない．「私がさわっているこの対象は機械であり，旋盤である」という判断は，個別的な対象について，機械という類，旋盤という種に属することを肯定している．しかし，今，ここで知覚された対象以外に，この同じ名辞が適用され同じ観念に含まれる多くの対象が他に存在することは言うまでもない[15]．名目と実在をめぐる普遍論争は，このように精神の外にある対象が個別的であり，一方において人間の概念が普遍的であるとすれば，両者の間にどのような関係があるのかという点に集中していたといってよい．言いかえれば，思惟と対象との間に乖離があり，人間の認識や言語表現が普遍概念でおこなわれるかぎり，その妥当性は疑わしいものとなる．このような普遍論争は，実体のカテゴリーにおける類と種のみに関しておこなわれているため，哲学史上のきわめて特殊な論争のように思われがちであるが，究極的には思惟と実在の関係についての認識論的な問題なのである．

このような個別と普遍,実在と思惟の問題を,現代科学の分野でより具体的に展開したのは,M. ポラニーであった.このヨーロッパの片隅でうまれた化学者は,自然科学の領域における知識の性質を吟味するうちに,一見普遍的,一般的と映る科学的知識も,その最重要部分はきわめて個人的なものであるということを見いだす.これは従来考えられていた哲学的な立場,すなわち,「真の知識は全く客観的かつ超然としたものであり,信条とは無関係なもので,社会科学として価値自由である」という立場を真向から切り崩すことを意味した.これはまたポパーが批判した「社会科学と自然科学のハイエク的二元論」でもなく,またポパー的な知識の客観性を主張する立場とも対立する.こうしたポラニーの「個人的知識」(personal knowledge)と呼ばれる認識論の核心部は,「いかなる知識も,科学的知識すらも,説明することのできない暗黙のコミットメントと確信から,副次的にしか感知しえない詳細を集約的に把握し統合したもの」と要約することができる.これはいささか難解にすぎる表現であるが,ポラニー自身のあげる例にしたがってみよう[16].

人間の知識について再考する時の出発点を,「我々は語ることができるより多くのことを知ることができる」という点におき,この事実が何を意味しているかを考える.ポラニーが挙げる例は人の顔の認知である.われわれがある人の顔を知っているとすると,その顔を千・万もの顔の中から区別して認知することができる.にもかかわらず,われわれが知っているその顔をどのようにして他から識別したのかをわれわれは正確に語ることはできない.この知識の大部分は言葉におきかえることはできないのである.このような人の顔の識別には,さまざまな気分の認知が含まれているのだが,何を指標にしてそれを認知しているのか,きわめて曖昧にしか語ることができない.陶磁器を焼くときの炎の色,医師のおこなう病気の診断,工作機械を運転する人が感じる削り具合,これらはいずれも,言葉や絵によって完全に表現することのできない種類のものなのである.

このような所論は,ゲシュタルト心理学での発見と関連していることは確かであるとしながらも,ポラニーはむしろゲシュタルトについてこれまで無視さ

れてきた側面に自分は注目したいことを強調する.ポラニーは,ゲシュタルトは人間が知識を探求するときに経験を能動的に形成する活動の結果として成立すると考えているからである.すなわち,ポラニーの表現によると,「われわれが,(人の顔のような)外見的特徴を人に教えることができるのは,教師が示そうとしていることの意味を,生徒がつかもうと努力するという知的協力が,生徒の側に期待できるかぎりにおいてである[17]」.言葉によっては伝えることができずにのこされたものを,相手が発見するか否かが重要になるのである.このような能動的形成と結合が,知識の成立にとって欠くことのできない偉大な暗黙的力である,とするのがポラニーの見方の基本部分である.

知識・技能と伝統

ところで,このような M. ポラニーの知識論は単なる哲学上の認識論にとどまるものではない.実は,現実の知識の伝達,あるいは教育のみならず,産業社会の中での技能の形成とも深いかかわりをもつ問題なのである.ポラニー自身もこの点を意識しながら,彼の主著『個人的知識』の中で「技能」の問題に一章をさいている.

技能が,その詳細を列挙するだけではその本質を充分に説明できないことは,改めて述べるまでもない.産業で使用される技術はもちろん,芸術における技能もその例外ではない.ピアノのキーはたたくと音が出るが,そのひびきはピアニストのタッチによって異なる.ピアノの音の高低や強弱あるいは音色は物理学的に説明可能であるが,それは現実に響いてくる音そのもののつくり方を完全に説明することにはならない.というのは,バロンとホロの研究によると,ハンマーにあたえられたスピードに変化がなくても,(すべての弦が除かれた時)一つのキーをたたいて出るノイズは異なりうるということが判明しているからである.このノイズが,ハンマーが弦をたたいて生まれる音と混じり合い音色をかえるのであり,これが基本的にピアニストがタッチによって音色をかえる技能なのである[18].

産業技術についてはどうであろうか.ここにおいても類似の事実が数多く観

察される.実際に現場で働く経験豊かなオペレータは,自分たちの作業の詳細について明確な知識をもたずに,熟練を要する仕事を遂行している.明確な知識をもたないのは,表現力の有無によるのではなく,そもそもそれが明確に表現できない種類の知識だからと言ったほうが正確であろう.それは直接に物理学や化学と関連づけられない形で把握されているもののようだ.ほとんどの熟練オペレータは(たとえば化学等の装置産業の場合)化学の高等教育をうけずして,職場での経験を積み上げて行くことによって非常に高度の技能(時としてはジェットパイロット並みの)を身につけて行く.産業技術を科学的に分析しようとすれば,必ず産業で用いられている技能獲得プロセスの科学的基礎をみつけだすという作業が重要な仕事になってくることは言うまでもない.しかしこの作業が極めて困難なことは,過去のすぐれた事例研究が示している.

このように,技能自体がその詳細を特定化できないということは何を意味するのだろうか.完全に特定化,あるいはマニュアル化できないということは,それを伝える方法は"例示"や模倣にかなりの程度依存しなければならないことを意味する.すなわち人から人へ,親方から徒弟へという人的接触を通した例示と模倣によってしか伝えられない部分が技能にはあるということになる.教える側,すなわち伝える側ですら,その内容を完全に定義できない性質の知識や技能を習得しようとする者は,教える人の例示に従い,模倣するより方法はない.この「有効性を詳細に分析し説明できない時ですら,教える人を信頼し彼に従う」という技能の身のつけ方は,ポラニーによると「権威に従う」という点で伝統の尊重につながる[19].親方や教える人のやり方を見つめ,その例示をまねながら徒弟は,その技能のルールを無意識のうちに身につけていくのである.重要なことは,この「技能のルール」自体が,教えている親方自身明示しうる形では知りえないものを含んでいる,ということである.知らない限り,「無批判に」模倣することによってしか隠れた「技能のルール」は伝えられない.この点をポラニーは一言で次のように要約する.「個人的知識の蓄積を保持し続けたいと考える社会は,必然的に伝統に従わねばならない」と.

人間の知力で明確にその内容を定式化できない種類の知識は,実は枚挙にい

とまがない．ポラニー自身は，自転車の乗り方，水泳，ストラディヴァリウスの製造，などの例を挙げているが，やはりその中心的な事例は，先に述べた産業技術の中核として存在する「現場の技能」であろう．この技能の使用がその本質的部分において，定義できない知識から成り立っている点こそ，もっと強調されてしかるべき事柄である．その傍証は，生産現場における広汎なOJT (On-the-Job Training, 仕事をしながらの訓練)による技能形成方式である．そのOJT方式自体は業種や国でそのすすめ方に多少差異が存在するようであるが，やさしい仕事から徐々に難しい仕事へと移りながら，そして仕事をしながら技能を広く深く身につけて行くという点では変わりがない[20]．これは，先に述べてきたように，技能の習得自体，OJT方式が企業の内部組織面からみて最も効率的であると同時に，OJTでしか伝えられない種類の技能や知識が生産現場には中核的なものとして存在するからである．

知識と経済組織

以上述べてきたことから，この種の「定義できない知識」の存在と，経済組織や経済体制の関係は自ずと明らかであろう．定義できない知識が存在するからこそ，現場の人間がもっている知識や技能を完全な形で収集・管理し，適切に散布して行くという仕事を，マネージメント(すなわち現場で実際に機械や道具・制御装置を使っていない人)が遂行していくことはできない．この点は，ハイエクの自由論や経済体制論の要となる認識である．この重要な事実に関する彼の理論はすでに十分知られているが，時代的な順序としてはナイトの貢献をとりあげておくべきであろう．

ナイトは1916年にコーネル大学に提出した博士論文『危険，不確実性，利潤』の中で「知識の管理」の問題を論じている．後に出版された同名の著書の第十章がこれに相当する[21]．この章では，現代の大規模企業のマネージメントの形態として，所有者の選ぶトップ経営層(directors)，トップによって選ばれる重役層(executive officials)，という具合に実際の意思決定は順次位階を下りていくが，この重役層すら経営政策に関しては単に一般的方針や見解をもっ

ているにすぎないことが指摘される．むしろこれら重役層の重要な役割は，企業のコントロールに関する実際の意思決定のかなりの部分を担う確かな部下を，いかに選抜するかという点にある．この機能・職掌上のヒエラルキーはもちろんここで止まるわけではない．ナイトのイメージの中に存する意思決定機構は，実際の重要な決定の材料をかなり下部の人々がにぎっているというところに在るとみてよい．だからこそ，「コントロールというのは，コントロールする者を選ぶということにある．そして経営における判断とは，主として人についての判断である」というナイトの洞察が生まれてくる．ナイトが「人が物を知るのはそれを知っている人の知識によってである」と言うのは，生産活動のフロントでの「定義できない知識」をマネージャーが直接知ることはできないから，間接的にしか現場の知識をコントロールできない，ということを意味している．

このことはビジネスの場に限定されるわけではない．政治の場合も，仕事をみつけ誰かにその仕事を遂行させる，という仕事が"コントロール"という言葉の実質的な意味内容である．この場合，"責任あるコントロール"が必要とする「知識」というものは，その情況や問題に関する知識，あるいは変化への対応についての個別具体的な手段・知識ではなく，これらの知識を所有している「人」についての知識なのである．したがって組織内での重要な意思決定問題は，個人の判断や意思決定にまつわる不確実性や錯誤ではなく，人に関する評価や判断が基本とならざるを得ない．経営における不確実性や，それへの対処への報酬としての「利潤」の分析が困難を極めるのは，「意思決定の機能と意思決定の錯誤のリスクを負担する仕事」が多くの場合はっきりと分離できないことに起因する，とナイトは看破している．

このような問題を，ナイトは「ルーティン」の"単純"作業をしているブルーカラー・ワーカーにもあてはめている．ナイトは一般に"未熟練"とみなされる単純労働でも子細に観察すれば，つねに機械の調子，材料の不均一性など「正確には予測できない偶然性，不確実性」に直面していることを強調する．新しい状況に対処するということは，あらゆる意識的な生の営みの重要なはたらきのひとつとも言いかえることができる．「完全にルーティン」の作業という

ものは通常，不可避的に機械にとってかわられるからである．したがって機械自体を操作することは，一見するほど単調でもメカニカルでもない．オペレータの仕事は，プロセス自体を完全に機械だけが遂行できる単調な段階まで持って行くということに存する．これは先にふれた，マーシャルのいう一般的な知力と精神力(general intelligence and vigour)に相当するものである．機械加工における「段取り作業」は，自動化が職場に浸透しても確実に残る仕事であり，自動化の程度が高くなればなるほどこの「段取り作業」の難度も高まることがわかっている．

しかしナイトは次の点に注意をうながす．すなわち，原材料の不均一性や機械の調子等の理由でオペレータの仕事が完全にルーティン化できなくても，非定常的な仕事に対処しうるオペレータの能力自体をかなり正確に判別することは可能であると．したがって彼の直接の上司(たとえば職長)は，オペレータに対する判断に関して責任を負うことになる．次いで職長のオペレータに対する判断も，同様にルーティンの部分に還元できる部分は職長の仕事とし，より例外的な偶然性についてはさらに上位の管理者へと委譲される．ここで強調されるべきは，より上位でコントロールするものにとって必要な知識は，その問題についての個別的具体的知識ではなく，問題に対処している人間の能力に関する知識であるという点である．ナイトの主張は，重要な意思決定は意思決定を委譲できる主体を選ぶことであり，その他の意思決定や判断は自動的にルーティン化されうる性質のものであると要約できる．言い換えれば，真の不確実性は人間の能力を推量することに宿る不確実性であり，その能力とは個別的・具体的不確実性に対処すべき能力ということになる．

このような論点が，後にハイエクによっても経済的自由と知識の問題として論じられたことは先に述べた通りである．ハイエクは人間の有する知識を二種類に分けた．ひとつは「科学的知識」とも呼ばれる，一般的・法則的な知識であり，もうひとつは，組織化・体系化はされていない「その場・その時の特殊な状況に関する知識」である．これは「定義できない知識」と呼ぶこともできる．科学的知識を重んずる現代においては，後者は前者ほど重要視されてはい

ないようだが，経済社会での「変化への対応」という点では，この第二種の知識は実に重要な働きを演じている．そしてこの「定義できない」知識は「例示する」ことによる個人的接触を介する他は，きわめて伝達が困難であるということ，それゆえ「現場の人間」が暗黙知として数多くのことを身につけ知っているものの，その知識や技能を直接に監督者や計画者が管理することができないということ，この点を認識することはきわめて重要である．

　実はこの点は，将来の労働の姿を推量する際にもひとつの重要なポイントとなる．マイクロ・エレクトロニクスを中心とする生産技術の進歩によって，今後人間の労働がどのように様変わりするかを推測する場合，一般に主張されることは人間の労働の単純化と技能の「消滅」というシナリオである．しかしこれは生産現場における観察と必ずしも一致しないし，本節で述べた技能の性質とも相容れない主張と考えられる．高度の自動機械が導入された職場で働くオペレータの仕事は，実は一見するよりもはるかに技能を必要とする複雑さが要求されているのである．例を挙げて見よう．

　ブルーカラー，ホワイトカラーを問わず，定形的・繰り返し的な仕事はますます電子機器に置きかえられているが，残された職務は単純作業と頭脳作業に分極化するのではなく，むしろ「仕事の複合化による高度化」が進行するというのが一般的傾向である[22]．たとえばマイクロ・エレクトロニクスを組み込んだ金属工作機械の場合，段取りの重要性，新しいプログラミング，故障予知のような非定形的な仕事の重要性がますます増大し，人間の知力と対処能力が重要な資質として問われてくるということである．したがって真に技術内容を熟知していないと，うまく対処できないばかりか，正確で迅速な判断もできないということになりかねない．新しい技術革新は職場内の労働を単純労働と頭脳労働に分解したとは必ずしも言えないのであって，実際は仕事の複合化がおこり，現場では多能工化現象がさらに進行している．オペレータは，ボタン押しの操作だけでなく情報処理作業も学ばなければならない．一人の技能工が前後工程を一人でこなし種類の異なる機械を何台も使わなければならなくなった，というのが実情のようだ．実は「定義できない知識」「暗黙知」が存在する限り

(これが無くなることが経済学でいう「完全情報」という理想郷(never-never land)の必要条件のひとつなのだが)，機械による労働の完全代替はありえない．非定常的な仕事は常に残り，高度の技能も常に必要とされる．

完全情報という仮定が経済理論を精緻化するのに重要な役割を果たしたことは事実であろうが，現実の経済メカニズムの理解にこの仮定がどれほど真理を覆い隠したかも認めなければならない．実際の産業技術の中核に「定義できない知識」が存在するとすれば，経済社会の中における知識や技能のありようを今一度しらべ直し，異なったスタイルで経済社会の構造を描くことも必要になってくるだろう．

6.3 自由の根拠

自由と秩序

人間の知識が，言葉で表現できる以上のものを含み，定義できない性格をもつゆえに，知識を意識的にそして社会的に集中・管理することが困難なことを前節で述べた．スミスの言葉を借りると，「チェスボードの上で駒をうごかすように容易に，巨大な社会の多数のメンバーを動かす」体制は，ひとつの「秩序」をめざしたシステムかもしれないが，そこでは知識の社会的利用という点で大きなロスを生むだけでなく，すべての駒の持っているそれ自身の運動原理を無視することを意味している[23]．したがってこの個人の運動原理と駒をうごかそうとする為政者の意図が一致すれば，社会は美しい秩序につつまれるが，もし異なった原理であれば社会は極度の混乱(disorder)におちいる．「秩序」は多様なものを一つの全体に有意味に統合することであるが，二つの異なった意味を持っていることに注目したい．

オイケンによれば経済秩序は二つの種類に分けられる[24]．ひとつは歴史的事象の中で意識的な決定なしに自生的に形成されたものであり，もうひとつは経済政策上の全体的決定にもとづいて設定された秩序である．たしかに現実の競争秩序は両者の中間的な形態であって，設定された秩序自体も必ずしも歴史的

発展に逆行するものではない．それは企業の成長や協同組合の自発的発展のようなかたちで，下からの個々人の選択によって自由に選択される場合もあるから，両者を截然と分けることは難しい．ただ，設定された秩序(made order)とは異なり，自生的秩序(grown order)はそれ自体，外から決められた具体的目的をもたず，全体の中のすべての要素や数が変化しても維持されうるような抽象的性格のものだということができる．この抽象的な性格についてはハイエクが示した初等物理学の実験の例を考えるとイメージが浮びやすい[25]．紙の上にヤスリくずをふりかけ，下から磁石をあてるとどうなるかという実験をしてみよう．われわれはヤスリくずが描く一般的な傾向については予測できるが，各々のヤスリくずがこの磁場においていかなる位置を占めるかについては予測できない．それは紙の表面の質，ヤスリくずの重さや質など様々な(そのすべてを観察者が知ることのできない)性質に依存するからである．ヤスリくずが描く一般的傾向を生みだす条件を整えることはできるが，個々のヤスリくずがひとつの有機的複合体をなすように，ひとつひとつその位置を確定してやるということはできない．したがって自生的秩序に対しては，(設定された秩序の場合のように)大きな統制力をはたらかせることは，全体的秩序をみだすことなしには難しいということがわかる．

　秩序と自由に関するもうひとつの対立として，古典的保守主義(Classical Conservatism)と古典的自由主義(Classical Liberalism)との間の相違についてふれておこう．古典的保守主義は「秩序」をそれ自体ひとつの目的とみなし，「秩序」の中に倫理的・美的に望ましい内在的性質を見いだしている．そして「理性による人間の進歩」に対して懐疑をもち，人間の利己主義と無秩序への傾向が，権威と権力を必要としていることを強調する．他方，古典的自由主義は「秩序」をひとつの手段，すなわち自由を保持するための手段と考え，その使用は必要最低限に制限されるべきだとしていた．

　古典的保守主義の基本は，秩序自体が究極の善であり，それを受容することが正義のしるしであるとみなすところにある．それに対して古典的自由主義の主張するところの秩序，とくに法的秩序は，ひとりの人間の行動の自由が他者

の行動の自由を妨害しないことを保証するために考案されたひとつの装置と考えられる．言いかえれば，秩序とは自由が達成されるために必要とされるものということになる．したがって，法の目的が，自由の諸条件を整えることにあるとすれば，法の良否はその絶対的内容からではなく，「自由の領域をふやすか否か」によって判断・評価されることになる．このような見解は，上からの強制がなければ秩序はありえないと仮定するシステムとは対照的なものとなる．古典的自由主義の本質は，「一般的なルールと制度を適切に組みあわせたシステムの中で，秩序と呼ぶにふさわしい自生的な諸関係が生まれ，細部にわたる具体的な規則はそのために特に必要とはしない」というところにある[26]．

　上からの強制が望ましくない理由として古典的自由主義が強調するのは，人間の認識の相対性・解放性を考えた場合，国家という「単一理性」が統合した知識によって行動を決定するのではなく，思想の「自由市場」をとおしたほうが，予測しがたい未来に関して「真理」により近づきやすいのではないかという点がある．このことは，人間の自発性・多様性・創造性などの精神的エネルギーをどう生かすか，さらにたちいっては人間の人格と個性，という問題とも関連する．経済的分野に密接なつながりをもつ技術革新の試みをはじめとして，さまざまな思考実験やそれにもとづく生活の様式の多様性は，前人未到のあるいは各自の個性に合致した「新しい方法」をもたらす重要な契機であり，「自由な実験」という行為がないと，こうした可能性を現実のものとするための扉を閉ざしてしまうことになる．すなわち，より重要な「真理」，より大きな「幸福」が何であり，どこにあるのかが前もってわからないからこそ，すべての解答は暫定的であり，すべての選択行為が試行錯誤的な性格をもたざるを得なくなるのである．一般に一元論者(monist)が，社会の問題にも「科学的に決定的な」解答を原理的に見いだしうると考えるのとは対照的に，これは人間行動における非合理的で無意識的な要素の存在を強調するという点で多元論(plurarism)として特徴づけることができる．人間の目的が作為的に狭小化され，大多数の人間がその目的のために働く「勤勉なる羊」と化する社会より，人間が趣味・意見を異にし，議論・攻撃・拒否しうると同時に，それでもなお「共存する」

という知恵を失わない社会のほうを「よし」とする考えがここにはあるのである[27]。

　結局，このような議論が依って立つところは，人間の知識というものが原則として不完全であるということ，たえず誤る可能性があり，普遍的に知られている唯一の「真理」を現在手にしている人・国民は存在しないということである．それゆえにこそ，われわれの信念というものはいかに強くても，新しい実験や議論によって常に修正を受ける性質のものであり，そのために知識の扉を閉すことは長く「誤謬」にとどまることを意味するに等しくなるのである．そしてこのことは，個人の有する知識にだけでなく，社会全体に集積された知識にその実験結果の判断をまかせたほうが，結果としてよい状態を生み出す可能性が大きいことを示唆している．これは人間と自然や，人間どうしの多様な関係・相互作用の結果，不断に生起してくる新たな事態，日々の環境変化にたいして道をひらく一つの長期的な（多様性と選択の自由のために短期的に払う犠牲があったとしても）処方となるであろう．

手段か目的か

　前節で秩序が先か自由が先かという形で，古典的自由主義と古典的保守主義の対立をやや単純に図式化した．ところが自由を優先させる立場の中にも，さらに異なった流れがあることに注意したい．それは第一に優先さるべき自由は，それ自体最終目標であるとするのか，別の目標（たとえば経済効率性）のための手段と考えるかという違いである．後者，すなわち自由を便宜的手段と考える立場を，「功利主義的」自由主義と呼び，前者，すなわち自由それ自体を最も高次の政治目標とみなす立場を「ドグマとしての自由」を唱える古典的自由主義と呼ぶことにしよう．

　「功利主義的」自由主義は，自由の手段的価値を重視し，功利主義的立場から自由の効用を説く．自由競争が厚生極大化や経済効率といかに関係するかを解明しながら，競争の効用を正当化する論法は，（これは新古典派的な経済学の基本的立場であるが）功利主義的立場を最も鮮明に示したものである．また，経

済的自由の必要条件のひとつである私的所有権の発生や機能を論ずるさいにも，「功利主義的」立場は私的所有それ自体に神聖不可侵の，あるいは自然法的な価値があるとしてそれを擁護するのではない．むしろ目的達成のための有用性，すなわち手段的・機能的価値からの私的所有の評価，発生の説明がなされる．自由一般の機能に関する議論も，同様な見方でつらぬかれている．それは「われわれが無知であるために予見しえないものや事象に対して，常に扉を開けておき，試行錯誤によって目的達成のための多くの要素・手段を発見する」ところに自由の利点を見いだすのである．

　しかし，自由の擁護は，単なる費用と便益の比較考量だけで足りるのであろうか．あるいはそれ以前の問題として，単なる費用と便益の比較は何らのバイアスを生むことなく行なうことができるのであろうか．この種の問にバーカーやハイエクはひとつの解答を与えている[28]．それはアクトンのいう，「すべての人が，権力や多数派，慣習や世論に抗して自分の義務と信ずることを行なえるよう保護されているという確証」としての自由をかかげる古典的自由主義の次のような主張である．自由を許容した場合と，規制や干渉を加えた場合との費用・便益の計算は現実には理論どおり正確に行なえない．強いて仮想的な費用・便益計算を行なって判断をすると，自由のシステムが，（干渉や計画のシステムに対して）敗退してしまうようなケースが多く出てくる．その理由は簡単である．自由の価値は，功利主義者が指摘するようにそもそも予見・予測のできない行動に対してさまざまの機会を与えるという点にもある．それゆえ，具体的なあるひとつの自由を制限することによって，何をどれだけ失ってしまうのかを推量し，それを事前に正確に計算することはできない．他方，ある干渉や強制は，何らかの予想可能な具体的目標のために行なわれるのが普通である．したがってその具体的な直接効果（とくに便益）を測定することはほとんどの場合可能であるのに対し，間接効果や副作用（その干渉や強制によって産まれる長期的経済ロス）はつねに無視され，自由の制限の結果もたらされるすべてのコストを，事前に正確に知ることはほとんどの場合不可能になる．

　このような理由から，個々の施策の正の効果（merit）のみに目を向けてその

是非を考量するなら,干渉や強制の利点の方がつねに過大評価されてしまう.したがって,自由と強制との間の選択が,単なる便宜(expediency)の問題として取り扱われるならば,自由はほとんどつねに敗退しなければならない運命にある.一般的規則を守らないコストが計算できない状態で,ある特定結果を生む政策を一般的規則と抵触するという理由で拒否しつづけるということは,通常きわめて難しい.それゆえにこそ,自由が保持されうるのは,自由が至高の原理(a supreme principle)としてあつかわれる時のみであると古典的自由主義者は言う.

社会政策や経済政策におけるプラグマティズム(自由と干渉の間の選択を,便宜の観点から決める方法)の勝利は,現代の知性の勝利のように考えられている.しかし原理(ドグマ)に拘束されない社会工学の適用は,自由の侵害につながることが多い.現代ではまったく不人気になった"ドグマ"や"イデオロギー"という言葉を,「原理」のセットと解すれば,自由はドグマやイデオロギーとして最重要の意味を持つという.したがって,自由を保持し,擁護するためにはドグマティックたらざるを得ず,決して自由を便宜(expediency)的手段と考える立場に道をゆずってはならない,というのが古典的自由主義の本質といえる[29].

このようなドグマとしての自由の擁護は,「伝統」と「先入見」の擁護というコンテキストで,バークによっても論じられている.「人びとが自分自身だけの理性のたくわえで,生き,かつ商売するようになることを,われわれはおそれる.なぜなら,各個人のたくわえはわずかであり,諸個人は,諸国民の共同の銀行と資本とを利用するほうがいいだろうと,われわれは思うからであり,われわれの思想家のおおくは,一般的先入見を破壊するかわりに,それらのなかにみなぎる,潜在的な知恵を発見することに,かれらの英知を使用する.……かれらは,先入見の衣服をなげすててはだかの理性しかのこさぬよりは,先入見を,それにつつまれた理性とともに,持続するほうがかしこいと考える[30].」このようなバークの考えは,ホイッグの自由の原理とトーリーの秩序の原理を総合したものと言うのが正確かもしれない.バークは,自由と繁栄の

条件としての秩序について語るが,同時に社会秩序自体は固有の善であり,それ自体独立に定義され評価されるべき性質のものとみなしていたからである.その意味で,バークは伝統的なトーリーの秩序の原理に,ホイッグの自由の原理を,彼の時代に適した形で修正して,統合したといえる.具体的には,宗教的寛容(非国教徒に対する),新しい才能の社会的上方移動をうけいれること,伝統を新しい環境に照らして修正すること,植民地の固有な性格と伝統を尊重することなどが例として挙げられる.結局そのような政策は,バークの時代にあっては都市商工業者と中産階層による「自由な交易と競争」,そして安定した立憲主義の時代の「植民地固有の性質と伝統の尊重」ということにつきた[31].

以上のような,「便宜(=手段)ではなく,原理(=目的)としての自由」という考え方は,アクトンによってもはっきりと強調される.自由と善き統治がたがいに背反的ではないのは,「自由はより高次の政治目標への一手段なのではなく,それ自体が最高次の政治目標だから」である[32].アクトンは,二十代で書いた「アメリカ革命の政治的原因」と題する論文の中では,政策や便宜を考慮することなく,抽象的,理想的な民主主義を代表した南北戦争時の北部の奴隷廃止論者たちの正義をみとめなかったが,後には独立戦争における純粋原理としての自由の信仰へは最大級の讃辞を送るようになる.このように,「政策や便宜を勘定にいれること」はアナテマ(anathema)と考えたという点で,アクトンの「自由」は一種の宗教的情熱をおび,ドグマ的な性格をもつに至る.マコーリーやミル等の19世紀の自由主義者たちが,絶対的な宗教的原理・道徳的原理を持たなかったこととは対照をなすといえる.

よき選択の可能性

これまで述べてきた古典的自由主義者の考えを要約すれば,「自由は便宜的手段ではなく,一つの原理として尊重されねばならない」ということになる.これは「政治的自由」ということばに限れば,その意味するところは理解に難くない.しかし,自由が便宜的手段ではないと言い切ることは,自由の経済学的説明を完全に否定し去ったような印象をあたえる.その意味で古典的自由主

義自体は，手段としての自由を重視していなかったことはたしかであろう．

　自由主義自体が，ベンサムによって二つの矛盾した原理に分解し，J. S. ミルにいたって重要な変質をとげたことは第2章2.1節でふれた．そして「原理としての自由」の死はジェボンズらの政策論の中にもはっきりとあらわれたことを指摘したのはバーカーであった．ベンサムは，経済活動における私的利益追求の自由の原理と，最大多数の最大幸福の原理の中から，効用と市場の概念を，政治と法律の仕事にも適用しようとした．その結果「快楽計算」と平等分配の原理が議論の前面に強くおし出されてくる．しかし「快楽計算」自体には多くの無理な仮定が必要なことは言うまでもない．その中のひとつとして，「将来起こりうる事態の予測可能性，全知性」という命題がある．この仮定が成立しないかぎり，そこから得られる「便宜の評価」自体に大きな信頼をおくことはできない．

　このような流れの中で考えると，J. S. ミルは，自由主義の分岐点に立った重要な社会哲学者であったと言える．ミルの主張をそれまでの古典的自由主義と分かつ点はいくつかあるが，その中で生産と分配の原理を分離し，「社会正義」という観点から分配の法則をうち立てようとしたことがまず挙げられなければならない．そしてミルがロマン主義的個性概念(すなわち生まれながらの個性)を重視した点も忘れてはならないであろう．しかし特に重要なのは，「慣習」という拘束力に対するミルの考え方が，古典的自由主義者と異なるという点である[33]．ミルは「慣習」は自由の敵であり，人々が自由になるのは，ある一定の文化水準が達成され慣習から解き放たれた時であると考える．しかし古典的自由主義者は，慣習や伝統によって支えられた自由社会は，自由の行使にとって必要な「安定的な社会環境(＝秩序)」を形成する，と見ている．他者の反応に対する確実な予想が形成できないような社会では，われわれは目的を効果的に実現できるような行動をとることができない．ある程度確実な行動を人々がとることができるのは，社会関係の多くが個性の表現を制限する「慣習」によって支配されていることが必要となる．自由社会は，たしかに単一の道徳的慣習によって統合される必要はない．しかし多様な伝統であれ，とにかく慣習によっ

て規制された社会的相互作用によって，一定の「統一的結合力」を保持しないかぎり，自由社会は存立しないと古典的自由主義者は考える．この意味において，慣習は自由の条件であり，むしろ「自由の友」となるのである[34]．

このようなミルと古典的自由主義者の「慣習」に対する見方の相違は，個性という概念にも及んでいる．ミルは『自由論』の中の一節において，人間の生長を樹木(機械ではなく)のそれにたとえている．人間が，模型に従って作り上げられ，あらかじめ指定された仕事を正確にやらされる機械ではなくて，自らを生命体となしている内的諸力の傾向に従ってあらゆる方向に伸び拡がらねばならない樹木のようなものだという[35]．ミルの考えの中には，生まれながらの個性，伝統や生活からは独立に与えられた個性，というロマン主義的な個性観が強く影をおとしている．しかしそれとは異なり，古典的自由主義者は，個性は道徳的慣習によって抑制されるだけでなく，道徳的慣習によって部分的に形成・構成される文化的産物であると把えている．

このような古典的自由主義観はジェボンズに至ると，はっきりとした形で政策論の枠組外へ捨てさられてしまう．自然権や自由の確固たる原理は放棄され，「すべての法律はそれが生みだす善と悪を比較考量しながら個別のケースごとに判断されるべし」という方式にとってかわられたのである．このようなジェボンズの考えは，「至高の原理」としての自由と両立するものではない．ジェボンズ流の政策をとりつづけると，実際われわれが望まなかった方向へ，知らず知らずのうちにひきよせられていき，意図しなかった結果を前にして，さらに「場あたり的な」政策をとるように運命づけられていくかもしれない．われわれは，最も好む部分だけを選別してモザイクのように望ましい社会秩序をデザインすることはできない．それは多くの「善意から出た」施策が，予期しない様々な帰結を生み出してしまうほど社会現象は複雑だからである．こうした事実を経験的に学んでいくと，「便宜的手段」としての自由が現実の政策論議の中で直接応用されることにはある種の危険が伴うことがわかる．こうした点で結局，アクトンやハイエクが強調する「ドグマとしての自由」，「最高の政治目標としての自由」の尊重が重要な意味をもつに至る．

結局，自由に選びとられた人間の行為がよいか悪いかを決めるのは経験的な問題であって，自由が必然的に「倫理的によい行為を生む」という保証はない．しかし他面，よい悪いという判断が存在しうるのは「自由な行為」(freely chosen actions)に関してだけである．落下する物質は物理的法則に完全に支配されているのであって，そこには「よい」「悪い」の問題が入りこむ余地はない．このように考えると，自由を擁護する究極のよりどころは，それが自由意思による「よき選択」の可能性を秘めているところにある，というロビンズの指摘はまことに深いと思わざるを得ない[36]．同じことは，200年前のもっとも悲観的な経済学者マルサスの次の言葉にも集約されていると言える．「道徳上の善が生まれるためには，道徳上の悪が絶対に必要である．ただいいことしか見せられない人間は，正しくいえば，盲目的必然に支配されている人間にすぎない．そういう人が善を行なっても，それで彼の性質が道徳的であるとはいえない．……大いに道徳を愛しそれを称讃するのは，それに反対な何かがあるからこそであろう．また，道徳的悪を見て眼鏡にうつる印象を嫌悪する情がないならば，どうして，このような美しい形式と内容の完全な性格の人間ができようか．」[37]

第6章 注

1) ヘシオドスの引用は久保 [1973] と Hesiod [1973] によった．
2) Jevons [1871] 第五章, Marshall [1920] p. 54.
3) Pieper [1948](邦訳6ページ)．
4) Barker [1957] p. 210, アリストテレス『政治学』第八巻第三章も参照．
5) この会則についてはThe Rule of St. Benedict (1966) pp. 84-87を参考にした．
6) Weber [1920](邦訳上巻39ページ)．
7) Weber [1920](邦訳上巻15-37ページ)．
8) Weber [1920](邦訳下巻69, 74ページ)．
9) Viner [1978] pp. 151-189. また Viner [1972] の邦訳解説が参考になる．
10) Marshall [1920] pp. 171-172.
11) Foley [1974].

12) Mandeville [1732] pp. 425-426(邦訳 338 ページ).
13) Lehmann [1952] p. 36. ポパーもハイエクも特殊で1回生起的な現象への関心を historism という言葉で示し，法則と予言を意図した歴史主義を historicism と呼んで後者を批判している．その点ではレーマンと用語法が異なることに注意．
14) Menger [1963].
15) Copleston [1946-](邦訳 156-157 ページ).
16) Polanyi [1966](邦訳 15-19 ページ).
17) Polanyi [1966](邦訳 17 ページ).
18) Polanyi [1958] pp. 50-51.
19) Polanyi [1958] pp. 53-54.
20) 小池 [1977] をはじめとする一連の著作が「キャリア形成」と OJT という点を強調している．
21) Knight [1921] pp. 291-312.
22) この点は先にふれたように，マーシャルの指摘した点であるが，マイクロ・エレクトロニクス機器を使用する職場でも類似の現象が起こっている．
23) Smith [1759] pp. 380-381.
24) Eucken [1952](邦訳 504-515 ページ).
25) Hayek [1973] p. 40. ハイエクの秩序論については Hayek [1952a] および上山 [1986-87] を見よ．
26) Robbins [1976] p. 8. Popper [1945] は，この上からの秩序の原理の諸問題を論じている．
27) Berlin [1969](邦訳 410, 412, 440 ページ).
28) Barker [1915] pp. 207-208, Hayek [1973] pp. 55-71, Acton [1949] pp. 32-33.
29) とくに Hayek [1973] pp. 56-59.
30) Burke [1790](邦訳 155-156 ページ).
31) このようなバークの二面性については Morley [1867] pp. 50-54.
32) Acton [1949] p. 51.
33) J. S. ミルとハイエクの以下の比較については，Gray [1984] pp. 100-101.
34) Mill [1859] 第四章であげられている例は，道徳的感情や慣習の中でも倒錯的ないし負のイメージがつよく，ハイエクの念頭にある「慣習」とは同列に論じられないと思われる．

35) Mill [1859] 第三章. この引用は邦訳 120 ページ.
36) Robbins [1976] p. 175.
37) Malthus [1798] (邦訳 375-376 ページ).

参 考 文 献

(著者名のすぐ後の年号は,基本的には章末の注とのアイデンティフィケーションのためであるが,次のような方式にしたがってつけた.雑誌論文はその掲載号の発刊年を,書物の場合は私が用いた版の発行年を,ただしスミスやリカード等のいわゆる古典的作品は,通常用いられる初版の年号を示した.したがって各ページを参照される場合には,ここにリストアップされた版かその邦訳書のそれぞれの指定箇所をみていただきたい.また本文中あるいは章末の注に出典を示した西洋古典関係の書物は,必ずしもこの文献リストには含めなかった.)

〈A〉

Acton, Lord [1949] *Essays on Freedom and Power,* The Beacon Press, Boston, 1949

Alchian, A. A. and H. Demsetz [1972] "Production, Information Costs, and Economic Organization," *American Economic Review,* 62(5) (Dec. 1972)

―――― [1973] "The Property Right Paradigm," *Journal of Economic History,* 33(1) (1973)

Aristotle [1935] *Aristotle : Oeconomica,* Loeb Classical Library No. 287, 1935

Arrow, Kenneth J.[1973] "Some Ordinalist-Utilitarian Notes on Rawls' Theory of Justice," *Journal of Philosophy,* 70(9) (May 1973): 245-263

Axelrod, Robert [1984] *The Evolution of Cooperation,* New York, Basic Books, 1984

〈B〉

Baran, Paul A.[1957] *The Political Economy of Growth,* Monthly Review Press, New York, 1957

Barker, Ernest [1915] *Political Thought in England 1848-1914,* Oxford University Press, London, 1915, Second Edition 1928

―――― [1951] *Principles of Social and Political Theory,* Oxford University Press, Clarendon, 1951(邦訳『政治学原理』堀・藤原・小笠原訳, 勁草書房, 1969)

―――― [1957] "The Uses of Leisure," *Church, State & Education,* Ann Arbor Paperback(1957) : 207-217, original ed., *Church, State and Study,* 1930

Bauer, P. T.[1984]　*Reality and Rhetoric—Studies in the Economics of Development*, George Weidenfeld and Nicolson Ltd., London, 1984

Becker, Gary S.[1971]　*Economic Theory*, Alfred A. Knopf, New York, 1971(邦訳『経済理論』宮沢・清水訳, 東洋経済新報社, 1976)

(Saint)Benedict [1966]　*(The)Rule of Saint Benedict*, translated with an introduction by Cardinal Gasquet, Cooper Square Publishers, New York, 1966

Bentham, Jeremy [1816]　"Defence of Usury," originally printed in 1816. *The Works of Jeremy Bentham*, vol. III, Russell & Russell, New York, 1962

Berle, Adolf A. Jr. and G. C. Means [1932]　*The Modern Corporation and Private Property*, Revised Edition, Harcourt, Brace & World, New York, 1967

Berlin, Isaiah [1969]　*Four Essays on Liberty*, Oxford University Press, 1969 (邦訳『自由論』(1・2), 小川・小池・福田・生松共訳, みすず書房, 1971)

Blaug, Mark [1985]　*Economic Theory in Retrospect*, 4th ed., Cambridge University Press, 1985(邦訳『新版・経済理論の歴史』I-IV, 真実・久保・宮崎・杉原・浅野・関訳, 東洋経済新報社, 1982-86)

Boulding, Kenneth E.[1981]　*Evolutionary Economics*, Beverly Hills, Sage Publications, 1981(邦訳『社会進化の経済学』猪木・望月・上山訳, HBJ出版局, 1987)

Buchanan, James M.[1958]　*Public Principles of Public Debt: A Defense and Restatement*, Homewood, Ill.: Irwin, 1958

Burke, Edmund [1790]　*Reflections on the Revolution in France*, 1790 (邦訳『フランス革命についての省察』水田洋訳, 世界の名著41, 中央公論社, 1980)

〈C〉

Coase, R. H.[1937]　"The Nature of the Firm," *Economica*, New Series, 4(1937)

——— [1960]　"The Problem of Social Cost," *Journal of Law and Economics*, 3(Oct. 1960)

——— [1974a]　"The Lighthouse in Economics," *Journal of Law and Economics*, 17(2)(Oct. 1974): 357-376

——— [1974b]　"The Market for Goods and the Market for Ideas," *American Economic Review*, 64(1974): 384-391

——— [1976]　"Adam Smith's View of Man," *Journal of Law and Economics*, 19(3)(Oct. 1976): 529-546

Copleston, F.[1946-]　*A History of Philosophy*, London, 1946(原書第二巻と三巻の

前半邦訳『中世哲学史』箕輪秀二・柏木英彦訳, 創文社, 1970)

⟨D⟩

Davidson, William L.[1915] *Political Thought in England,* Williams & Norgate, London, 1915

Demsetz, Harold [1964] "The Exchange and Enforcement of Property Rights," *Journal of Law and Economics,* 7(Oct. 1964)

―――― [1967] "Toward a Theory of Property Rights," *AEA Papers and Proceedings* (May 1967)

デカルト, ルネ [1978] 『方法序説(理性をよく導き, もろもろの学問において真理を求めるための方法についての序説)』野田又夫訳, 世界の名著 27, 中央公論社, 1978

Desroche, H. Ch.[1962] "Fouriérisme Ambigu: Socialism ou Religion?" *Revue Internationale de Philosophie,* 16 no. 60(1962): 200-220

Dorfman, Joseph [1934] *Thorstein Veblen and His America,* 1934, seventh edition, A. M. Kelley, 1972(邦訳『ヴェブレン―その人と時代』八木甫訳, HBJ出版局, 1985)

Durkheim, Émile [1928] *Le Socialisme: sa définition, ses débuts, la doctrine saint-simonienne,* 1928(邦訳『社会主義およびサン・シモン』森博訳, 恒星社厚生閣, 1977)

⟨E⟩

Epictetus [1925] *Epictetus, I,* Loeb Classical Library, 1925

Eucken, Walter [1952] *Grundsätze der Wirtschaftspolitik,* herausgegeben von Edith Eucken und K. Paul Hensel, A. Francke A. G. Verlag, Bern; J. C. B. Mohr(Paul Siebeck), Tübingen, 1952(邦訳『経済政策原理』大野忠男訳, 勁草書房, 1967)

⟨F⟩

Ferguson, Adam [1767] *An Essay on the History of Civil Society,* 1767, Edinburgh University Press, 1966, Paperback Edition 1978

Fischer, Stanley [1986] "Friedman versus Hayek on Private Money," *Journal of Monetary Economics,* 17(1986): 433-439

Fischoff, Ephraim [1944] "The Protestant Ethic and the Spirit of Capitalism: The History of a Controversy," *Social Research,* 11(1944): 53-77

Foley, Vernard [1974] "The Division of Labor in Plato and Smith," *History of Political Economy,* 6(1974): 220-242

―――― [1975] "Smith and the Greeks: A Reply to Professor McNulty's Comments," *History of Political Economy,* 7(3)(1975): 379-389

Friedman, D.[1980] "In Defense of Thomas Aquinas and the Just Price," *History of Political Economy,* 12(2)(1980)

Friedman, Milton [1962] *Capitalism and Freedom,* The University of Chicago Press, 1962(邦訳『資本主義と自由』熊谷・白井・西山訳,マグロウヒル好学社, 1975)

―――― [1964] "Post-War Trends in Monetary Theory and Policy," *National Banking Review,* 2(1)(Sept. 1964)

―――― [1976] "The Line We Dare Not Cross," *Encounter* (Nov. 1976)

〈G〉

Goldman, Marshall I.[1960] "Product Differentiation and Advertising: Some Lessons from Soviet Experience," *Journal of Political Economy,* 68(1960)

Gombrich, E. H.[1960] *Art and Illusion―A Study in the Psychology of Pictorial Representation,* Princeton University Press, Princeton, 1960, Second Edition 1961

Gordon, Barry J.[1961] "Aristotle, Schumpeter, and the Metallist Tradition," *Quarterly Journal of Economics,* 75(4)(Nov. 1961): 608-614

Gorton, Gary [1985] "Banking Theory and Free Banking History: A Review Essay," *Journal of Monetary Economics,* 16(1985): 267-276

Gray, Alexander [1946] *The Socialist Tradition: Moses to Lenin,* Longmans, London, 1946

Gray, John [1984] *Hayek on Liberty,* Basil Blackwell, Oxford, 1984(邦訳『ハイエクの自由論』照屋佳男・古賀勝次郎訳,行人社, 1985)

〈H〉

Halévy, Élie [1928] *The Growth of Philosophic Radicalism,* Faber and Faber Limited, London(1972), First Published in 1928

Hamilton, Earl J.[1936] "Prices and Wages at Paris under John Law's System," *Quarterly Journal of Economics,* 51(Nov. 1936): 42-70

―――― [1937] "Price and Wages in Southern France under John Law's Sys-

tem," *Economic History*, 3 (Feb. 1937): 441-461
─── [1969] "The Political Economy of France at the Time of John Law," *History of Political Economy*, 1 (1) (Spring 1969): 123-149
Hart, A. G., Kenen, P. B. and A. D. Entine [1969] *Money, Debt and Economic Activity*, Prentice-Hall, Inc., Fourth Edition 1969
Hart, H. L. A. [1961] *The Concept of Law*, Clarendon Press, Oxford, 1961 (邦訳『法の概念』矢崎光圀監訳, みすず書房, 1976)
Hawtrey, R. [1950] *Currency and Credit*, Macmillan, 1919, Kelley, 1950
Hayek, F. A. [1933] *Monetary Theory and the Trade Cycle*, Jonathan Cape, London, 1933
─── [1937a] *Monetary Nationalism and International Stability*, Geneva, 1937 (London: Longmans, Green, 1937)
─── [1937b] "Economics and Knowledge," *Economica*, IV (new ser. 1937): 33-54
─── [1944] *The Road to Serfdom*, The University of Chicago Press, 1944 (邦訳『隷従への道―社会主義と自由』一谷藤一郎訳, 創元社, 1954)
─── [1945] "The Use of Knowledge in Society," *American Economic Review*, 35 (4) (Sept. 1945): 519-530
─── [1948] "Individualism: True and False," (The twelfth Finlay Lecture, delivered at University College, Dublin, on December 17, 1945) in *Individualism and Economic Order*, Gateway Editions, Ltd., South Bend, Indiana, 1948
─── [1949] "The Intellectuals and Socialism," *The University of Chicago Law Review*, 16 (3) (Spring 1949) (in *Studies in Philosophy, Politics and Economics*, Routledge & Kegan Paul, 1967)
─── [1952a] *The Sensory Order : An Inquiry into the Foundations of Theoretical Psychology*, Routledge & Kegan Paul, 1952
─── [1952b] *The Counter-Revolution of Science : Studies on the Abuses of Reason*, The Free Press, Glencoe Illinois, 1952 (邦訳『科学による反革命―理性の濫用』佐藤茂行訳, 木鐸社, 1979)
─── [1960] *The Constitution of Liberty*, Routledge & Kegan Paul, London, 1960
─── [1973], [1976a], [1979] *Law, Legislation, and Liberty, Volume 1 Rules*

and Order (1973), Volume 2 The Mirage of Social Justice (1976), Volume 3 The Political Order of a Free People (1979), Routledge & Kegan Paul, London

―――― [1976b] "Socialism and Science," A lecture delivered in 19 October 1976 to the Canberra Branch of the Economic Society of Australia and New Zealand (in New Studies in Philosophy, Politics, Economics and the History of Ideas, Routledge & Kegan Paul, 1978)

―――― [1978] Denationalization of Money―The Argument Refined, Second Edition, The Institute of Economic Affairs, 1978 (First Edition 1976)

Heberle, Rudolf [1955] "Ferdinand Tönnies, Contributions to the Sociology of Political Parties," American Journal of Sociology, 61 (1955): 213-220

Hesiod [1973] Hesiod and Theognis, translated and with introductions by Dorothea Wender, Penguin Books, 1973

Hobson, J. A. [1936] Veblen, 1936 (Reprint, Kelley, 1963) (邦訳『ヴェブレン』佐々木専三郎訳, 文眞堂, 1980)

Hollander, Samuel [1965] "On the Interpretation of the Just Price," Kyklos, 18 (1965): 615-634

Hume, David [1740] A Treatise of Human Nature, being an attempt to introduce the experimental method of reasoning into moral subjects, 1740 (邦訳『人性論』大槻春彦訳, 岩波文庫, 1948)

Hutchison, T. W. [1953] A Review of Economic Doctrines 1870-1929, Greenwood Press (1975), originally published in 1953

―――― [1977] Knowledge and Ignorance in Economics, Basil Blackwell, Oxford, 1977

―――― [1978] On Revolutions and Progress in Economic Knowledge, Cambridge University Press, London, 1978

―――― [1981] The Politics and Philosophy of Economics, Basil Blackwell Publisher, Oxford, 1981

Hutt, W. H. [1926] "The Factory System of the Early Nineteenth Century," Economica (March 1926)

〈I〉

五百旗頭真治郎 [――] 『キリスト教所有権観の研究』(未公刊・手稿)

猪木武徳 [1983] 「地租米納論と財政整理―1880年8月の政策論争をめぐって」, 梅

村又次・中村隆英編『松方財政と殖産興業政策』東京大学出版会, 1983
伊牟田敏充 [1976] 「マル公, マル停, マル協」(有沢広巳監修『昭和経済史』日本経済新聞社, 昭和51年所収)
岩井克人 [1985] 『ヴェニスの商人の資本論』筑摩書房, 1985

〈J〉

Jadlow, Joseph M.[1977] "Adam Smith on Usury Laws," *Journal of Finance*, 32 (4) (Sept. 1977): 1195-1199

Jellinek, Georg [1900] *Allgemeine Staatslehre*, 1900, Dritte Auflage, Siebenter Neudruck, Hermann Gentner Verlag, Bad Homburg von der Höhe(邦訳『一般国家学』芦部信喜他訳, 学陽書房, 初版1974, 第二版1976)

Jevons, W. Stanley [1871] *The Theory of Political Economy*, 1871, 5th ed., Kelley, New York, 1957(邦訳『経済学の理論』寺尾琢磨改訳, 日本経済評論社, 1981)

——— [1882] *The State in Relation to Labour*, Macmillan and Co., Ltd., London, 1882, 1910(Fourth Edition)

——— [1883] *Methods of Social Reform*, A. M. Kelley, New York, 1965

Jouvenel, Bertrand de [1952] *The Ethics of Redistribution*, Cambridge University Press, 1952

——— [1954] The Treatment of Capitalism by Continental Intellectuals(F. A. Hayek ed., *Capitalism and Historians*, 1954, The University of Chicago Press, 1963)

〈K〉

Kaldor, Nicholas [1982] *The Scourge of Monetarism*, Oxford University Press, 1982

Kane, E. J.[1966] "Pareto Optimality and the Church as an Economic Enterprise," *Kyklos*, 19(1966): 425

Kaser, M.[1970] *Soviet Economics*, George Weidenfeld and Nicolson, London, 1970(邦訳『現代ソビエト経済学』岩田・長尾訳, 平凡社, 1973)

Kaulla, Rudolf [1940] *Theory of the Just Price, A Historical and Critical Study of the Problem of Economic Value*, translated from German by Robert D. Hogg, Hyperion Press, 1940

Keynes, John M.[1925] "A Short View of Russia," in *Essays in Persuasion*, The Norton Library(1963)(邦訳「ロシア管見」(1925), 宮崎義一訳『ケインズ全集』

第9巻,東洋経済新報社,1981)

―――― [1926] "Liberalism and Labour," in *Essays in Persuasion*, 1926(「自由主義と労働党」,宮崎義一訳『ケインズ全集』第9巻,東洋経済新報社,1981)

―――― [1936a] *The General Theory of Employment, Interest and Money*, Macmillan, London, 1936(邦訳『雇用・利子および貨幣の一般理論』塩野谷祐一訳,東洋経済新報社,1983)

―――― [1936b] "Herbert Somerton Foxwell," *Economic Journal* (Dec. 1936)

Keynes, John Neville [1900] "Henry Sidgwick (Obituary)," *Economic Journal*, 10 (1900): 585

Kindleberger, C. P.[1980] "Keynesianism vs. Monetarism in Eighteenth- and Nineteenth Century France," *History of Political Economy*, 12(4)(1980)

Kirzner, I. M.[1973] *Competition and Entrepreneurship*, University of Chicago Press, Chicago, 1973

Knight, Frank Hyneman [1921] *Risk, Uncertainty and Profit* (Ph.D. Dissertation 1916, published 1921) A. M. Kelley, N. Y., 1964

―――― [1935] *The Ethics of Competition and Other Essays*, The University of Chicago Press, London, 1976, First Published in 1935

―――― [1947] "Socialism: The Nature of the Problem," in *Freedom and Reform*, Kennikat Press, 1947

―――― [1967] "Laissez-Faire: Pro and Con," *Journal of Political Economy*, 75 (6)(Dec. 1967): 782-795

小池和男 [1977] 『職場の労働組合と参加』東洋経済新報社,1977

久保正彰 [1973] 『ギリシァ思想の素地―ヘシオドスと叙事詩』岩波新書,1973

熊谷尚夫 [1978] 『厚生経済学』創文社,1978

Kuznets, Simon [1971] *Economic Growth of Nations : Total Output and Production Structure*, Harvard University Press, Massachusetts, 1971(邦訳『諸国民の経済成長―総生産高および生産構造』西川俊作・戸田泰訳,ダイヤモンド社,1977)

〈L〉

Lange, Oskar [1936-37] "On the Economic Theory of Socialism, Parts 1 and 2," *Review of Economic Studies*, 4(1936-37): 53-71, 123-142

ラウレス,ヨハンネス [1937] 『スコラ学派の貨幣論』有斐閣,1937

Law, John [1705] *Money and Trade considered : with a proposal for supplying the nation with money*, 1705(邦訳『貨幣と商業』吉田啓一訳, 世界書院, 1966)

Lehmann, Wm. C.[1952] "John Millar, Historical Sociologist : Some Remarkable Anticipations of Modern Sociology," *British Journal of Sociology* (March 1952)

Leijonhufvud, Axel [1981] *Information and Coordination—Essays in Macroeconomic Theory,* Oxford University Press, New York, 1981

Lerner, Abba P.[1943] "Functional Finance and the Federal Debt," *Social Research,* 10(1) (Feb. 1943): 38-51

―――― [1944] *The Economics of Control : Principles of Welfare Economics,* Macmillan, New York, 1944

Lévi-Strauss, C.[1955] *Tristes Tropiques,* Plon, Paris, 1955(邦訳『悲しき熱帯』川田順造訳, 世界の名著71, 中央公論社, 1980)

―――― [1968] 「マルセル・モースの業績解題」清水昭俊・菅野盾樹訳, 『マルセル・モースの世界』足立和浩他訳, みすず書房, 1974所収

Lewis, Thomas J.[1978] "Acquisition and Anxiety : Aristotle's Case against the Market," *Canadian Journal of Economics,* 11(1) (Feb. 1978): 69-90

Lewis, W. Arthur [1955] *The Theory of Economic Growth,* George Allen & Unwin Ltd., 1978, First Published 1955

Lovejoy, Arthur O.[1936] *The Great Chain of Being : A Study of the History of an Idea,* Harvard University Press, 1936(邦訳『存在の大いなる連鎖』内藤健二訳, 晶文社, 1975)

Lowry, S. Todd[1969] "Aristotle's Mathematical Analysis of Exchange," *History of Political Economy,* 1(1) (1969): 44-66

―――― [1979] "Recent Literature on Ancient Greek Economic Thought," *Journal of Economic Literature,* 17(1979)

Lubac, Henri de [1945] *The Un-Marxian Socialist : A Study of Proudhon,* Sheed & Ward, London, 1945

〈M〉

Macfie, A. L.[1961] "John Miller : A Bridge Between Adam Smith and Nineteenth Century Social Thinkers?" *Scottish Journal of Political Economy,* 8 (1961): 200-210

Machlup, Fritz and Edith T. Penrose [1950] "The Patent Controversy in the Nineteenth Century," *Journal of Economic History,* 10(1950)

Malthus, Thomas Robert [1798] *An Essay on the Principles of Population,* 1798 (邦訳『人口の原理』(初版)高野岩三郎・大内兵衞訳, 岩波文庫, 1935)

―――― [1820] *Principles of Political Economy,* First Edition 1820, Second Edition 1836, Augustus M. Kelly, 1974(邦訳『経済学原理』上・下2巻, 小林時三郎訳, 岩波文庫, 1968)

マンデヴィル, バーナード [1732] 『蜂の寓話 私悪すなわち公益』(1732), 泉谷治訳, 叢書ウニベルシタス, 法政大学出版局, 1985

Manuel, Frank E.[1962] *The Prophets of Paris,* Harvard Univ. Press, Cambridge, Mass., 1962

―――― and Fritzie P. Manuel ed.[1971] *French Utopias—An Anthology of Ideal Societies,* Schocken Books, New York, 1971

―――― and F. P. Manuel [1979] *Utopian Thought in the Western World,* The Belknap Press of Harvard University Press, Cambridge, Massachusetts, 1979

Marshall, Alfred [1920] *Principles of Economics,* Macmillan & Co. Ltd., London, 1964, Eighth Edition 1920, First Edition 1890

Mauss, M.[1922] "Essai sur le Don," 1922, *Sociologie et Anthropologie,* 1968(邦訳「贈与論」『社会学と人類学』有地亨・伊藤昌司・山口俊夫訳, 弘文堂, 1973)

McKee, A. F.[1964] "The Market Principle and Roman Catholic Thought," *Kyklos,* 17(1964): 65-82

McNulty, Paul J.[1967] "A Note on the History of Perfect Competition," *Journal of Political Economy,* 75(6) (Dec. 1967): 395-399

―――― [1975] "A Note on the Division of Labor in Plato and Smith," *History of Political Economy,* 7(3) (1975): 372-378

―――― [1984] "On the Nature and Theory of Economic Organization : the Role of the Firm Reconsidered," *History of Political Economy,* 16(2) (1984)

Meek, R. L.[1954] "The Scottish Contribution to Marxist Sociology," in *Democracy and the Labour Movement,* ed. John Saville, Lawrence and Wishart, London, 1954

―――― [1977] *Smith, Marx and after ; Ten Essays in the Development of Economic Thought,* Chapman & Hall Ltd., London, 1977

Menger, Carl [1892] "The Origin of Money," *Economic Journal*, 2(1892): 239-255
―――― [1963] *Untersuchungen über die Methode der Sozialwissenschaften und der politischen Ökonomie insbesondere* (1883) Herausgegeben von F. A. Hayek, (Gesammelte Werke Band II), J. C. B. Mohr (Paul Siebeck), Tübingen, 1969 (*Problems of Economics and Sociology*, edited and with an introduction by L. Schneider, translated by F. J. Nock, Urbana, University of Illinois Press, 1963) (邦訳『経済学の方法』吉田昇三訳, 日本経済評論社, 1986)
―――― [1981] *Principles of Economics*, translated by James Dingwall and Bert F. Hoselitz with an introduction by F. A. Hayek, New York University Press, New York and London, 1981 (『一般理論経済学』(遺稿による『経済学原理』第 2 版) (1・2) (八木・中村・中島訳, みすず書房, 1982, 1984)
Metzler, L. A. [1951] "Wealth, Saving and the Rate of Interest," *Journal of Political Economy*, 59(2) (April 1951): 93-116
Michell, H. [1947] "The Edict of Diocletian: A Study of Price Fixing in the Roman Empire," *The Canadian Journal of Economics and Political Science*, 13 (Feb. 1947): 1-12
Mill, James [1808] *Commerce Defended, an answer to the arguments by which Mr. Spence, Mr. Cobbett and others have attempted to prove that commerce is not a source of national wealth*, Second Edition, 1808 (邦訳『商業擁護論』岡茂男訳, 未来社, 1965)
―――― [1824] *Essay on Government*, 1824 (邦訳『教育論・政府論』小川晃一訳, 岩波文庫, 1983)
Mill, John Stuart [1848] *Principles of Political Economy*, 1848, New Edition 1909, Reprinted 1976 by Augustus M. Kelly
―――― [1859] *On Liberty*, 1859 (邦訳『自由論』塩尻公明・木村健康訳, 岩波文庫, 1971)
―――― [1873] *Autobiography*, 1873, Oxford University Press, London, 1971 (邦訳『ミル自伝』朱牟田夏雄訳, 岩波文庫, 1960)
Milton, John [1644] *Areopagitica*, 1644 (邦訳『言論の自由―アレオパヂティカ』上野精一・石田憲次・吉田新吾訳, 岩波文庫, 1953)
Mises, Ludwig von [1920] "Economic Calculation in the Socialist Commonwealth," pp. 87-103 in F. A. von Hayek (ed.), *Collective Economic Planning :*

Critical Studies on the Possibilities of Socialism, New York : Kelley, 1966(Vol. 47 of the Archiv für Sozialwissenschaften, 1920)
――――[1949] Human Action, Yale University Press, 1949
宮崎市定[1977],[1978] 『中国史』(上・下)岩波全書, 1978
Montesquieu [1721] Lettres persanes (Persian Letters, translated with an introduction and notes by C. J. Betts, Penguin Books, 1973)
モンテスキュー[1748] 『法の精神』根岸国孝訳,世界の大思想23,河出書房新社,1974
Moos, S.[1945] "Laissez-faire, Planning, and Ethics," Economic Journal, 55 (1945): 17-27
Morgenstern, Oskar [1972] "Thirteen Critical Points in Contemporary Economic Theory : An Interpretation," Journal of Economic Literature, 10(4) (Dec. 1972)
Morley, John [1867] Edmund Burke : A Historical Study, 1867 (Reprint Edition 1979 by Arno Press Inc.)
Mundell, R. A.[1961] "Flexible Exchange Rates and Employment Policy," Canadian Journal of Economics and Political Science, 27(Nov. 1961): 509-517
Murray, A. H.[1945] "Professor Hayek's Philosophy," Economica, New Series 12 (47) (August 1945): 149-162
Musgrave, Richard A. and Alan T. Peacock ed.[1958] Classics in the Theory of Public Finance, London, Macmillan & Co. Ltd., 1958
Myrdal, Gunnar [1957] Economic Theory and Under-developed Regions, Gerald Duckworth & Co. Ltd., London, 1957(邦訳『経済理論と低開発地域』小原敬士訳,東洋経済新報社, 1959)

〈N〉

中村幸太郎[1963] 「聖トマスの施与論」『社会福祉評論』(大阪女子大学社会福祉研究会)No. 24, 1963
中村隆英[1978] 『昭和恐慌と経済政策』日本経済新聞社, 1978

〈O〉

O'Brien, George [1920] An Essay on Mediæval Economic Teaching, London, Longmans, Green & Co., 1920, Reprinted, Augustus M. Kelley, New York, 1967
岡　茂男[1965] 「『商業擁護論』と初期自由貿易運動―近代イギリス自由貿易政策論史上における『商業擁護論』の地位」(『商業擁護論』J. ミル著,岡茂男訳,未来社, 1965所収)

大野忠男 [1971] 『シュムペーター体系研究』創文社, 1971
───── [1975] 「自由と平等―ロールズ正義理論の一考察」『大阪大学経済学』25(2・3), 1975
───── [1977] 「ロールズ正義理論再考」『大阪大学経済学』27(2・3), 1977
Oppenheim, Felix E.[1968] "The Concept of Equality," article in *the International Encyclopedia of Social Sciences,* 1968
Orr, Daniel and Wolfhard Ramm [1974] "Rawls' Justice and Classical Liberalism : Ethics and Welfare Economics," *Economic Inquiry,* 12(3) (Sept. 1974): 377-397

〈P〉

Paqué, Karl-Heinz [1985] "How far is Vienna from Chicago? An Essay on the Methodology of Two Schools of Dogmatic Liberalism," *Kyklos,* 38 (1985): 412-434
Petty, W.[1662] *A Treatise of Taxes & Contributions,* 1662(邦訳『租税貢納論』大内兵衛・松川七郎訳, 岩波文庫, 1952)
Phelps Brown, E. H.[1966] "The Influence of Trade Unions and Collective Bargaining on Pay Levels and Real Wages," in W. E. J. McCarthy ed., *Trade Unions,* New Edition, Penguin Books, 1985
Pieper, Josef [1948] *Musse und Kult,* Kösel Verlag, München, 1948(邦訳『余暇―文化の基礎』稲垣良典訳, エンデルレ書店, 1961)
Pigou, A. C.[1932] *The Economics of Welfare,* 4th edition, New York, 1932, pp. 24-25
Polanyi, Karl [1944] *The Great Transformation,* 1944 Beacon Paperback Edition, Boston, 1957(邦訳『大転換』吉沢・長尾・野口・杉村訳, 東洋経済新報社, 1975)
───── [1947] "Our Obsolete Market Mentality," *Primitive, Archaic and Modern Economies, Essays of Karl Polanyi,* Edited by George Dalton, Beacon Press, 1968
ポランニー, カール [1975] 『経済の文明史』玉野井芳郎・平野健一郎編訳, 日本経済新聞社, 1975
Polanyi, Michael [1958] *Personal Knowledge : Towards a Post-Critical Philosophy,* Chicago University Press, 1958(邦訳『個人的知識―脱批判哲学をめざして』長尾史郎訳, ハーベスト社, 1985)

────[1966] *The Tacit Dimension,* Routledge & Kegan Paul Ltd., London, 1966(邦訳『暗黙知の次元』佐藤敬三訳, 伊東俊太郎序, 紀伊国屋書店, 1980)

Popper, K. R.[1945] *The Open Society and Its Enemies,* Volume 1, 2, Routledge & Kegan Paul, London, 1977(Fifth Edition), First Edition 1945. (邦訳『開かれた社会とその敵』内田・小河原訳, 未来社, 1980)

Pribram, Karl [1983] *A History of Economic Reasoning,* The Johns Hopkins University Press, 1983

⟨R⟩

Rawls, John [1971] *A Theory of Justice,* Harvard University Press, Mass., 1971 (邦訳『正義論』矢島釣次監訳, 紀伊国屋書店, 1979)

Ricardo, David [1817] *The Principles of Political Economy and Taxation*(1817, final version 1821), J. M. Dent & Sons Ltd., London, first included in Everyman's Library 1911, Last Published, 1965(邦訳『経済学および課税の原理』上・下2巻, 羽鳥卓也・吉澤芳樹訳, 岩波文庫, 1987)

Robbins, L.[1971] *Money, Trade and International Relations,* Macmillan, London, 1971

────[1976] *Political Economy : Past and Present—A Review of Leading Theories of Economic Policy,* Macmillan Press, London, 1976

────[1978] *The Theory of Economic Policy in English Classical Political Economy,* Macmillan Press, 1978, First Edition 1952

Roover, Raymand de [1958] "The Concept of the Just Price: Theory and Economic Policy," *Journal of Economic History,* 18(1958): 418-438

Rosenberg, Nathan [1965] "Adam Smith on the Division of Labour : Two Views or One ?" *Economica,* 32(1965): 127-139

Rothenberg, Jerome [1968] "Consumer Sovereignty," *International Encyclopedia of the Social Sciences,* Macmillan Company, 1968

⟨S⟩

坂本慶一[1980]「ユートピア社会主義の思想家たち」『オーエン・サンシモン・フーリエ』世界の名著42, 中央公論社, 1980)

Schultz, Theodore W.[1963] *The Economic Value of Education,* Columbia University Press, 1963(邦訳『教育の経済価値』清水義弘・金子元久訳, 日本経済新聞社, 1981)

Schumpeter, Joseph A.[1954] *History of Economic Analysis,* George Allen & Unwin Ltd., 1954(邦訳『経済分析の歴史』全7巻, 東畑精一訳, 岩波書店, 1955-1962)

塩野谷祐一[1983]「シジウィックの功利主義の構造」『一橋大学研究年報 経済学研究 24』, 1983

Sidgwick, H.[1901] *Principles of Political Economy,* 3rd ed. Macmillan, London, 1901

Sik, Ota [1976] *Das Kommunistische Machtsystem,* Hoffmann und Campe Verlag, Hamburg, 1976(邦訳『クレムリン―官僚支配の実態』高橋正雄・渡部文太郎訳, 時事通信社, 1978)

Skinner, A.[1965] "Economics and History―The Scottish Enlightenment," *Scottish Journal of Political Economy,* 12(Feb. 1965): 1-22

Smith, A.[1759] *The Theory of Moral Sentiments,* 1759, Liberty Press, Liberty Classics, Indianapolis, 1976(第六版―1790 の邦訳『道徳情操論』上・下2巻, 米林富男訳, 未来社, 1969, 1970)

――――[1776] *The Wealth of Nations,* edited by Edwin Cannan, Modern Library Edition, 1937

Soss, Neal M.[1973] "Old Testament Law and Economic Society," *Journal of the History of Ideas,* 34(1973): 323-344

Spengler, J. J.[1949] "Laissez-Faire and Intervention: A Potential Source of Historical Error," *Journal of Political Economy,* 57(5) (Oct. 1949): 438-441

――――[1954] "Richard Cantillon: First of the Moderns," *Journal of Political Economy,* 62(1954): 21-295, 406-424

――――[1968] "Right to Work: A Backward Glance," *Journal of Economic History,* 28(2) (June 1968): 171-196

Stark, W.[1943] *The Ideal Foundations of Economic Thought,* Routledge & K. Paul, London, 1943

Stigler, George J.[1975] *The Citizen and the State―Essays on Regulation,* University of Chicago Press, Chicago, 1975(邦訳『小さな政府の経済学―規制と競争』余語・宇佐美訳, 東洋経済新報社, 1981)

〈T〉

館龍一郎・小宮隆太郎[1964]『経済政策の理論』勁草書房, 1964

田中成明 [1972] 「ジョン・ロールズの『公正としての正義』論」,法哲学年報 1972,『現代自然法の理論と諸問題』, 1972

Telser, Lester G.[1962] "Advertising and Cigarettes," *Journal of Political Economy*, 70(1962)

―――― [1968] "Advertising ; Economic Aspects," article in *International Encyclopedia of Social Sciences*, 1968

Thomas Aquinas [1949] *De regno ad regem Cypri*, 1265-66, *On Kingship : to the King of Cyprus*, tr. by G. B. Phelan, revised with an introduction and notes by I. T. Eschmann, Toronto : Pontifical Institute of Mediaeval Studies, 1949

Tobin, J.[1965] "The Burden of the Public Debt : A Review Article," *Journal of Finance*, 20(4)(Dec. 1965): 679-682

Tönnies, F.[1887] *Gemeinschaft und Gesellschaft : Grundbegriffe der reinen Soziologie*, 1887(邦訳『ゲマインシャフトとゲゼルシャフト』杉之原寿一訳, 岩波文庫, 1957)

Triffin, Robert [1940] *Monopolistic Competition and General Equilibrium Theory*, Harvard University Press, Cambridge, Mass., 1940

〈U〉

上田辰之助 [1950] 『蜂の寓話―自由主義経済の根底にあるもの』新紀元社, 1950 年印刷, 1963 年発行(本書第二部は "Fable of the Bees : or Private Vices, Publick Benefits" Oxford 版 F. B. Kaye 編の邦訳がふくまれている)

上山隆大 [1984] 「反啓蒙主義の系譜と J. S. ミルの初期思想」(大阪大学大学院修士論文, 1984)

―――― [1986-87] 「F. A. ハイエクの『感覚秩序』」(上・下), 『大阪大学経済学』 Vol. 36, 1-2(1986), 3-4(1987)

内海洋一 [1977] 「労働組合有効論無効論の系譜」『国民経済学雑誌』(神戸大学), 第 136 巻第 4 号, 1977 年 10 月

〈V〉

Veblen, T.[1899] *The Theory of Leisure Class : An Economic Study of Institutions*, 1899(邦訳『有閑階級の理論』小原敬士訳, 岩波文庫, 1961)

―――― [1904] *The Theory of Business Enterprise*, A. M. Kelley, 1965

―――― [1914] *The Instinct of Workmanship and the State of the Industrial Arts*, Macmillan, New York, 1914

Viner, Jacob [1951] "International Relations Between State-Controlled National Economies," *International Economics : Studies,* Glencoe, Ill., 1951

―――― [1955] *Studies in The Theory of International Trade,* Allen & Unwin, London, 1955

―――― [1960] "The Intellectual History of Laissez-Faire," *Journal of Law and Economics,* 3(1960)

―――― [1961] "Hayek on Freedom and Coercion," *Southern Economic Journal* (Jan. 1961)

―――― [1972] *The Role of Providence in the Social Order,* Princeton University Press, 1972(邦訳『キリスト教と経済思想』根岸隆・根岸愛子訳, 有斐閣, 1980)

―――― [1978] *Religious Thought and Economic Society,* edited by Jacques Melitz and Donald Winch, Duke University Press, Durham, North Carolina, 1978

〈W〉

Weber, M.[1920] *Die protestantische Ethik und der 〉Geist〈 des Kapitalismus,* 1920 (1904-05)(邦訳『プロテスタンティズムの倫理と資本主義の精神』上・下2巻, 梶山力・大塚久雄訳, 岩波文庫, 1955, 1962)

―――― [1924] *Der Sozialismus : Rede zur allgemeinen Orientierung von österreichischen Offizieren in Wien 1918* (in Max Weber, Gesammelte Aufsätze zur Soziologie und Sozialpolitik, 1924, SS. 429-518)(邦訳『社会主義』濱島朗訳, 講談社, 1980)

Welles, C. B.[1948] "The Economic Background of Plato's Communism," *Journal of Economic History,* Supplement 8(1948)

White, Laurence H.[1984] *Free Banking in Britain : 1716-1844,* Cambridge University Press, 1984

Wilson, George W.[1976] "The Economics of the Just Price," *History of Political Economy,* 7(1976): 56-74

Worland, Stephen T.[1959] "Justice and Welfare Economics," *Review of Social Economy,* 17(2)(Sept. 1959): 97-111

―――― [1977] "Justum Pretium : One more Round in an 'Endless Series'," *History of Political Economy,* 9(4)(1977): 504-521

〈X〉

Xenophon [1923]　*Xenophon : Oeconomicus,* Loeb Classical Library, No. 168, 1923

〈Y〉

八木紀一郎 [1986]　「オーストリア学派の〈復活〉と歴史的オーストリア学派」『経済学史学年報』第 24 号, 1986 年 11 月

山本貴之 [1987]　「ハイエクの貨幣観」(大阪大学大学院修士論文, 1987)

吉田靖彦 [1973]　『ソ連経済の成長と資源配分』風間書房, 1973

――――― [1976]　「カントロヴィッチの経済理論をめぐるソ連経済学の潮流」, 戸田義男編『日本におけるマルクス主義批判論集』国民文化研究会, 1976

吉沢英成 [1981]　『貨幣と象徴』日本経済新聞社, 1981

247

索　引

主題や事項はすでに巻頭の目次に示されているので、改めて事項索引は作らなかった。この索引は人名で立て、よく登場する人物については、テーマや項目にしたがって参照できるようにした。

A

Acton, Lord
　古典的自由主義　221
　最高の政治目標としての自由　223, 225
Alchian, A. A.
　企業理論　25-26
　外部性の内部化としての私的所有　139
Argenson, R. L. de V.　55
Aristotle　45, 93, 138, 139
　法律と貨幣　98-99
　貨幣と利子　114-15, 120
　蓄財術　152
　閑暇　200
Arrow, K. J.　26

B

Barker, E.　221, 224
Bauer, P. T.
　経済発展における市場の役割　84, 86-87
Bazard, S.　163
Benedictus
　労働と閑暇　200-01
Bentham, J.　63, 138, 149, 167, 179, 224
　最大幸福原理　59
　法定利子反対　117
　平等主義に対する態度　170-71
Berle, A. A. Jr.　143

Bernstein, E.　150
Beveridge, W. H.
　厚生概念としての完全雇用　77-78, 79
Blanc, L.　173
Böhm-Bawerk, E.　150
Boethius　209
Bosanquet, C.　113
Brentano, L.　206
Buchanan, J. M.
　国債の重荷　72, 74
Burke, E.
　自由と伝統　222-23

C

Cairncross, A.　79
Calvin, J.　205
Cantillon, R.　127
　カンティオンのマクロ分析　106
Carlyle, T.　59
Chalmers, T.　155
Cicero, M. T.　146
Coase, R. H.　25, 26
　言論の市場　130
　外部性の内部化としての私的所有　139
　社会的費用　141
Cole, G. D. H.　189
Comte, A.　164
Condorcet, M.　162, 171
Cournot, A.
　市　場　23, 24

Cumberland, R.　55

D

Demsetz, H.
　企業理論　25-26
　外部性の内部化としての私的所有
　139-40
Descartes, R.　55
　理性による計画　21
Dickinson, H. D.　182
Diocletianus, G. A. V.　184
Dobb, M. H.　182
Dostoevskii, F. M.
　目的をもった労働　202-03
Dove, P. E.　179

E

Enfantin, B. P.　163
Engels, F.　163
Epictetus
　市場機構　18
Eucken, W.　7
　有限責任と独占　143
　二つの経済秩序　217

F

Fedorenko, N. P.　183
Ferguson, A.
　人間の行為と社会制度　20
Fischoff, E.　206
Fourier, F. M. M.　162
　自由主義経済批判　164-65
Foxwell, H. S.
　雇用の安定性　77
France, A.　166
Franklin, B.　204
Friedman, D.　153
Friedman, M.　7, 94, 95
　貨幣供給を一定率でコントロールする
　95
　数量説の歴史的研究　108
Fullarton, J.　113

G

George, H.　38
Gerson, J. de　146
Glushkov, V. M.　183
Godwin, W.　171-72

H

Hart, H. L. A.　7, 16
　自然法の内容　14
　ルールと国家　53
Hawtrey, R.　91
Hayek, F. A.　7, 85, 181, 189, 190, 197,
　210, 221, 225
　経済の意味　12
　発見の装置としての競争　31-32
　完全情報と均衡分析　33
　競争の機能　36
　文明の進歩と市場　42
　累進課税　68
　貨幣は操作できない　94-96
　金本位制について　96
　貨幣の非国有化策　96-97
　知識と経済組織　184-88, 213
　一般的知識と特殊な知識　215
　自生的秩序　218
Hesiodos
　労働の勧め　197, 199
Hobbes, T.　55
Hobson, J. A.　188, 190
Hodgskin, T.　166
　自由主義と社会主義　167
Hölderlin, J. C. F.　193
Hume, D.　7, 19, 105, 106, 108-09, 137,
　138, 139
　正義のルール　13-14, 16, 39, 131, 136

索引　249

利己主義と利他主義　15
欲望と資源　15-16
知性の不完全性　16
自愛と公共の利益　20
所有権　168-69, 170
Hurwicz, L.　180
Hutchison, T. W.　4, 6, 60, 77
Hutt, W. H.
　労働時間短縮と工場法　150

I

井上準之助　111
石橋湛山　111
岩井克人　22

J

Jellinek, G.　51, 55
Jevons, W. S.　6, 58, 131, 180, 224
　競争　28
　経済政策の原理　60-61
　公企業に適した産業　147
　労働組合　149
　手段としての自由　225
Johannes XXII　138
Jouvenel, B. de
　平等の対象　38
　所得再分配　65
　商業と交換の正義　154

K

Kaldor, N.
　マネタリズム批判　121
金子直吉　111
Keynes, J. M.　22, 72, 74, 94, 95, 117, 150, 190
　経済学の影響　4
　貨幣賃金の切り下げ　75-76
　安定化政策から雇用政策へ　76, 77
　貨幣供給を制御する　95

国際流動性　103
数量説批判　106-07
貨幣と実物資産　107-08
高利禁止令の評価　118
労働組合主義　151
自由貿易の擁護　157
宗教と社会主義　191
King, P.　112
Knight, F. H.　3, 7, 197
　欲望は外生的なデータではない　133
　政治権力と経済的不平等　188
　社会主義　190
　不確実性と企業組織　213-15
Kuznets, S.
　消費・投資・中間生産物概念の曖昧さ　126-27

L

Lange, O.　182
Law, J.　103, 109
　貨幣理論　104
　ジョン・ローのシステム　104-06
Lehmann, W. C.　208
Leijonhufvud, A.　22
Lerner, A. P.　72, 76
　機能的財政論　74
Lévi-Strauss, C.
　保障の体系としての国家　89
　モースへの批判　102
Lewis, W. A.　85
Liberman, E. G.
　リーベルマン方式　195
Lindahl, E. R.　69
　公共財の供給　70
Locke, J.　52, 54, 167, 168
Louis XIV　104
Lovejoy, A. O.　1
Loyd, S. J. (→ Lord Overstone)　112

Lykourgos　20, 162

M

Macaulay, T. B.　223
Machlup, F.　149
Maine, H. J. S.　46
Malinowski, B. K.　101-02
Malthus, T. R.　76, 112, 155, 177
　経済学のテーマ　28
　救貧法　81
　私的所有と人口　171-73
　道徳的善悪　226
Mandeville, B. de
　蜂の寓話　19
　悪徳と美徳　48
　慈善事業　80-81
　職人の工夫　208
Marshall, A.　24, 62, 77, 106-07
　官僚と政府企業　57-58
　所得の限界効用　67
　19世紀の古典派の消費軽視　131
　商業　152
　機械と人間の労働　207, 215
Marx, K. H.　22, 99, 101, 150, 166, 178-79, 181, 199
Mauss, M.
　贈与と貨幣　101-02
McCulloch, J. R.　142, 145
Means, G. C.　143
Menger, C.　7, 99, 131
　貨幣と販売可能度　100-01
　理論的知識と歴史的知識　208-09
Metzler, L. A.　107
Mill, J.
　民主制政府の能力　57
　販路の理論　155-56
Mill, J. S.　38, 58, 60, 63, 73, 145, 147, 149, 150, 161, 168, 173, 181, 223
　賃金基金説　5

　民主主義の限界　57
　分配の正義　59
　累進課税　68
　救　貧　81-82
　有限責任　142
　社会主義観　175-78
　フェビアンへの影響　178-79
　国家干渉　194
　個性と慣習　224
　自由論　225
Milton, J.
　言論の自由　158
Mises, L. E. von　190
　社会主義と価格　181
Montesquieu　19
　自己の利益と共同の利益　20
　商業と平和　153-54
More, T.　162
Mundell, R.　157
武藤山治　111
Myrdal, G.
　経済開発と中央計画　84

N

Norman, G. W.　112

O

Ogilvie, W.　166
岡茂男　156
Oresme, N.
　貨幣鋳造権　120-21
Overstone (=Loyd, S. J.)　112, 142
Owen, R.　167, 176

P

Pareto, V.　7, 29, 30, 34, 131, 180
Paterson, W.　103
Paulos　43, 199
　社会有機体説　49

索　引　251

Peel, R.　46, 96, 113
Petty, W.　103
Phelps Brown, E.　150
Phillips, A. W. H.　78
Pieper, J.　200
Pigou, A. C.　62, 128, 131, 148, 188
　社会主義観　189-90
Platon　27, 162, 200
Polanyi, K.
　市場社会批判　44-47
　貨幣の機能　92
　政治権力と経済的価値　188
　市場経済と文化　189
Polanyi, M.
　個人的知識　210-13
Popper, K. R.　210
Proudhon, P.　162, 167, 179
　不労所得　165-66

R

Radcliffe, Lord
　ラドクリフ委員会　79
Rawls, J.
　正義の理論　40-41
Ricardo, D.　112, 131, 145, 156, 179
　経済学のテーマ　28
　競　争　28
　国債と租税　71
　救貧法　81
　金属本位への復帰　110
　リカード派社会主義　166-68
Robbins, L.　7, 148, 173
　累進課税　68
　所得格差と嫉妬　83
　自由の根拠　226
Rodrigues, E.　163
Romulus　20
Rousseau, J. J.
　私的所有と権力　43

S

Saint-Simon, C. H. R.　167
　科学主義と合理主義　162-64, 165
Sayers, R. S.　79
Schmoller, G.　209
Schmpeter, J. A.　119, 188
　社会主義　190
Seneca, L. A.　207
Senior, N.　181
　救貧法改正　82
　48年革命に関する意見　173-75
Shaw, G. B.　178
Sidgwick, H.　180
　理論と政策　5
　功利主義と経済政策　61-62
　議会制民主主義　62-65
Simons, H. C.　149
Smith, A.　5, 19, 24, 27, 53, 75, 80, 138, 147, 154, 156, 171, 208, 217
　正義のルール　13, 17, 39, 131, 136
　慈愛と正義　17
　見えざる手　21-22
　分　業　27-28
　経済競争　29
　特権による独占　35
　国家の義務　56-58
　課税の原理　66, 68
　救貧法　81
　金属貨幣と紙幣　109-10
　高利禁止を評価　117, 120
　消費重視　127, 131
　ジョイント・ストック・カンパニー　142-43
　独占の弊害　145, 148
　重商主義批判　169-70
Solon　20
Sombart, W.　206
孫　文　38

Southey, R. 59
Spence, T. 166, 179
Spence, W.
  供給過剰の可能性 155-56
Spencer, H. 179
Spengler, J. J. 167
Stigler, G. J. 148
  理論と政策 4, 5
  消費者の判断能力 128

T

Tacitus, C.
  ローマとゲルマニアにおける利子 116
Thomas Aquinas 45, 99, 146, 154
  利子の分析 118-19
  所有権思想 137-39
  商業論 153
Thompson, W.
  労働全収権 167
Tobin, J. 107
Tocqueville, A. 57, 174
Tönnies, F. 188
  ゲマインシャフトとゲゼルシャフト 46, 50
  社会主義観 189
Tooke, T. 113
Torrens, R. 112, 113, 155
Trotskii, L. 181
Tucker, J. 20

U

宇沢弘文 107

V

Vansittart, N. 113
Veblen, T. 24
  ビジネスとインダストリー 24-25
  企業の性質 25
  衒示的消費 127, 158
Viner, J. 7, 181
  ウェーバー批判 206

W

Wagner, A. 64
Warlas, M. E. L. 29, 166, 180, 182
  ワルラス均衡 30
  セリ人 32
Webb, S. J. 178
Weber, M. 190
  社会主義 191
  プロテスタンティズムと労働 204-06
White, L. H.
  スコットランドの自由銀行制 97
Wicksell, J. G. K. 69, 131
  財政支出と課税 69, 73
Wieser, F. von 131
Wilson, T. 113

Y

吉沢英成
  貨幣の発生学と批判 99-101

■岩波オンデマンドブックス■

モダン・エコノミックス 24
経済思想

|1987 年 7 月30日　第 1 刷発行
2012 年 11月 5 日　第 9 刷発行
2017 年 9 月12日　オンデマンド版発行

著 者　猪木武徳

発行者　岡本　厚

発行所　株式会社 岩波書店
　　　　〒101-8002　東京都千代田区一ツ橋 2-5-5
　　　　電話案内　03-5210-4000
　　　　http://www.iwanami.co.jp/

印刷／製本・法令印刷

© Takenori Inoki 2017
ISBN 978-4-00-730662-4　　Printed in Japan